刘 瑛·主编

ZHONGGUANCUN SHANGBIAO PINPAI GUSHI

中关村商标品牌故事

知识产权出版社
全国百佳图书出版单位

图书在版编目（CIP）数据

中关村商标品牌故事 / 刘瑛主编 . —北京：知识 产权出版社 , 2016.10
ISBN 978-7-5130-4539-1

Ⅰ . ①中… Ⅱ . ①刘… Ⅲ . ①高技术企业—企业管理—品牌战略—研究—北京
Ⅳ . ① F279.244.4

中国版本图书馆 CIP 数据核字（2016）第 246700 号

责任编辑：汤腊冬　崔开丽　　　　　　　　责任校对：谷　洋
文字编辑：吴亚平　　　　　　　　　　　　责任出版：刘译文

中关村商标品牌故事
ZHONGGUANCUN SHANGBIAO PINPAI GUSHI

刘　瑛　主编

出版发行：知识产权出版社 有限责任公司	网　　址：http：//www.ipph.cn
社　　址：北京市海淀区西外太平庄55号	邮　　编：100081
责编电话：010-82000860转8377	责编邮箱：cui-kaili@sina.com
发行电话：010-82000860转8101/8029	发行传真：010-82000893/82003279
印　　刷：北京嘉恒彩色印刷有限公司	经　　销：各大网上书店、新华书店及相关书店
开　　本：720mm×1000mm　1/16	印　　张：14.5
版　　次：2016年10月第1版	印　　次：2016年10月第1次印刷
字　　数：250千字	定　　价：58.00元

ISBN 978-7-5130-4539-1

《中关村商标品牌故事》
编委会

主　任：郭　洪

副主任：杨建华　田明珠　刘　航

编　委：（按姓氏笔画排序）

马　雯　卢秋羽　刘　瑛　刘利军　孙晓峰　杨晓芳

张若松　张　宁　范乐媛　郅斌伟　呼　笑　郑璇玉

高　静　郭书贵　梁　媛　韩　冰

主　编：刘　瑛

目录 CONTENTS

第二篇 发展中企业的品牌成长故事 / 商标用权篇

成熟企业的品牌创新故事 / **商标维权篇**

双鹭药业 | 以质量求生存，以创新求发展 /187

附件

第一篇

新锐企业的品牌开拓故事
商标获权篇

品驰医疗：以品质驰骋世界

PINS 品驰

帕金森病，是中老年人群的常见多发病，其症状通常表现为静止性震颤、动作迟缓及减少、肌张力增高、姿势不稳等，严重影响患者及其家庭生活质量。脑起搏器通过对大脑深部特定部位进行电刺激，可以有效缓解病症，使患者回归正常生活。20 世纪末这一技术的出现给无数的帕金森病患者带来了希望。然而，此前脑起搏器产品及技术一直被国外公司垄断，我国的帕金森病患者受限于其高昂的价格，很多患者无法应用脑起搏器进行治疗，这一局面一直延续到 2013 年。2013 年，由品驰医疗生产的脑起搏器正式上市，迅速得到临床医生及患者的认可。面对强大的国外垄断性竞争对手，此前毫无名气的品驰医疗是怎样研发并生产出如此尖端的科技产品的？面对如此众多的神经疾病患者，品驰医疗是怎样经营自己的商标，打造响亮品牌的？

来到位于北京市昌平区的公司所在地，看到四周空旷的场地和朴素的楼房，很难想象这家被《人民日报》、中央电视台等各大媒体竞相报道的公司竟然坐落于此。然而，当接触了平易近人、勤恳踏实的管理人员，聆听了企业顽强拼搏的创业故事，参观了高标准的生产车间，尤其是在看到每个技术人员都在埋头苦干、认真钻研后，答案呼之欲出。正所谓"桃李不言，下自成蹊"，品驰医疗专注于研发和生产高性能、高标准且中国老百姓能承受得起的平价产品，其成果得到社会各界的关注和认可也就在意料之中了。

一支满怀理想追求卓越的年轻团队，一条苦乐交融自主研发的漫长道路，一家初创初生高举高打的高新企业，一种产学研医紧密结合的创新模式。打破国外公司技术垄断，提升性能，降低价格，让中国的老百姓能够看得起病；布局植入式神经调控医疗器械领域，夯实脑起搏器基础，研发迷走神经刺激器等新产品，建设中国的神经调控产业；占领国内市场，不断扩大市场份额，同时积极实施走出去的战略，构建强大的商标品牌。这就是北京品驰医疗设备有限公司（以下简称品驰医疗），一家成立于 2008 年的企业，走在飞速发展的路上……

品驰商标由来："一开始就做最好"

品驰商标是由国内著名的设计公司北京洛可可科技有限公司（以下简称洛可可）进行设计，从最初选择设计公司到最后正式确定商标，每一步都体现了品驰人的用心。

选择洛可可来进行公司商标的设计工作，对于一家刚刚成立且规模不大的公司来说是一件稍显大胆的决定。"从一开始就要做最好"——这是品驰医疗当初选择洛可可的理由。相对一些公司在成立之初选择一些设计能力较弱的小公司来进行商标设计的做法，品驰医疗这个特别的选择体现了其独特、精心每一步的企业理念。在设计过程中，洛可可向品驰医疗提供了10多个备选方案，每一个方案都有特别之处；品驰医疗内部从商标的基础色、图案到寓意，对每一个细节都认真、细致地进行了多次讨论，最终才定下了现在的商标方案。品驰商标主要由四个部分组成：与大脑形状类似的树与星星共同组成的图案、"PINS"四个英文字母、"品驰"两个中文字及"启搏美好生活"的企业口号。细说起来每一部分都有独特的寓意。

品驰医疗为每位患者和每个患者家庭带去美好生活的梦想也体现在商标的图案中。闪烁的"星星"代表的是品驰医疗的美好愿景，这也与品驰医疗神经调控产品特点相契合；而生长的"树"形状像大脑，寓意品驰医疗的神经调控产品通过刺激神经使患者得到治疗，同时也寓意生机勃勃，盼望品驰医疗的发展能够如大树般繁荣，祈愿广大患者能重获生机。

"PINS"是"Programmable Implanted Neuro Stimulator"的首字母，"品驰"是"PINS"的音译，即品驰医疗专注于神经调控产品的研发、生产和销售，如今这一名字又进一步被赋予"Patient is No.1，always"的含义，即品驰始终把患者放在第一位。

"启搏美好生活"是品驰医疗的宣传语，更是品驰医疗的企业口号。回顾一下满是团队精神的品驰故事。2010年，品驰医疗在质量体系建设过程中，内部发起了一次质量方针征集活动，员工们开动脑筋、积极投稿，最终通过集体投票的方式选择了"启搏美好生活"这句话作为质量方针。作为一个生产医疗设备的企业，"启搏美好生活"展现的是品驰医疗的社会责任感和真诚无私的品质。"一个企业决不能只关注财富的增长，更应该明确企业所担负的社会责任"——品驰医疗从成立第一天起就将对社会的责任感注入自身的血液中，对于充满理想的团队而言，这就是动力！截至 2016 年 6 月，品驰脑起搏器已经在全国 111 家三甲医院或专科医院得到应用，植入量超过 4100 例次，共为超过 2300 个家庭带来福音。

企业的商标不仅仅是企业的财产，更是企业文化最直接的体现。品驰商标从最初的产生过程到它背后的丰富内涵，无不体现品驰医疗的品牌意识。

品驰品质造就："本土化"研发

品驰脑起搏器是由清华大学航空航天学院李路明教授和他所领导的科研团队，历时十多年，经过无数次实验研发成功的中国首个脑起搏器。

2000 年，在一次清华大学组织的与北京天坛医院探讨交叉学科合作和研究的学术交流会议上，我国神经外科泰斗、2008 年全国最高科学技术奖获得者王忠诚院士谈起脑起搏器，他的一句"我们能不能研究出中国人自己的脑起搏器"激发了李路明研制脑起搏器的斗志，这一目标也与李路明希望进行医学工程研究、为社会做出更大贡献的愿望契合。王忠诚院士的一句话，换来李路明教授与他领导的研发团队的十年心血积淀。从动物试验开始一直到人体临床试验，李路明基本上参与了设计、工艺和生产的每一步。他说，"做临床测试时，我经常三点钟醒来，大脑像放电影一样推演每一个环节，想到脑起搏器在病人的身体里，一旦出了问题就都不是小事。我们制订了很多预案，临床上患者和医生一旦有什么消息反馈回来，我们总是在最短的时间内改进完善，力求让它更符合临床的需求"。这样严谨、认真、倾心付出的科研精神也传递给了每个品驰人，成为品驰医疗在不断发展过程中信奉的行动理念，也成为品驰医疗品牌文化中最核心的部分。

品驰脑起搏器所有的技术都是这样一个完全"本土化"的研发团队十年艰苦卓绝努力的精神结晶，申请了 100 多项专利，形成了完全自主知识产权的脑起搏器平台技术。正是因为这样的"本土化"特点，使得品驰脑起搏器更加符合中国人的需求。国外的脑起搏器产品通常采用方形设计，对于欧美人的体型而言植入不会有问题，但对于相对瘦小的中国人来说就容易出现因皮肤磨损导致伤口难以愈合之类的并发症，品驰医疗的系列脑起搏器均采用圆弧形外形设计，有效避免了这一问题，充分体现研发人员的用心严谨。品驰人在发展过程中秉持的工作精神，即用心了解每一位患者的需求、认真考量每一位医生的意见——品驰医疗的用心是其发展过程的制胜法宝。

之前，美国一家公司的系列脑起搏器几乎垄断了全球市场，品驰系列脑起搏器的出现，打破了该公司在中国的技术垄断。品驰医疗的产品与之相比，其品质、性价比、售后服务等诸多方面均具有明显的优势。其产品不仅体积更小、重量更轻、寿命更长，而且平均能为每位患者节省 10 万元左右费用。品驰医疗的产品受到广大医生和患者的热烈欢迎，市场占有率快速上升。

品驰团队文化："把一个人的梦想变成大家的梦想"

成立一个企业如同养育一个孩子，只供给物质营养而不培养其内在素质是不利于其长久发展的，因此，企业在重视产品的生产、经营的同时，也不能忽视自身的文化建设。作为一个把产品研发当作根本的高新技术企业，品驰医疗的文化集中体现在研发团队的精神上。得益于较强的团队凝聚力与一套成熟的价值体系，品驰医疗在成立短短几年以来得以迅速发展。

"我一生最大的心愿，就是发展神经外科事业，为患者多做一点事情"，王忠诚院士用一生来实践自己的诺言。在团队 10 多年的研究工作中，王院士与团队进行了无数次的交流指导。2009 年 11 月 26 日，实施国产脑起搏器首例手术，已经 85 岁高龄的王院士不辞辛苦地前往手术室进行指导；12 月 24 日的起搏器首次开机测试，王院士更是主动要求亲自参加。他在工作中的大局观，以及一直坚持从临床出发、为患者服务、为社会解决重大问题的大家风范，是品驰团队学到的宝贵财富。

"我这一辈子的梦想就是做好脑起搏器这一件事！"作为品驰医疗的首席科学家，李路明教授饱满的热情、坚持不懈的努力感染着整个团队，他总是对团队成员说："我要把一个人的梦想变成大家的梦想，只有大家都把做好脑起搏器当成自己的梦想，我的梦想才能实现。"在研发之初，李教授就问大家："我们敢不敢让自己的亲人使用我们自己生产的脑起搏器？"这句烙在品驰人心里的话，让所有品驰人时刻想着自己正在研发、生产和销售的产品或许会给自己的亲人使用，把患者当成自己的亲人，不允许有不合格的产品流出品驰，像捍卫生命一样捍卫品驰产品的品质。

如果把研发仅仅看成一项任务或者工作，其过程必然很枯燥，但如果那是团队每一个人的梦想，那么团队必将全力以赴。

品驰竞争力：技术成就品牌

目前，在中国仅有六家取得产品注册证的植入有源医疗器械公司，品驰医疗是其中之一。与其他公司多是引进国外技术再进行资本运作的模式不同，品驰医疗完全依靠自主研发，心无旁骛地研发脑起搏器，十年磨一剑，终于开花结果。自 2013 年 5 月获得产品注册证开始，仅用 1 年 3 个月就使得脑起搏器植入量突破 1000 例次，远远领先于业内竞争对手。而别的公司实现这一数字最快也用了 2 年 6 个月。

品驰医疗以自己的产品证明，技术过硬的国产产品更能让患者放心。以品驰医疗的可充电脑起搏器为例，品驰人历时 7 年，攻克了一系列关键技术，尤其是解决了体外无线充电会导致可充电脑起搏器发热，进而导致患者烫伤的问题。截至 2016 年 6 月已经植入的近 800 名患者充电 3 万次，无一例过热现象。对自己产品有充分信心的品驰医疗给出的可充电脑起搏器质保年限是 10 年，而同样的进口可充电脑起搏器号称寿命 9 年，质保仅 5 年。

技术的竞争力一方面体现在各种发明专利上，另一方面更体现在一点一滴的持续改进上。作为一家完全本土的企业，品驰医疗充分重视医生和患者反馈的信息。品驰医疗内部提出一个要求，医生和患者反馈的问题必须要在两周内给出明确的答复意见，传递给医生和患者。正是这种重视，品驰医疗的产品质量越来越好，得到越来越多的医院和患者的认可，脑起搏器销售已基本覆盖全国。

品驰传递希望："启搏美好生活"

"启搏美好生活"是品驰医疗的口号，也是品驰人的梦想。成立至今，已有 2300 余名患者使用品驰脑起搏器，从帕金森的泥沼中解脱出来。2300 个病例，就有 2300 个故事，每一个故事里都有品驰人的真诚、用心与努力，共同拼成"启搏美好生活"的蓝图；每一个故事也是一块基石，构筑起品驰医疗的明日发展之路。

"唯一"（一名帕金森患者的网名）作为故事中的一个主角，略显特殊的是他患上帕金森病时才 30 岁。帕金森病一般是中老年人患病的居多，但是中国约 250 万帕金森病人中，青年帕金森病人也约占 1/10。比起中老年患者，青年患者患上帕金森病可能更加残酷，这种"残酷"不仅仅是身体上的，更是精神上的。他们无法参加工作，无法与人进行正常的社会交往，甚至成为家庭负担；对于本应处于人生春风得意之时的青年患者来说倍加痛苦。从 1996 年出现帕金森病的症状到 2010 年通过手术植入品驰脑起搏器，14 年的病痛困扰，"唯一"和他的家人苦不堪言。

2010 年，"唯一"在家人的支持下来到北京求医，几经波折，终于见到帕金森病治疗的知名专家——北京天坛医院的冯涛教授。原本对于使用进口脑起搏器治疗需要 20 多万费用心灰意冷的"唯一"，在冯涛医生的帮助下参加了品驰脑起搏器的临床试验，并由知名神经外科教授张建国主任主刀通过手术成为品驰脑起搏器的使用者。经历 14 年痛苦之后，"唯一"终于过上了正常的生活，喜悦和希望也重新回到这个家庭。

成立至今，品驰医疗已经帮助了许许多多帕金森病患者，今后会帮助更多受到帕金森病困扰的患者和家庭，让他们早日回归正常的生活。品驰医疗的发展，不仅仅是品驰医疗自己的繁荣，更是为了让更多的人能够拥有美好生活。"责任、卓越、团队"——品驰医疗的企业文化在"启搏美好生活"梦想的实现过程中得到最好的诠释：承担起一个企业的社会责任，以卓越的品质为支撑，品驰人在用心地为更多的帕金森患者送去希望，打开美好生活的大门。

品驰特色优势："用心成就事业"

《一个孩子大家养》是 2014 年 10 月 24 日《人民日报》报道品驰脑起搏器的文章标题，概括了品驰医疗的发展特点。品驰脑起搏器（《人民日报》文章中称"清华脑起搏器"）是在品驰医疗、清华大学及北京天坛医院的密切合作下逐渐建立起品牌的。依靠清华大学优越的学术资源，以李路明教授以及他所领导的研发团队的科研能力为支撑，北京天坛医院为临床试验基地，品驰医疗为产业化单位，兼有政府的政策支持——"产学研医一体化"是品驰发展的特点，是品驰医疗独具特色的创新医疗器械发展模式。

凭着高度的责任心和一丝不苟的科学态度，在品驰脑起搏器的研发过程中，无论硬件还是软件开发，不管是制造还是检验，科研人员都精益求精，力求做到极致。这样严谨的科研精神也传承到品驰医疗的产品生产和销售中，品驰脑起搏器生产厂房的无菌化管理、用于脑起搏器生产的自制纯净水、高精尖科学设备构筑起的层层质量把控壁垒……品驰医疗将科研的"精益求精"严格地贯彻到日常的产品生产活动中。"100 个产品中如果有 1 个不合格的话，合格率可以达到 99%，但对于碰上使用不合格产品的患者来说，这就是百分之百的灾难。"将精益求精的科研精神渗透到产品日常生产活动中是品驰医疗作为一个医疗设备企业的特色；科学严谨的精神是品驰医疗不断发展的基石，也构筑起品驰医疗企业文化的核心。

精益求精就意味着品驰人在日常工作中要付出更多的精力和心血——"用心"是品驰人的一个优秀品质。无论是产品研发中的精益求精，还是产品生产的严格要求，或是对医生意见的尊重和积极对患者进行回访，品驰人的"用心"体现并贯彻于产品研发、生产、销售及售后的每一个环节之中，更体现于企业发展的点点滴滴。"用心"就意味着品驰医疗的每一个产品都具有卓越品质；"用心"就意味着品驰人在生产的每一个环节中都一丝不苟；"用心"就意味着品驰人在对待患者、对待医生、对待品驰时都抱以真诚、热爱的态度；"用心"更意味着作为一个医疗设备企业必须在它发展的时时刻刻都牢记自己所担负的社会责任。品驰医疗的"用心"是品驰发展的能量环，紧紧扣起品驰人"责任、卓越、团队"的企业文化和"启搏美好生活"的梦想。"用心"，是品驰医疗作为一个品牌最独特的文化内涵。

品驰规划未来：立足中国，面向世界

品驰医疗对未来的发展方向，有一个明确的计划，要引领脑起搏器的发展，要结合中国的患者实际情况开发服务应用和产品应用，中国的就是世界的。

品驰医疗曾做过一个市场估算，中国目前约有 270 万帕金森病患者，预计 2020 年将达到 300 万人。根据原发性帕金森病的比例，约有 60 万人适合做植入脑起搏器的手术，如果其中 10% 也就是 6 万人选择做脑起搏器手术，每人支出 20 万元，这意味着未来 5 年内中国仅治疗帕金森病这一需求就有 120 亿的脑起搏器市场。面对巨大的市场需求，品驰医疗加大创新步伐，启动了带有感知功能的可充电脑起搏器临床试验，开展阿尔茨海默症的脑起搏器治疗临床试验，全球首个研发成功可 3.0T 磁共振相容的电极进入临床，正在部署远程脑起搏器程控系统，还将启动药物成瘾的临床试验；与此同时，品驰医疗全植入脑部的脑起搏器等一系列神经调控新产品也正在研制过程中。

在商标品牌方面，品驰医疗正在给每个具体产品注册商标；同时，品驰医疗还在准备海外商标注册，为拓展国际市场奠定基础。品驰医疗也在做 CE 认证，在做专利布局，然而，对品驰医疗而言，首要要做的是夯实技术，占领国内市场。中国的品驰，也将是世界的品驰。

（作者：卢秋羽、杨天齐、曾丽）

专家点评　北京品驰医疗设备有限公司的商标之路很有特点：第一，他们用"从第一步就做到最好"的态度，用心选择、精心设计、不断丰富自己的商标。按文中介绍，"品驰"商标的含义就是用品质驰骋世界，并用产品质量提升"品驰竞争力"。第二，心无旁骛，专心在一个商品类别上使用、宣传、管理好"品驰"商标。自 2009 年申请第一件注册商标以来，北京品驰医疗设备有限公司的十几件注册、初步审定以及申请注册的商标中，指定使用的商品全都是第十类的"医疗器械和仪器"等。商标大多仍是突出"品驰"，只是不断丰富"品驰"商标的外延内涵。第三，据文中介绍，北京品驰医疗设备有限公司正在给每个具体产品注册富有意义而易于记住的商标，"以推动产品的宣传和销售"。

目前，不少企业在商标的运用、管理上往往忽视商标注册的特点，要么，忽视商标的注册，使商标处于没"户口"状态；要么，将产品技术参数、功能特点等叙述性内容，作为商标申请注册。北京品驰医疗设备有限公司的商标策略值得借鉴。

品牌大事记

1. 2008 年 12 月，北京品驰医疗设备有限公司成立。

2. 2009 年 12 月，申请"PINS""品驰"和"品驰医疗"共 3 个商标。

3. 2011 年 3 月，脑起搏器成果作为国家社会发展领域十大科技成果之一参加了"十一五"重大科技成就展。

4. 2011 年 5 月，《科技日报》专题报道"用心起搏美好生活"。

5. 2012 年 2 月，"PINS""品驰"和"品驰医疗"共 3 个商标获核准授权。

6. 2012 年 5 月，北京品驰医疗设备有限公司与清华大学、天坛医院联合申报的"神经调控技术国家工程实验室"正式获得国家发改委批复，这是我国在神经调控领域的首个国家级研究平台。

7. 2012 年 12 月，脑起搏器入选 2012 年度中国高校十大科技进展。

8. 2013 年 5 月，脑起搏器获得国家食品药品监督管理总局颁发的注册证，这是第一个国产的植入式神经调控产品，也是全球第二个在原产国获得的脑起搏器产品注册证。

9. 2013 年 9 月，商标 +PINS+ 品驰的商标提交注册申请。

10. 2013 年 12 月，中央电视台新闻联播报道清华脑起搏器成果。

11. 2013 年 12 月，中央政治局委员、北京市委书记郭金龙同志到公司调研，高度评价脑起搏器成果。

12. 2014 年 6 月，PINS 等 7 个商标提交注册申请。

13. 2014 年 7 月，可充电双通道脑起搏器获得国家食品药品监督管理总局颁发的注册证，这是全球第二个在原产国获得的可充电脑起搏器产品注册证。

14. 2014 年 12 月，双通道脑起搏器获得国家食品药品监督管理总局颁发的注册证，至此系列脑起搏器全部获得产品注册证。

15. 2015 年 1 月，"极锁"等 3 个商标提交注册申请。

16. 2015 年 10 月，品驰脑起搏器参加"双创"周，李克强总理、刘延东副总理到展台考察。

17. 2015 年 10 月，《中国制造 2025》十大重点领域绿皮书发布，脑起搏器与迷走神经刺激器等神经调控系列产品被列为先进治疗设备的发展重点。

18. 2016 年 5 月，北京品驰医疗设备有限公司迷走神经刺激器获得国家食品药品监督管理总局颁发的注册证，这是全球第二个迷走神经刺激器产品注册证，继脑起搏器之后再次打破了美国公司的独家垄断。

19. 2016 年 6 月，品驰脑起搏器和迷走神经刺激器入选"十二五"科技创新成就展。

乐视网：
与乐迷携手打造极致互联网品牌

4 层架构 11 大引擎打造 "乐视生态系统"

一说起乐视网的发展模式，就不得不提其打造的独具特色的 "乐视生态系统"。

乐视网在发展过程中清楚地认识到，视频网要持续领先，必须成为网络视频用户最好的内容提供商；而要实现并保持这一竞争优势，则需要以技术为支撑、打造多种要素相结合的高效经营方式。

正是基于这种战略眼光，自成立以来，乐视网经过九年发展，逐步构建起以 "版权＋技术" 双轮驱动、"平台＋内容＋终端＋应用" 垂直整合的 "乐视生态系统"。从上游内容生产、到内容平台式集纳、到内容分发网络（CDN）传输、再到终端设备覆盖和外部应用输入的完整生态，涵盖了互联网视频、影视制作与发行、智能终端、大屏应用市场、电子商务、生态农业等，日均用户超过5000 万，月均超过 3.5 亿。

这套生态系统，包含 4 层架构 11 大引擎。所谓 "4 层架构"，即 "平台" "内容" "终端" "应用"。而 11 大引擎包含平台层的云计算开放平台、电商平台、用户运营平台、广告平台和大数据平台；内容层的内容运营和内容库；应用层的应用市场和应用服务；终端层的硬件及 Le UI 系统。

在平台端，乐视构建起云视频开放平台和电商平台，其中，云视频平台具备业界最大的带宽储备规模，总量超过 2Tb/s，平台总存储数量 100PB，超过 400 个节点遍布全球各个角落，日均访问用户已经突破 250 万人，已

2004 年 11 月成立的乐视网，如今正经历自己的第十二个年头。快速成长的乐视网，是中国互联网企业引领时代潮流的一个缩影——作为唯一一家在境内上市的视频网站，也是全球第一家 IPO 上市的视频网站，乐视网的市值已经由上市之初的 30 亿，实现数十倍的增长。

乐视网的愿景，是打造一个属于用户的极致互联网生活！乐视网希望，在当今这样一个开放的互联网时代，依靠自己的发展模式、自身的实力，以一个民族品牌的形象走向世界！究竟是怎样的品牌发展战略，推动着乐视网不断创造新的业绩？它的背后，又有着怎样的商标故事？

乐视生态系统

经跃居垂直电商前五名。

在内容端，乐视生态拥有乐视网、乐视影业、花儿影视等内容公司，其中乐视网具备国内最全正版影视版权库，涵盖100000多集电视剧和5000多部电影，并正在加速向自制、体育、综艺、音乐、动漫等领域发力，实现内容的精品化和差异化，构筑起坚实的竞争壁垒。

在终端环节，乐视网依靠超级电视、乐视盒子、Le UI以及新近推出的"乐小宝"、超级手机等产品，以"只为极致体验"的理念，打造一个基于电视屏，不断拓展至手机、PC、Pad、影院的"五屏"全屏化时代，为用户提供完整价值链，创造全新的互联网生活方式。

在应用端，乐视打造的Le Store，是专为智能电视打造的中国第一个智能电视应用市场，也是国内首个面向开发者开放的智能电视应用开放平台。

在乐视生态的完整布局下，内容是基础，应用为增值，智能终端保证了用户的良好体验，最终建成云视频开放平台。乐视网的终极目标是希望成为一个对产业有影响的平台，通过乐视生态，乐视网要为中国人提供基于互联网的全新消费思维，通过持续创新不断改变人们的生活方式。

"乐迷"影响乐视网发展的品牌定位

在这庞大且自成体系的"乐视生态系统"中，尊重用户体验是乐视网非常重要的核心价值，贯穿于整个"乐视生态系统"的始终。

"乐视网的发展，一直以来坚持践行着一句话，那就是'千万人不满、千万人参与、千万人研发、千万人使用、千万人传播'。这句话体现了一种十分开放的互联网精神，可以很好地理解乐视网与用户之间的关系——坚持以用户为中心，非常重视用户对相关产品及服务的反馈意见。"

有这样一群人，他们是乐视产品（如乐视超级电视）的狂热爱好者——"乐迷"便是他们的标签。乐视网非常重视与"乐迷"之间的互动、沟通。因为乐视网明白，"乐迷"不仅仅是乐视网的用户、支持者，更是一群能够影响乐视网前进方向的"引路人"。

事实上，"乐迷"的意见已经深刻地影响了乐视网发展的品牌定位。2013 年 12 月 12 日，乐视网在"五屏生活、内容赢销"五地营销会上海站上，基于垂直产业链整合的乐视生态提出全新的品牌定位——"颠覆·全屏实力"。这个品牌定位，便是一位抢购乐视超级电视 S40 的资深"乐迷"所创造的。

为了这群"乐迷"，乐视网可谓颇费心思——专门搭建了"乐迷社区"供"乐迷"交流；并且为回馈"乐迷"支持，将每年的 9 月 19 日设为"乐迷节"，借此机会向"乐迷"推出大手笔的优惠活动。

之所以将"乐迷节"定为 9 月 19 日，是因为在 2012 年的这一天，乐视网宣布将推出自有品牌的智能电视"乐视 TV·超级电视"，这一天也是乐视网的"颠覆日"——乐视网开启了颠覆传统电视行业的篇章。

实际上，乐视网与用户之间的"亲密无间"远不止体现在这些方面。在采访过程中了解到，乐视网每周一聚集各个部门高管召开总裁会，都会首先让客服部门的相关负责人发言，让他们反映上一周用户都反馈了哪些问题，需要在会议上优先将这些问题分交给管辖的各个部门解决。持续一整天的总裁会，往往会在解决客服问题上花费大量时间。

企业的价值一定不能脱离用户；如果脱离了用户，这个企业是走不远的。这一点，一直是乐视网的核心价值观。而这种开放的精神，从踏进乐视网的第一步，其实就能窥得端倪。走进乐视网的办公场所，会发现不同于一般互联网公司的格局：员工都是在一张张长条桌上办公，并没有相对分割的工位限制；在参观乐视网办公环境的过程中，也时常能看见乐视网员工间随时随地、毫无隔阂地进行交流。乐视网的这一切，或许都已经深深地打上了互联网开放精神的烙印。

乐视网商标的"三步走"战略

回顾乐视网的发展历程，乐视网经历了两次商标更换。

乐视网 2004 年创立时，最初的主商标，是由 L、E、T、V 四个字母变形而成，并于 2005 年提交注册申请。其中，字母 "e" 变成一个笑脸，外加两个飞点，充分展示了乐视企业文化中娱乐、欢乐、亲和的基因；该 logo 的颜色采用红蓝绿三原色，象征了乐视网所提供的产品以及服务丰富多彩，包罗万象。

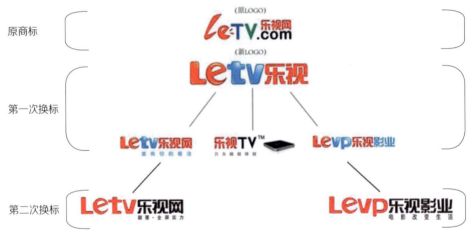

乐视商标发展变化

为适应乐视网整体布局的扩张，2012 年 5 月 29 日，乐视网正式对外发布了全新的 VI（视觉识别系统），构建起从品牌标志到品牌产品与服务的统一品牌体系。在新的商标中，之前以字母 letv 为主的标志换成中英文对等的标志设计形式，代表乐视网域名中的 ".com" 也消失了。从商标的变化可以看出，乐视网的品牌战略在发生改变——此前乐视网以网站为主要发展载体，而新商标的出现则代表了乐视网的发展战略转为以品牌为中心。

新的商标品牌标志继承了原有品牌理念，并以简洁、细腻的方式突出轻松、快乐、亲和的风格，提炼出企业核心价值观等一系列文化内涵，实现了品牌形象升级。更重要的是，这次升级明确了"乐视"主品牌与乐视网、乐视 TV、乐视影业三大子品牌的地位和架构体系，整个品牌囊括网络视频传输、全终端顶级视听体验，以及影视剧制作、发行服务全产业链，品牌体系也更加完整和规范。

如果说 2012 年的品牌升级，见证了乐视网志在颠覆的雄心，那么最新的一次品牌升级，则奠定了乐视生态垂直整合的品牌主基调。

2013 年，乐视网揭开了品牌升级战略的神秘面纱，曝光全新的品牌商标，同时基于垂直产业链整合的乐视生态提出全新的品牌定位——"颠覆·全屏实力"。之所以选择这样的品牌定位，既是为了呼应当下年轻人的一种草根颠覆（或者说逆袭）精神，同时也是对乐视一路走来跻身视频行业第一阵营的真实写照。

2004 年，乐视网刚一创立，就开始收购正版版权，做电信运营商的手机 VOD 点播增值收费服务，这和手机屏相关；2011 年，乐视网豪赌采购《甄嬛传》版权、2012 年独播，一战成名，这一举措和 PC 屏相关；2013 年，乐视网推出超级电视，抢夺未来的客厅大屏入口，是与 TV 屏相关；同样是 2013 年，兄弟公司乐视影业签约张艺谋，进一步提升内容资源整合能力，是与电影大屏相关。

因此，乐视网将两个相同发音的"Ping"（全"屏"实力和全"凭"实力的谐音）联系了起来，演绎出了最新的品牌定位。而乐视网的颠覆，给用户带来的不只是屏幕上的精彩，更是每一屏背后引领未来的乐视生态。

2014 年，乐视网在多屏领先优势技术与乐视生态的垂直产业链整合布局支持下，通过 PC、Phone、Pad、乐视 TV·超级电视智能大屏、乐视影业电影巨幕大屏所组成的"五屏生活"有机整合，以影视、体育、自制、综艺等全类型精品内容为发力点，全面铺开视频营销战局。

"平台＋内容＋终端＋应用"的颠覆性布局，在最新的品牌定位中，得到了完美的诠释，真正成为引领视频行业的一面旗帜。

通过一系列的战略调整，乐视在换标的过程中一举两得。首先在整个企业转型期加强了对商标的重视程度、提升了新商标在公众范围内的知名度；其次乐视的换标过程也是一个统一品牌商标使用、集中品牌商标优势、使品牌商标效应"1+1>2"的一个过程。随着互联网世界的飞速发展，乐视网看到了其中的机遇，换标过程作为乐视商标布局的一个重要战略，不仅有助于乐视生态的构建，也为乐视打造完满的用户体验带来了新的春风，标志乐视网从一个新兴、初创的视频在线企业转变成一个成熟、自信的互联网跨界企业。

商标布局：扎根国内、放眼海外

经济高速发展的今天，国内外竞争日益激烈，商标已不仅是区别不同企业产品和服务的符号，更是企业服务质量、技术、商业模式等无形资产的载体；把商标当成企业生存和发展的核心，牢固树立品牌意识，已成为企业获得竞争优势、占据行业主导地位的必然选择。

乐视网很早就认识到了这一点，自公司成立之初就将商标的申请和保护工作放在第一位，并在公司不断发展和实践过程中，不断改进和完善公司的商标战略，逐渐确立了以"乐视、Letv"商标为核心、依托乐视网业务模式发展不断延伸、扎根国内、放眼海外，知名商标、著名商标、驰名商标三步走的商标战略。

一直以来，乐视网就十分重视商标的开发和保护，不断在各个类别注册联合商标和防御性商标，并且十分注意市场上其他企业可能对自己的商标造成的侵权行为。自 2005 年年初申请了第一个商标以来，乐视网在国内共申请乐视、Letv 等商标 1272 个，涵盖了网络服务、电子产品、生活用品、农产品等 45 个商品服务类别，其中获得核准注册的 542 个，尚在审查流程中的 681 个，创立了"乐视、Letv、乐视 TV 超级电视、乐迷、乐看搜索"等众多大众熟知的知名商标；并且，"乐视"商标于 2014 年 6 月 19 日被北京市工商局认定为"北京市著名商标"；同时，针对"乐视"的驰名商标认定工作，也已正式启动。

乐视网目前在 45 个商品服务类别布局了相应的商标，并非是毫无选择地盲目布局。一方面，由于乐视的整个生态链是垂直的，因此相比于一般企业来说，乐视所涉及，以及未来将会涉及的领域非常广；另一方面，互联网的特点就是不断创新、变化极快，发展方向也是瞬息万变。因此，乐视网目前陆续在电子产品、网络服务、娱乐服务、农产品等与公司业务相关的类别加强了商标布局，这也为未来乐视网在各领域的发展打好了坚实的地基。

乐视网很早就看到了海外市场的广阔和重要，在夯实国内商标基础的同时，乐视网也积极放眼海外市场的商标保护工作。为了做好海外商标发展的基础，乐视网采取了"择优布局海外"的战略——这个"择优"不仅是在公司所有商标里选择成熟且知名度高的商标布局海外，也要对海外市场进行对比，选择适合和符合公司海外开展业务的国家及地区进行布局，以使公司的业务能更顺利地在海外开展。自 2011 年起，乐视网通过马德里及单一国家注册，陆续在北美、欧盟、东南亚、中东、中国港澳台等 80 多个国家或地区申请了"乐视""LETV""LETVUI""LEOS"等 1300 多件商标，已注册商标 509 个，涵盖视听服务、电子产品、网络服务等多个领域，为乐视网开发海外市场奠定了基础。

展望未来，乐视网将一如既往地专注和努力，不断改变人们的生活，力争将乐视网打造成为享誉全球的民族品牌。乐视网的飞跃发展将为人们创造出多彩魅力的乐视生态世界。

"乐迷"为商标保驾护航

在预防商标侵权方面，乐视网的一大特色就是结合客户的反馈，走"群众路线"。乐视一直坚持以用户为中心，这也是乐视的一贯路线，无论是在打造平台运用还是在终端运用等方面，乐视网都非常重视来自用户的需求。据说，乐视网在开会的时候先让客服部的人发言，客户的问题要放在首要地位先解决掉。乐视网是非常注重客户体验的，这也是源于广大"乐迷"的支持。相对现在市场上很多的商标保护还需要采取类似调查公司介入等形式，乐视网却在这一方面另辟蹊径，从客户的视角入手，一方面有利于加强和客户的联系与互动，另一方面，市场的监督才是最有效、最经济的监督方式，而客户就是市场上最重要，也是最广大的主体。乐视网很强的群众基础可以更好地帮助乐视网开展商标保护工作。

由于乐视网的垂直生态链，旗下拥有众多子公司和分公司，为了统一商标和品牌的运营、使用，乐视网采取了"一个主体申请、分别许可"的原则——乐视网所有的商标申请都集中在一个法人主体上，之后由总部分别许可给全国各地的子公司、分公司按需使用。

一方面，为了避免由多个法人主体申请商标时，因都与"乐视"有关而引发不必要的误会，导致申请商标的不便；另一方面，也是为了保证乐视网的品牌和商标在使用过程中的统一性：商标和品牌的使用不能脱离于"乐视生态系统"之外，整个商标体系都应当完全掌控在公司的整体运营规划中。2014 年新商标法的修订，其中对于驰名商标的相关规定有了重大调整，确定了驰名商标"个案认定、被动保护"的原则。这种"重使用、防滥用"的做法，十分契合乐视网的发展理念："乐视网一直所坚持的就是，在经营过程中被消费者接受，从而树立品牌和商标的价值，进而发挥其价值。"

即便是这样，乐视网仍然面临着不少商标侵权现象。曾经有一家公司注册了

"乐视香港"的商标，最终经过一系列的维权行动，这个商标被撤销了。

在乐视网商标维权的过程中，也发生了与"乐迷"有关的小插曲。曾经有"乐迷"就告诉乐视，他看到了一家"乐视眼镜店"，用的商标就是乐视网的，乐视根据这条线索进行及时维权，维护公司的合法权益。这是一个非常典型的例子，很多乐视网的商标侵权行为都是"乐迷"发现的，他们的一些建议确实能够在很大程度上帮助乐视网打击这些侵权行为。

从 2005 年申请第一个商标，到今天拥有近千已注册和注册中的商标，从默默无闻的小乐视，到现在大众熟知的互联网企业，乐视网的经历无不印证了商标战略规划对企业的重要性，乐视网也会继续在社会各界的关怀和照顾下，不懈努力，不断创新，改变人们的互联网生活。

（作者：李含、钟文强）

专家点评　乐视网信息技术（北京）股份有限公司是"乐视网""乐视""Letv""乐迷会"等数百件商标的注册人。为了"打造一个属于用户的极致互联网生活"，他们在制定商标品牌发展战略时，从一个全新角度，提出了让"用户成为乐视商标保护'排头兵'"的愿望，并在实施过程中得到了"'乐迷'为商标保驾护航"的收获。

十多年来，我国经济持续增长既打开了互联网生活的广阔天地，又为人们进一步提高文化需求提供了空间和潜力。随着智能手机、平板电脑等移动终端的迅速发展，上网已经成为一种生活必需。乐视网信息技术（北京）股份有限公司，作为直接提供网络文化、数字家庭、文化信息消费的服务性产业，创造和培育消费需求，保持与消费者的良性互动，让用户认识、接受、维护"乐视"等商标所标示的服务，确实关系到企业自身的生存。同时，商标专用权的运用又为乐视网信息技术（北京）股份有限公司进一步创造和培育消费市场，择优布局海外品牌发展战略提供了保障。

品牌大事记

1. 2004 年 11 月，乐视网成立。

2. 2005 年 6 月，申请了第一个"乐视"商标。

3. 2005 年，乐视网购买首部独家网络版权剧《幸福像花儿一样》。

4. 2007 年，乐视网成为率先实现盈利的视频网站。

5. 2009 年 1 月，"乐视"商标获得注册，同年乐视网推出 OTT 机顶盒。

6. 2010 年 8 月，乐视网在深圳证券交易所挂牌上市，股票代码 300104。

7. 2011 年，乐视影业正式成立，定位为"互联网时代的电影公司"。

8. 2012 年 5 月，乐视网正式对外发布了全新的 VI（视觉识别系统），构建起从品牌标志到品牌产品与服务的统一品牌体系。

9. 2012 年 9 月，"颠覆日"发布会，乐视宣布将推出自有品牌的智能电视乐视 TV·超级电视。

10. 2013 年 5 月，乐视 TV·超级电视正式发布。

11. 2013 年 12 月，乐视网"五屏生活、内容赢销"五地营销会上海站，首次曝光全新的品牌 LOGO，同时基于垂直产业链整合的乐视生态提出全新的品牌定位——"颠覆·全屏实力"。

12. 2014 年 6 月，"乐视"商标被北京市工商局认定为"北京市著名商标"，同时中国驰名商标的认定工作也已正式启动。

13. 2014 年，乐视推出"SEE"计划，打造超级汽车。同年，乐视体育和乐视云计算成立，乐视生态布局全面展开。

14. 2015 年 4 月，乐视移动成立，发布三款乐视超级手机，移动终端加入乐视大家庭。

15. 2015 年，乐视并购易到用车，入股酷派和 TCL，继续丰富乐视生态。

16. 2016 年 1 月，"乐视"商标被国家工商总局商标局商标评审委员会认定为"中国驰名商标"。

17. 2016 年 1 月，乐视进行品牌切换，发布乐视生态及其各大子生态的全新 LOGO，宣布将与全球用户一起共享生态世界。

18. 2016 年 6 月，"Letv"商标被北京市工商局认定为"北京市著名商标"。

奇虎科技：
商标凶猛，360全方位品牌建构

步步为营，深入人心
——360数字商标授权策略

● 360品牌的缘起

作为逾十年网龄的中国网民，一定能记得10年前电脑病毒泛滥之势。全中国大概只有10%的电脑能够装上杀毒软件，且其中很大一部分并非正版软件。中国网民饱受电脑病毒侵扰。正是迎合网民亟须解决互联网病毒猖獗问题的潮流，本着"每个用户都能装上杀毒软件，'小白'用户也能成为杀毒专家"的理念，360安全卫士、360杀毒等一系列广受用户欢迎的产品应运而生，全力保障网民的上网安全。截至2014年年底，奇虎科技累计为逾9亿用户提供互联网安全服务，每年为互联网用户节省数百亿元人民币的安全软件开支，促进了网络支付和电子商务、网络游戏等相关互联网产业的共同繁荣。

至于为什么选择"360"数字作为品牌，最初是取其度量学方面的含义：360°为一个圆形，没有任何缝隙，能够很好地诠释360产品为用户提供全方位安全保护的愿景和理念。自360安全卫士推出之后，后续杀毒、搜索、导航、浏览器等系列产品均冠以"360"品牌推出，其主品牌地位就此确立，一直发展至今。

● 360商标授权——"不可能的事"

当"360"被确立为主品牌之后，"360"商标如何获得法律上的充分保护就被提上了议事日程。但遇到的第一个难题就是显著性问题。所谓显著性，是商标本身具备的可识别性，是相关公众区分不同商品或服务的出处、

北京奇虎科技有限公司（以下简称奇虎科技）——中国领先的互联网和手机安全产品、服务供应商，知名网络安全品牌"360"的缔造者和拥有者，2011年在美国纽约证券交易所（以下简称美国纽交所）上市，目前已经成为中国第一大、世界第二大的互联网安全公司，同时也是中国用户数量第二的互联网公司，持续创造着互联网时代的业界奇迹。

经过10年的发展，"360"在广大网民心目中铸就了牢不可破、条件反射般的代表"安全"的形象。这种强大品牌认知力和影响力的形成，除了依托于持续的自主技术创新，奇虎科技对"360"品牌进行的全方位建构功不可没。本文将围绕"360"品牌艰难的授权经历，全面展现奇虎科技在"360"数字商标授权策略、商标侵权预警、处理机制和品牌维护等方面的有益经验，带你了解"360"品牌的前世今生。

特点、信息等的基础。作为商标的灵魂，显著性要求在新旧《商标法》第9条、第11条中均有明确体现，如"申请注册的商标，应当有显著特征，便于识别……"；"下列标志不得作为商标注册：（一）仅有本商品的通用名称、图形、型号的；（二）仅直接表示商品的质量、主要原料、功能、用途、重量、数量及其他特点的；（三）其他缺乏显著特征的。前款所列标志经过使用取得显著特征，并便于识别的，可以作为商标注册。"

由于很容易与商品或服务的型号、重量、数量、生产时间、年份、保质期、服务时间等因素混淆，单纯的数字商标注册长期以来受到很大限制。尤其对"360"商标而言，其在度量学意义上的含义被众人熟知更使得其授权前景雪上加霜。很多将数字作为商标的互联网同行，也在商标授权这条路上碰得"头破血流"。

● **360 商标授权——"不走寻常路"**

虽然面临缺乏显著性这一重大"先天缺陷"，但鉴于公司管理层将"360"作为主商标的信念不曾动摇，这注定了在商标授权策略方面，要采取迂回战术，"不走寻常路"——通过将"360"数字与其他更具有识别性的要素组合注册商标、形成一系列有较高知名度和代表性的含有"360"数字商标的产品，不断丰富"360"数字商标的内涵，不断提升其在互联网安全领域的市场知名度与品牌影响力，强化"360"数字商标基于实际使用所获得的显著性，并最终"水到渠成"获得授权。

具体来说，"360"数字商标的授权策略可以分为如下三个阶段。

阶段一：将"360"数字与其他更具有识别性的要素组合为注册商标，使市场和用户对"360"数字商标有个初步印象。

这种策略主要集中在 2005—2010 年，将"360"数字与"奇虎"商号以及其他要素组合，获得商标注册；此外，也尝试注册"360"数字的大写，或将"360"数字做艺术化设计，获准注册，见下图。

奇虎360安全卫士

第 5820067、5820066 号

第 5820072、5820074、5820075 号

奇虎safe360.com

第 6421808、6421809、6421810、6421811 号

奇虎360safe.com

第 6421812、6421813、6421814、6421815 号

奇虎360

第 8068607、8067608、8068609、8068610 号

叁陆零

第 8068875、8068876、8068877 号

360

第 8068577、8068578 号

360 第一阶段注册商标

阶段二：全面启用新的品牌形象识别标识——🌀360和🌀，并进行了全面的注册保护和长期、持续使用。与此同时，基于产品名称的 360 相关商标注册仍持续进行，不断强化市场与互联网用户对于"360"数字商标的认知。

2011 年，奇虎科技在美国纽交所上市，并全面启用了新的品牌形象识别标识——🌀360和🌀。新标识由知名广告公司设计，并创造性地经广大网民票选脱颖而出。其中🌀整体图形来源于中华大智慧的太极图。球体象征着 360°的安全保护，代表着奇虎科技为用户提供全方位的互联网安全解决方案；上下两只手保护球体、顺时针旋转，代表奇虎科技植根用户、服务用户，与用户唇齿相依、持续发展，象征着奇虎科技矢志成为最受用户尊重的专业互联网安全服务商；黄绿相间的颜色，将春的耕耘与秋的丰收紧密结合，诠释了奇虎科技兢兢业业播种健康、安全、希望，收获价值、荣光、辉煌，生机勃勃、欣欣向荣。新标识拥有非常丰富的元素和寓意，准确传达出奇虎科技"聚焦安全、极致安全"的经营理念和发展定位。

在确定采用新标识后，奇虎科技将🌀以及🌀360、🌀首先在公司业务涉及的核心类别进行了注册保护，随后又进行了全类注册。目前，🌀360、🌀已经成为用户识别奇虎科技的核心标识，并经过奇虎科技的长期使用，积累了很高的知名度和影响力。

在此期间，基于具体产品名称的相关商标申请仍在持续进行。通过前述工作，360 数字商标在互联网安全领域的品牌认可度不断提高，知名度不断提升，为 360 数字商标的授权奠定了良好的基础。

360 网盾	360 桌面	装机360
第 9473234、9473235 号	第 9473240、9473241、9473242 号	第 9650685、9650686 号

360 口信通	360 安全导航
第 9849822、9849823 和 9849824 号	第 9855290、9855311 和 9855312 号

360 网址导航	360 网址大全
第 9855313、9855314 和 9855315 号	第 9855316、9855317 和 9855318 号

第 10593694、10593695、10593696 号

第 11395928、11395929 和 113959316 号

360 第二阶段注册商标

阶段三：时机成熟，适时提交"360"数字商标注册申请，最终"水到渠成"实现 360 数字商标授权。

基于长期、持续使用和反复宣传，以及一系列商标布局和奇虎科技取得的卓越经营业绩，"360"已经成为网络安全的代名词。对于广大网民来说，"360"逐渐超出了简单的数字及其背后的直接意义，"安全"的内涵深入人心，这都标志着"360"数字商标获得授权的前景已经逐步明朗。

2012 年 8 月，奇虎科技将**360**在公司业务最核心的第 9、35、38、41 和 42 类五个类别上申请注册。在驳回复审和法院诉讼的过程中，奇虎科技提供了大量的、翔实的、有说服力的使用证据，**360**数字商标的授权最终获得了商标评审委员会和法院的支持，目前第 35、38、42 类已经获得注册证，第 9、41 类复审成功，获得初审公告。

像保护眼睛一样保护自己的品牌
——净化市场环境

● 针对 360 商标的侵权乱象滋生

正所谓树大招风，奇虎科技在成长为中国第一大互联网安全公司、用户量接近 5 亿后，针对 360 品牌的侵权行为不断涌现。

仅在苹果 APP 应用商店等移动端中，就有 20 余个与奇虎科技现有业务名称高度趋同的 APP 供用户下载；在 PC 端，也有大量包含有"360"域名的假冒网站在堂而皇之地误导用户。这些网站或是名称、域名、网页内容中含有360，误导用户，或在网站上虚假标注360安全认证信息，误导用户。用户在完全不知情的情况下误认为该网站由360创办或与360有所关联而点击，不仅蚕食了奇虎科技的流量，也严重损害了用户的利益和奇虎科技的商誉。

在线下，针对360数字商标的商标侵权行为也层出不穷：2014年4月，青岛、石家庄、成都的三家医院在派发的宣传卡片上，擅自印制了奇虎科技的**360**和🟢标识。在该案中，三家侵权方不仅在卡片上直接印制了奇虎科技具有极高知名度的**360**和🟢商标，还使用了"健康卫士"字样，这与奇虎科技的"安全卫士"命名逻辑完全相同，消费者很有可能认为奇虎科技进入医疗领域，或这三家医院与奇虎科技存在某种关系。不仅如此，三家医院在卡片内置的产品宣传页上方，亦直接抄袭了"360安全卫士"产品的界面运行图标。奇虎科技通过向侵权方出具律师函、向当地工商行政管理部门发起投诉举报等措施，迫使侵权方第一时间销毁了侵权物资，最大程度上减轻对奇虎科技的影响。

侵权方印制的宣传卡片

前述侵权行为深刻反映出互联网形势下商标侵权的新特点——将商标与其他商业要素绑定，侵权行为更加深入、恶劣；侵权主体更加隐蔽（如某些含有360的假冒APP开发者位于越南等地）。这些侵权行为的出现严重损害了奇虎科技和广大用户的合法权益。

● **监测常态化＋快速处理化的组合拳**

为了维护360品牌的纯洁度和美誉度，奇虎科技提出了"像保护眼睛一样保护自己的品牌"的口号。只有及时发现侵权行为，并快速响应、积极应对，才能将360的商标以及品牌的影响力牢牢掌握在自己手中。在净化市场环境方面，奇虎科技打出了"监测常态化＋处理快速化"的组合拳，取得了不错的效果。

在监测常态化方面，奇虎科技配有专人负责各类侵权行为的搜集和汇总，定期通过关键字检索、主要第三方平台检索、商标公告监测等方式，第一时间发现侵权行为；此外，奇虎科技还开通了针对用户的侵权举报绿色通道，用户可以直接将其发现的侵权线索提供给奇虎科技。

在侵权处理快速化方面，本着尽快消除侵权影响的目标，奇虎科技会根据侵权方的基本情况、侵权行为的恶劣程度等因素，综合采取出具律师函、申请工商行政查处和法院诉讼等措施。在未来的几年，奇虎科技将陆续启动"北京市著名商标"和"中国驰名商标"认定申请等工作，从而为商标维权提供更为充分的法律基础。

正是因为这种"像保护眼睛一样保护自己的品牌"的意识，作为民营互联网企业的奇虎科技成功地把品牌作为了自己的立身之道。与此同时，360品牌的维护又有力地保障了各个业务线和产品线的发展，为奇虎科技的发展创造了良好的市场环境。

● "以秒为单位"的高效危机处理机制

如果说互联网创造和积累财富的速度是以秒为单位的，那么互联网层出不穷的挑战也是以秒为单位出现的。沿袭了互联网的高效和迅速，奇虎科技在知识产权方面的处理也是雷厉风行的。

2014年4月，雷锋网首发了一篇名叫《一百多家互联网公司商标被恶意注册，关键字"奇虎"》的文章。文章提到"一家在香港注册的名为'奇虎投资有限公司'在国内申请注册多件应用和网站的商标，其中不乏许多大家耳熟能详的名字，共计139个。这意味着如果这家公司顺利完成这139个商标的注册的话，将会有大批的互联网公司因为侵权问题而被告上法庭"。"奇虎投资有限公司"的恶意抢注行为让很多人马上想到了奇虎科技，怀疑抢注行为是奇虎科技操纵的，给奇虎科技带来了极大的负面影响以及法律纠纷。

这则带有负面性质的新闻被爆出后，奇虎科技马上组织了公司各相关部门负责人碰头，当天就定下了应对方案，并马上在官方微博和各大互联网网站发出了声明，解释了事件的真实情况，表明奇虎科技的立场。同日，奇虎科技迅速敲定委托律师事务所，当天就发出了律师函。

鉴于在香港注册的奇虎投资有限公司对警告信没有任何回应，为彻底消除影响，同时也向业界表明维权的坚定决心，2014年5月，奇虎科技在香港高等法院提起不正当竞争之诉。7月,香港法院就此案做出了判决,支持了奇虎科技全部（10项）诉讼请求，香港奇虎投资有限公司必须立即更名！

在短短3个月的时间内就彻底解决前述侵权案件，与奇虎科技高效的危机处理机制是分不开的。在互联网上，任何消息的传播都是以秒来计算的，尤其是负面消息，不论其真假，如果不及时应对，都会给公司的声誉带来致命的打击。奇虎科技防患于未然，由专门的人员制定相关的预案，虽然不知道未来具体会发生什么事情，但是当事情发生后，公司上下会有一个及时的反应，具体到要找哪些人，要做哪些事，从而能够迅速应对和妥善处理出现的品牌危机，把对公司的不利影响降到最低。

把品牌作为自己的立身之本，注重声誉的保护，"以秒为单位"进行危机响应和处理，是奇虎科技的原则，也是奇虎科技能够立身互联网世界，一直在网民心中保持良好口碑的重要原因。

战略布局，重点突破
—— 360 海外注册策略

● 产品未动，商标先行

2011 年 3 月，奇虎科技在美国纽交所上市。上市当年，奇虎科技首先将公司主商标——🌐、🌐360、QIHU、QIHOO在美国、日本、欧盟三个主要区域的核心类别上申请了注册，并获得了授权。但此时的商标海外注册仅仅出于主商标防御保护之目的，奇虎科技并未正式启动国际业务。

2013 年 6 月开始，基于海外业务的不断扩张和公司规模的持续增长，奇虎科技启动了全球化的发展战略。在全球化商标战略的指引下，公司各部门之间密切沟通，提前确定未来一定时期内业务重点发展区域，从而提前做好相应的商标布局，为公司海外业务拓展提供充分的品牌保障和支持。

● 主次分明、因地制宜

在海外注册策略上，奇虎科技根据公司业务在"实际使用需要""提前战略防御"方面的不同需求，采取了完全不同的、有针对性的措施。

首先，对于公司主商标🌐，综合采取了"马德里注册＋逐一国家注册"组合的注册方式，即对于公司业务拓展的重点区域，实行逐一国家注册；对非重点的马德里成员国，则一次性启动了马德里国际注册，从而实现了以最低的成本达到对主商标🌐全面保护的目的。

其次，考虑到 360 数字商标在海外注册同样也面临显著性质疑、授权难度较高的问题，除了提交纯数字"360"尝试注册外，更多地以将"360"与具体产品名称组合的方式提交注册，以增加审查员对"360"的了解和认知。

另外，在注册的过程中，奇虎科技也会充分考虑到海外受众人群的语言习惯等特点，有针对性地进行商标注册。例如在中国香港、澳门、台湾地区以及马来西亚和新加坡等国家，汉语也是比较通行的语言，因此奇虎科技将"奇虎""qihoo"

和 "qihu" 这三件主商标，在前述区域有针对性地进行了防御性注册；在中国台湾，也申请注册了繁体的 "**360安全衞士**" "**360手機衞士**" 和 "**360手機助手**" 商标；在印度尼西亚，也申请注册了印尼语的 "Bantuan Seluler 360" "Keamanan Total 360" "Keamanan 360" "Pengamanan 360" 和 "Perlindungan Seluler 360" 等商标，从而更加符合当地的语言习惯。

目前，奇虎科技已在海外申请注册了 350 余件商标，尤其在 2013 年和 2014 年海外注册力度非常大，这和奇虎科技开始注重海外发展有很大关系。海外注册为奇虎科技走向世界做好了商标方面的有力保障。

让每个员工都参与进来
——商标品牌意识的培育和强化

在视商标品牌如 "眼睛" 一般重要的奇虎科技，商标品牌绝不仅仅是法务部门的事，而是通过新品合规审查等一系列制度的建立，赋予每个员工主动参与的权利和义务，在全公司形成尊重商标品牌、运用商标品牌、保护商标品牌的良好氛围。

互联网行业最显著的特点在于产品不断推陈出新，如果在产品上线前没有及时进行商标障碍检索、规避，提交商标注册申请，很有可能发生侵犯他人商标权或被他人抢注的情况，从而给企业的发展和壮大带来意想不到的阻力。然而在奇虎科技，公司所有产品在正式上线前，均需提交法务部门进行合规性审核，审核的内容除了通常的经营资质、政策性风险外，还需要对该新品所涉及的商标、专利、著作权问题进行全方位的检索，对可能存在的侵权风险进行预警和提示，尽量从源头上防范可能发生的对他人商标的侵权行为；商标注册申请的及时提交也能够有效预防他人在新品发布后恶意抢注现象的出现。"新品合规审查制度" 的设立赋予了普通员工直接接触、了解知识产权的机会，也是法务部门 "普法" 的机会。在合规审核交流的过程中，公司普通员工基本能够建立起知识产权侵权规避和自主保护的意识，并且在日后会主动参与其中。在这样的良性互动下，坐镇技术岗位和开发部门的员工在实际工作中遇到知识产权问题时，也就养成了主动咨询法务部门的习惯。

回顾奇虎科技的品牌构建之路，公司副总裁、总法律顾问傅彤律师感触颇多："品牌是企业的灵魂和发展方向，是企业所有产品的'根'。一个企业如何树立和保护自身的品牌，特别是如何从法律方面和市场方面保护自身的品牌，是对企业自身知识产权保护意识、耐力、信心和法律技术的全方位考验。在九年的发展历程中，通过公司上下坚持不懈的努力，终于为'360'打上了'安全'的烙印，从而为最终获得授权奠定了基础。'360'品牌法律权利的取得来之不易，相信在未来，'360'品牌被赋予和承载的，还会更多。"

（作者：刘嘉丽、王希亚、郑力海）

专家点评 　　作为互联网安全公司，北京奇虎科技有限公司同样面临品牌的安全问题。使用在"计算机软件""计算机软件设计"等商品和服务上的"360""奇虎"等商标不仅是北京奇虎科技有限公司的标志，更是他们保护自身安全的法律手段。他们为获得"360"商标的注册做了不懈的努力。

　　北京奇虎科技有限公司曾在 2010 年年初向商标局递交了"360"商标的注册申请，商标局在审查时，引证两类类似商品上已注册的近似商标予以了驳回。北京奇虎科技有限公司没有放弃《商标法》赋予申请人的权利，在法定时限内，向商标评审委员会递交了《驳回复审申请书》，主要复审理由有两点：首先，引证商标一已经商标局核准转让给申请人，两商标在先权利冲突已不存在。其次，申请商标和引证商标二存在明显区别。且申请商标经过长期、广泛的宣传和使用，在杀毒软件领域与申请人建立了唯一指向关系。因此，请求核准注册申请。经商标评审委员会审理，认为申请商标与引证商标二构成类似商品上的近似商标。因此，将申请商标在指定使用的网络通信设备商品上的注册申请予以驳回；将申请商标指定使用在便携计算机等其余商品上的注册申请予以初步审定。

　　北京奇虎科技有限公司对"360"商标的重视和努力，使他们获得了"360"商标在"计算机软件"等关键商品上的专用权利，为公司"净化商标环境"，"从源头上保护商标和避免侵权"，实施"360 海外注册策略"提供了有力的法律保障。北京奇虎科技有限公司的"360"商标的注册经历具有借鉴意义。

品牌大事记

　　1. 2006 年 7 月，中国互联网协会发起"净化网络生活空间，从我做起"网络百日大扫除活动，360 安全卫士正式对外发布，主推流氓软件查杀功能，遏制了流氓软件的泛滥趋势。

　　2. 2007 年 4 月，360 安全卫士成为国内最大安全辅助类软件之一，可以查杀恶意软件接近千种，各类流行木马上万个；同年 9 月，360 安全卫士成功超过瑞星、金山，成为国内用户量最大的安全软件之一。

　　3. 2008 年 3 月，北京奇虎科技有限公司正式将域名切换至 www.360.cn，完成从产品向安全平台的蜕变。

4. 2008 年 5 月，北京奇虎科技有限公司发布安全浏览器，独家首发的"沙箱"技术打造的"隔离模式"，能彻底避免木马病毒从网页对计算机发起攻击。

5. 2009 年 9 月，北京奇虎科技有限公司在国内首先推出 360 手机卫士，正式迈入移动安全领域。

6. 2009 年 10 月，北京奇虎科技有限公司发布永久免费的 360 杀毒正式版，这是全球范围内真正永久、彻底免费的杀毒软件。

7. 2010 年 11 月，北京奇虎科技有限公司推出自主研发的第三代病毒查杀引擎——"QVM 人工智能引擎"，在全球范围内属于首创，并荣获"北京市科技进步奖""中国专利奖"等殊荣。同月，新的公司形象标识 360 正式启用。

8. 2011 年 3 月，北京奇虎科技有限公司（NYSE:QIHU）正式在美国纽交所挂牌交易，总计获得 40 倍超额认购，为 2011 年中国企业在美国最成功的 IPO 交易之一。

9. 2011 年 9 月，360 手机桌面、360 手机助手、360 手机浏览器等多款移动互联网产品正式发布上线，标志着北京奇虎科技有限公司在移动互联网领域加大产品研发力度。

10. 2012 年 7 月，北京奇虎科技有限公司宣布推出"网购先赔"服务，承诺 360 安全卫士用户如因木马及钓鱼网站造成网购财产损失，公司将为用户提供最高为 3.6 万元的先行赔付，赔付金额和覆盖用户数量均为国内领先。

11. 2012 年 9 月，360 搜索上线并正式发布 so.com 独立域名，S 代表 Safe（安全），O 代表 Open（开放），其立志成为"干净、安全、可信任"的搜索引擎，让用户拥有搜索的选择权。

12. 2013 年 6 月，360 国际版产品正式推出，标志北京奇虎科技有限公司正式开启国际化进程。

13. 2013 年 9 月，由北京奇虎科技有限公司主办的"2013 年中国互联网安全大会"在北京召开，此次会议是国内规模最大的一次网络安全盛会，在与会规模、专业度及影响力上均开创了国内信息安全会议的先河。

14. 2014 年 7 月，360 数字商标在第 35 类（计算机网络在线广告）、第 38 类（通信）、第 42 类（搜索、杀毒及其他计算机相关服务）上获准注册。

15. 2014 年 7 月，360 公司第 8820255 号 360 商标在消费者调查投票活动中被评选为"2013 年度中国最具成长力商标"。

16. 2014 年 12 月，北京奇虎科技有限公司荣获人民网评选的第九届"人民企业社会责任奖年度优秀企业奖"。

17. 2015 年 3 月，360 开放平台正式成立，整合奇虎 360 旗下所有面向开发者服务的资源，打通 PC 和移动端的隔阂，围绕开放平台、云安全服务、广告流量导入和产品扶持计划等内容搭建中小 CP 的合作平台。

18. 2015 年 5 月，360 企业安全集团正式宣布成立，企业安全集团以 360 安全创新中心旗下三大研究院、12 支专业安全研究团队的研究资源为基础，配合全球 IP、DNS、URL、文件黑白名单四大信誉数据库和近 10 年的安全大数据和大数据处理能力，为企业客户提供基于"数据驱动安全"的安全方案和服务。

19. 2016 年 1 月，360 搜索市场份额突破 35%，用户超过 3.8 亿，稳居中文搜索引擎第二位。

20. 2016 年 6 月，北京奇虎科技有限公司第 8820252 号 商标被认定为"北京市著名商标"。

京东商务：
家喻户晓的电子商务巨头

京东公司起名用了刘强东的名字中的"东"字，京东品牌的性格也体现着刘强东身上坚持和敢于挑战的精神。京东公司从 1998 年创立那天起历经十几年，已经成为家喻户晓的电商品牌，从一个代销起步的小公司做到中国最具影响力的企业之一，京东公司的成长历程是一个怀揣梦想的青年人创业的神话。

全力以赴，转型电子商务

● 从实体店到电子商务的转型

1998 年京东公司在中关村注册成立，以代销光磁产品为主业。成立伊始，京东公司确定的经营底线是不卖假货，正是这种坚持，使京东公司在纷杂的市场环境中渐渐有了口碑和信誉，在短短两年内成为全国最具影响力的光磁产品代理商之一。

但突如其来的"非典"猛地将京东公司与日俱增的实体销售业务推入绝境。空空荡荡的北京城，哪有人到中关村来买货呢？在苦熬迷茫的时刻，一个员工提出"为何不在网上卖呢？"，这一语点燃了公司管理层心头的火种。那时候电子商务刚刚开始，没搞过电子商务的京东公司一上手，就决心做一个能控制产品品质的独立的电子商务平台，把京东公司经销的商品放在自己的网络平台上销售。决策一定，员工们开始在各大论坛上发帖广泛宣传京东公司的电子商务。发帖无数，可是受关注的帖子寥寥无几，京东公司上上下下无不忐忑。几天之后，一家刻碟发烧友论坛上有位版主在京东公司的宣传帖下

它是中国第一家在美国纳斯达克成功上市的大型综合电子商务公司；它的市值已达到约 400 亿美元，在全球纯电子商务企业中排名第五；它是人们最喜爱的网上购物商城，它就是家喻户晓的北京京东叁佰陆拾度电子商务有限公司（以下简称京东公司）。让我们一起走进京东公司的品牌故事，一同去看看"与风投斗智斗勇、对物流下猛药"的京东特色，用心去解读这家电子商务巨头。

回复道："我知道京东，这是中关村一家不卖假货的公司。我过去三年的碟都是从那儿买的。"版主的回复，引起了几个网友的回应，这些网友抱着试一试的态度，汇款到了京东公司的账号，京东人拿到几十元的汇款以最快的速度向客户邮寄了京东公司的正版碟片。就这样一传十、十传百，京东公司凭借这一家论坛的帖子打开了产品电子商务的最初销路，京东公司起死回生。

"非典"让京东公司看到了电子商务的美好未来。2004 年年初，公司决定放弃全国扩张连锁店面的计划，关闭所有门店，倾其过去几年所积攒的 1000 多万元家底，将京东公司全面带入了电子商务时代，正式创办了"京东多媒体网"，也就是 360buy 京东商城的前身，京东公司的业务转型就是这么彻底和无所保留。

● **保证产品品质是京东公司转型的保障**

京东苦守着创业之初定下的"客户体验优先"的诺言。京东公司第一笔电子商务的订单来源于买家对京东商品品质的认可，多年来京东公司一直不敢松懈对品质的控制和管理。京东公司所有的刻录机都有正规的报关手续，所有的碟片都是正版的。工商等行政部门对京东公司销售的碟片、刻录机等多次抽查，没有查到过一张假碟片或者一个水货。要问京东公司凭什么能在做代销商时业务量稳步增长、开办自营式电子商务平台后又能赢得网络用户的信任？保证产品品质就是京东公司这个创业型企业的命根子。

全面转型电子商务后，2008 年，京东公司上线日用百货类商品，开始向综合型电商转型；2010 年年底，京东公司开放平台正式上线。截至 2014 年，开放平台商家的数字急剧增加到了 3 万家，平台的交易额已经超过 165 亿元。如今的京东公司是中国最大的自营式电商企业，目前活跃用户数达到近 1 亿，2014 年完成订单量达到 6.89 亿。

"谁也不许动我京东的品牌"

● **品牌建设常抓不懈**

从 2007 京东公司向国家商标局申请了第一件商标"京东商城"起，到 2013 年年底，京东公司在中国大陆已经成功注册了 600 多件商标。在中国香港、澳门、台湾地区及海外，京东公司申请注册了商标近 300 件，被核准的注册商标已经达上百件。目前，在商标的 45 个类别、全球 30 多个业务覆盖的国家和地区，京东公司申请注册了"京东"系列商标,建立起一道商标品牌运用和保护的"防火墙"。

一直以来，京东公司都在加强对"京东""京东JD.COM""Joy图形"等主打商标品牌的宣传，以提升品牌的知名度，力争将"京东"打造成中国的驰名商标，为京东成为世界知名品牌奠定坚实基础。

京东公司会从多种途径来实时监控侵权行为，2010年11月，京东公司发现有人在恶意抢注"京东商城"四个字，且已被商标局初步审定，京东公司马上提出异议，在答辩程序中，京东公司收集了大量的使用证据，证明了"京东商城"商标在被异议商标申请日之前，已经被京东公司使用并具有了较高的知名度，公众已经将"京东商城"与京东公司紧密地联系在一起。2013年8月，商标局对被异议商标做出了异议裁定，异议理由完全成立，京东公司维权成功。

近年来，出现过不少仿冒京东公司商标和网站版式设计的电脑超市及网上商城、娱乐购物等网站，京东公司对于相同或相似的商标先后提出了近60起异议申请，并向涉嫌侵权的实体店、电商、网站发出警告，侵权商标有的被删除，有的网站已经关闭。

除了商标以外，域名作为企业的网上"门牌号码"，承载着巨大的品牌价值和商业价值。在每一个新通用顶级域名下，域名注册的空间都是巨大的，互联网知名品牌存在着所属域名被抢注的风险，京东公司在第一时间去注册属于它自己的域名。2014年12月，.wang王牌域名全球首个双字符域名正式出炉了，它就是JD.wang。查询域名数据库whois上的注册信息显示，JD.wang的所有者正是京东公司。

● "金属狗"商标更快乐地追求"简单快乐购物"

从2004年诞生的"京东多媒体"，到2007年"京东商城360buy.com"，再到2013年的"京东JD.com"，京东公司的品牌经历了两次换标。近10年品牌知名度的积累和沉淀，让"京东"早已成为广大消费者熟知和喜爱的品牌。用户看到京东商标时，会第一时间想到京东公司。

2013年3月，京东商城大刀阔斧地更新了品牌的商标，域名网址正式换为JD.com，并推出名为"Joy"的金属狗吉祥物。对"京东商城360buy.com"这样一个多年运营的域名和商标而言，新的图标更加简洁、欢快有力、充满动感，这是对简单快乐购物理念的追求，它象征着京东公司的新兴技术和新型的商务模式，代表了京东公司高效运营、高速送达的专业优势。"京东商城"缩减为"京东"，去掉"商城"两个字，京东，不仅仅是买东西的地方，甩掉"商城"这两个字，就像给京东再次褪下一层壳，京东少了商城的"束缚"，可能更有利于用户对京东这个商务平台重新认识，更有可能看到完全不同的跨领域的崭新京东。

倒三角形的品牌管理模式

创业就是一个不断试错的过程。京东公司是一家正在快速奔跑的成长型企业，倒三角形的管理模型分为四个横向，最底层是"团队"，倒数第二层是"物流系统、IT 系统及财务系统"，倒数第三层是"成本和效率"，最上面一层是"产品、价格和服务"，这四部分对京东公司的意义分别是基础、供应链、关键 KPI 以及用户体验。而京东公司在 2013 年 7 月 29 日的首届开放平台合作伙伴大会上，发布了面向开放平台合作伙伴的技术、物流、服务、财务四大支持的计划。

● 团队——众志成城闯天下

京东公司奉行"不拘一格降人才"，提拔人才的原则不是仅看专业、出身，而是着重看一个人的价值观、学习能力、敏捷度、团队合作精神以及发展潜力。2013 年，HR 团队完成了全国 1500 多场面向 32000 名员工的轮训。

京东公司注重让员工自然地生发出忠诚度与归属感。由于企业规模扩大及对腾讯电商的收购，到了 2014 年，京东公司员工陡然增至 6 万人，原有的办公场所已经不能满足需要，京东公司近 2000 名研发人员南迁亦庄总部，京东公司没有因搬迁产生离职潮，京东员工随总部顺利南迁。

京东公司用人的逻辑是：我们有的就是团结向上的队伍和斗志，我们京东人一定是有正能量的、有激情的人。

● 物流与 IT 系统彰显威力——品牌为上

打造一个优秀的团队后，京东公司会用它的团队去打造三个核心的系统，那就是 IT 信息系统、物流系统和财务系统。

财务系统的重要性毋庸置疑，IT 信息系统是电子商务的根基。目前京东公司每个产品或者人员的管理，每个货品从预测、采购、财务、物流、售后都能通过 IT 技术进行管理。这些年，京东公司围绕"成本"和"效率"持续打造的物流系统和 IT 系统，成为支撑京东公司走向领先的关键。京东公司强大的 IT 系统在 2012 年首个"双十一"的最高峰时经受住了实战的检验，当天的访问量和平时相比增长高达 200% 以上，京东商城官网始终运行稳定，为广大的用户提供了顺畅购物的保障，确保了促销活动的圆满完成和用户体验的稳定，京东公司 IT 系统完胜。

京东品牌另一个核心系统是物流系统。从 2007 年，京东公司就开始全面布局它的自建物流体系，它要保障最后一公里的用户体验。到目前，京东公司已经拥有了北京、上海、广州、成都、武汉、沈阳、西安七大物流中心，在 40 座城市运营 123 个仓库，拥有 3210 个配送站和自提点，自建物流覆盖全国 1862 个区县，京东公司自营配送订单量已经达到了总订单量的 80%。

2012 年，京东商城仅"双十一"活动三天的订单总量就超过了 450 万单，交易额超过 25 亿元。强大的京东物流从 11 月 12 日到 11 月 14 日，每天配送运力提升 70%，高效处理了"双十一"大量的订单。在这场不见硝烟的物流战中，京东公司的自建物流显得更加有序和运筹帷幄，有的京东用户下单成功不到一个小时就收到了"双十一"抢购的商品。

2013 年 5 月"极速达"业务上线，"三小时送达承诺"一直备受关注。京东公司会按照用户的要求来定制服务，用户只要支付快速收货的相关运费，就可以尽情享受 3 小时内送货上门的极速配送。如果不能在 3 个小时内准时送达，京东公司会免收这笔订单的运费。2013 年 9 月，京东"极速达"配送范围从北京四环区域的 300 平方公里扩大到五环区域的 700 多平方公里，配送区域覆盖面积实现了翻番。千万别小看这"多一环"的配送，对于"三小时送达"的承诺来说，这可是个不小的挑战。凭借限时送达的承诺，"极速达"打造的品牌化物流已经赢得了广大消费者的高度认可。

导演贾樟柯以快递大侠杨国清以及无数快递大侠的工作素材为基础，为京东公司拍摄了品牌形象片——《京东，为每一点喜悦》。品牌形象片中，京东公司的快递员们用自己的奔波和笑脸，为即将毕业的女孩们送来了"回忆"，为金婚老人送来了"浪漫"，为乡村的孩子们送来了"愉悦"，为归家的儿子送来了"团聚"，他们穿梭于大山之间，游走于风雪之夜，每一个订单都安心配送，他们为每一次点击而喜悦，也为每一点生活的美好瞬间去创造喜悦，这就是京东人的诚信与执着。这部感动中国的巨作得到了京东公司员工和社会大众的强烈反响，而这背后是京东人默默付出与奉献的真实写照。

"为每一点喜悦"，道出了京东公司全新的品牌价值观。贾樟柯说，"我眼中的京东快递员，类似于古代的大侠，哪里有需要，就出现在哪里，他们快速、安心、使命必达"；而"每一点"是客户鼠标主动的一点，是京东公司倾情回报的一点，每一点都为京东公司而喝彩！今天的京东公司，在物流建设上已经走在了电商同行们的前列。

● 成本——低成本打造大品牌

让消费者得到实惠，这句话说起来容易，做起来很难。没有企业不想盈利，但在一个利润薄如刀片的行业里，企业首先要保证自己活下去。如果规模达不到一定的级别，企业也会淹死在红海里。而要取得规模效应，就必须做到能长期吸引住用户，并发展壮大用户队伍。

为了留住用户，京东公司自诩为"价格斗士"。低价并不意味着伤害盈利能力，京东公司的定价强调可持续性，除了个别搞促销的时候，京东公司会按照成本来定价。数千万的产品中，每个产品的成本结构京东公司的员工们都会搞得清清楚楚。低价策略看起来简单粗暴，没有技术含量，但低价策略、薄利多销的朴实商业法则让京东公司的红利、京东公司的规模像雪球一样越滚越大。"我们并不追求一定要比竞争对手卖多低，但是我们不能允许比竞争对手价格贵。贵是没有理由的，低价将是我们一直的策略，将来无论京东做多大，都将会把最优惠的价格带给用户。"今天的京东公司已经是一家"低成本、高效率"的服务型公司。

将"产品质量、价格和服务"统称为电商的用户体验，京东公司追求成本、效率和用户体验之间的平衡。就是说你的用户体验不仅货物价格、质量、服务是好的，你的物流是迅捷的，你的第三方物流成本也得是低的；但如果你的发货成本很贵，综合下来你的用户体验就不完美。京东公司要在成本和用户体验之间，找到一个最佳的平衡。为了这种商业中的平衡策略，京东公司除了在物流体系上大量投资，还推出了"售后100分"以及全国上门取件服务，提高了京东公司的美誉度和服务水平。

2014年"双十一"京东公司喊出了新消费主义的口号。新消费主义有三个核心诉求：真货、物流和售后。对于每一位用户来说，这三个诉求，远比秀数据更具吸引力。从产品销售到物流，再到售后服务，每一个环节京东公司都让它紧扣了"消费者主权最大化"的宗旨。在产品销售方面，京东公司一直很重视倾听消费者的声音，这增加了公司平台的黏性，因为黏性可以刺激京东公司销售额的节节攀升，能让京东公司享受到"消费者主权最大化"的红利，京东公司的品牌在广大消费者心中深深扎根。

布局世界"大棋盘"

随着电商竞争的白热化，在电商行业除了几个令人仰视的比较突出的光鲜巨头外，失败者比比皆是，多家电子商务公司相继倒闭。2014年，京东公司企业化的战略主题的重点转为围绕移动及大数据、O2O、金融、渠道下沉、国际化"五大战略"方向发展，继续为用户、为行业、为社会创造价值。京东公司从一个商品经销企业，转而开始加大研发的投入，在云计算、大数据、移动互联、人工智能等领域去开展深度的创新，力图帮助传统产业来实现互联网化的转型。

京东公司一贯很强调核心的用户体验，创新地去做O2O。针对多种即时消费的产品，京东公司的终极目标是15分钟送达，比如说当你带一些朋友去餐厅吃饭的时候，饮料没带够，你可以在京东公司下订单，15分钟之内快递就会把你的饮料送到餐桌上。从2014年京东公司布局O2O，到开启金融众筹新模式，京东公司携手腾讯达成战略合作，京东公司的O2O项目"京东快点"正式升级为"拍到家"。"拍到家"利用移动互联网，整合线下实体店资源，借助京东公司强大的配送能力，为消费者提供"2小时快速送达"服务，促进超市、商场、鲜花店、生活服务等传统产业的转型升级。目前，"拍到家"正在北京和上海两个城市进行测试。在北京的合作伙伴有超市发、华联、乐天玛特、硕果多、宜花等，可提供日杂零食、生鲜果蔬、鲜花等商品。餐饮、家政、洗衣、洗车、美甲、按摩等本地生活服务也将成为"拍到家"的重点发展方向。

2014年7月1日，京东公司还杀入产品众筹领域而且成绩相当不错，"三个爸爸"空气净化器众筹项目的成功始于它在京东众筹迈开的第一步，在短短几个月的时间里，借助京东众筹平台强大的用户和流量资源，"三个爸爸"不仅仅为自己吸引到了3732名出资者，筹集到1122万元的资金，它更通过持续不断的营销活动，让自己声名鹊起成了一个名副其实的众筹明星项目。

章杨是一位23岁的创客，他在2013年11月成立了自己的公司微智电子，专攻智能家居。章杨在京东众筹平台上发布了一个名为"X-Light"智能灯泡的项目，本来只打算筹集1万元的资金，他却获得了3510人的支持，筹集到40.8万元的资金。章杨的众筹创业经历说明，对于大企业，京东众筹起到的作用更多的是锦上添花，而对于很多草根创业者来说，京东众筹则无疑是雪中送炭。

到2014年10月，有60余个项目登陆了京东众筹平台，京东公司的总筹资额超过了5000万元。可以说，很多已经上线的项目，首先看上的就是京东众筹平台的营销价值。如今，京东公司在国内3C渠道的领导地位，吸引了不少已经创业多年的智能硬件公司来到京东公司做众筹，这也让京东众筹项目的平均筹资额大大高于其他的众筹平台。对于京东公司来说，众筹更大的作用恐怕还不是项目的多少，而是业务的延伸。从长远来看，京东公司希望能够通过众筹，给销售平台带来一个根本性的变化，让用户在产品的产生过程中去发挥更大的作用，京东公司要将自己的商业模式从单纯的 B2C 转换为 C2B2C。玩众筹的京东公司，其实在下很大一盘棋。

2014 年京东公司内部的年会上，刘强东向在场的 2000 多名员工真情流露，他说自己最后一个梦是品牌国际化，"希望我们能够代表中国成为一个全球化的企业，我们有能力服务于全球的消费者，我们能赢得全球消费者的信赖和信任，只有这样，京东才能从一家'牛的公司'成为一家'伟大的企业'"。

这么多年，一向成熟稳重的京东"大叔"始终大力推进着品牌的国际化战略。2014 年 5 月 22 日京东公司正式在纳斯达克证券交易所挂牌交易，成为中国第一家在美国纳斯达克成功上市的大型综合电子商务公司。

京东公司每一刻都做好了准备，去全力完成自己的梦想。他要利用国际与国内两个市场，整合有效的资源，将京东这个品牌推广到世界，力争 5 年内让京东公司旗下的品牌在业务涉及的海外国家内，都具有很强的影响力。

京东公司被互联网协会授予了"2009 年度网民最喜爱的网上购物商城"称号；京东公司荣获了 2014 年"中国大学生最喜爱十大电商品牌"奖，并荣登 2014 年《财富》榜的中国 500 强，位列第 79 位。未来，我们期待京东公司创出新奇迹。

（作者：邓舒馨、梁媛）

专家点评 北京京东叁佰陆拾度电子商务有限公司常被人们简称为"京东商城"或"京东"。究其原因，一是"京东商城""京东"是北京京东叁佰陆拾度电子商务有限公司几千件注册商标中的最主要商标，是公司重点宣传的内容。二是北京京东叁佰陆拾度电子商务有限公司的网络营销手段和技术，加上互联网信息传播速度快、影响范围广的特点，以及人们购物习惯的改变，使得"京东""京东商城"的品牌形象在消费者中产生了广泛影响。

但是随着互联网沟通语言的流行，一些网上被频繁使用的词汇成为了网络新词，其中也包括那些原本具有显著性的商标名称成为网络大众语言。如何避免"京东""京东商城"等注册商标成为网络销售模式的热词，避免成为他人争相抢注的商标名称资源，防范机制更重要。市场主体在政府职能部门综合施政，完善管理机制的同时，更要发挥企业自我防范的决定性作用。北京京东叁佰陆拾度电子商务有限公司，作为直营旗舰店和授权专卖店组成的网络平台销售经营者，通过商标异议等法律程序，维护"京东""京东商城"商标专用权的行为，就是一种主动运用法律手段，强化商标保护的法律行为。

品牌大事记

1. 2004 年 1 月，京东多媒体网 jdlaser.com 开通。

2. 2007 年 6 月，北京京东叁佰陆拾度电子商务有限公司启动全新域名 www.360buy.com，"京东多媒体"正式更名为"京东商城"。

3. 2008 年 12 月，北京京东叁佰陆拾度电子商务有限公司在中国电子商务协会举办的 2008 年北京市电子商务诚信企业评选活动中被评授为"最佳诚信企业"。

4. 2010 年 5 月，北京京东叁佰陆拾度电子商务有限公司在 APEC 和国家商务部主办的第四届 APEC 电子商务工商联盟论坛中获得"中国电子商务成长创新十佳企业"荣誉。

5. 2011 年 9 月，北京京东叁佰陆拾度电子商务有限公司被《财富》评为"2011 年度卓越雇主中国最适宜工作的公司"。

6. 2012 年 9 月，北京京东叁佰陆拾度电子商务有限公司入选《财富》（中文版）"最受赞赏的中国公司"。

7. 2012 年 10 月，京东海外站（英文网站）正式上线，迈出国际化重要一步。

8. 2013 年 3 月，北京京东叁佰陆拾度电子商务有限公司正式更换域名为 JD.COM，并推出名为"Joy"的吉祥物形象。

9. 2014 年 3 月，北京京东叁佰陆拾度电子商务有限公司与腾讯达成战略性合作，收购腾讯部分电商业务和资产。

10. 2014 年 5 月，京东集团正式在纳斯达克证券交易所挂牌交易，股票代码为"JD"。

11. 2014 年 7 月，北京京东叁佰陆拾度电子商务有限公司荣登 2014 年《财富》中国 500 强，位列第 79 位，在互联网行业中排名最高。

12. 2015 年 3 月，京东集团创始人兼 CEO 刘强东先生获选《财富》2015 年度"全球 50 位最伟大领导者"。

13. 2015 年 7 月，北京京东叁佰陆拾度电子商务有限公司连续第三年获《经济观察报》"年度最受尊敬企业"。

14. 2015 年 7 月，北京京东叁佰陆拾度电子商务有限公司荣登 2015 年《财富》中国 500 强，位列第 45 位，稳居互联网公司第一。

15. 2015 年 7 月，北京京东叁佰陆拾度电子商务有限公司入选纳斯达克 100 指数。

16. 2015 年 8 月，第 35 类 8923073 号"京东商城"被核准注册，指定服务项目包括"替他人推销"等。

17. 2015 年 9 月，北京京东叁佰陆拾度电子商务有限公司综合排名蝉联"中国电商力量排行榜"首位，在受访企业推荐中占比 73.9%。

18. 2015 年 12 月，北京京东叁佰陆拾度电子商务有限公司蝉联第一财经——中国企业社会责任榜"杰出企业奖"。

19. 2016 年 1 月，第 35 类"京东""京东 JD.COM"商标被核准注册，指定服务项目包括"替他人推销"等。

20. 2016 年 6 月，北京京东叁佰陆拾度电子商务有限公司入选《金融时报》"2016 年 BrandZ 最具价值全球品牌 100 强"榜单。

第二篇

发展中企业的品牌成长故事
商标用权篇

仁创科技：
您的需要，我的创造

熔炼而成的"覆膜砂"

20世纪80年代，我国铸造业十分落后，国内企业为了生产合格的铸造零部件，不仅是设备和工艺需要从国外引进，就连铸件模具的原料——沙子，都需要从国外进口。当时进口的原料沙名为锆砂，产自澳洲，价格高达每吨七八千元。中专毕业被分配到济南铸造机械研究所的北京仁创科技集团有限公司（以下简称仁创集团）创始人秦升益，在铸造车间从事抬铁水、造铸型、浇铸件、清铸件等繁重的体力劳动，却没有停止对专业课题的思考。他的脑海里不断设想着：能不能提高铸件品质与成品率，让艰苦的劳动不再沦为无用功呢？中国的沙漠浩瀚无垠，那里的石英砂能不能代替锆砂呢？

在这个设想的鼓舞下，仁创人满怀希望地开始准备材料，申请立项。当秦升益把利用业余时间呕心沥血编写的立项申请提交单位时，却遭受了当头一瓢冷水。研究所的资深研究员以及当时业界许多人士都对他的大胆想象表示怀疑或否定，甚至批评他是"异想天开"——铸件模具对精密度要求极高，而石英砂膨胀率是锆砂的3倍。立项申请被驳回，理由简单而荒唐：就连技术先进的美国都没有研发出锆砂的替代品，何况远远落后的中国！

秦升益后来回忆这段往事时说："也许是因为我属牛，骨子里有股牛脾气，我就不相信美国人做不到，我们就必定做不到！"没能立项，实验照做，秦升益

佛偈有云："一沙一世界，一叶一菩提"，寓意微若沙砾的细节事务中蕴含广大尘世的因果。那么，一粒沙究竟可以有怎样的世界？是只能躺在广袤遥远的土地上成为神秘壮美而又令人望而生畏的金黄风景，还是亦可驾着科技之长风走进社会、走近生产成为改善人类生活品质的巨大力量？有这样一个企业，历时三十载，将沙砾请出了沙漠，并使之完成了从"沙"到"砂"的蜕变，使原本默默无闻的沙，一次次在人类社会生产生活中释放出巨大的能量，它叫仁创。今天，让我们一起走近这个与沙有着不解之缘的企业，走进微小而广博的沙之世界。

积攒自己微薄的工资，买来定量的原料和简易的设备，利用业余时间，在职工宿舍里炒起了沙子。没有专业的加温设备，用烤箱代替；没有专门的原料容器，用医院的搪瓷托盘代替；没有足够的理论指导，把借来的《化工大辞典》当作枕头……就是这样的付出，就是这样的坚韧，3 年时间，6000 次实验，9000公斤沙子，秦升益终于成功了，他受易经"一阴一阳之谓道"的启发尝试在石英砂表面覆盖一层负膨胀率的物质，成功攻克了石英砂膨胀率难题，他为自己的产品取名"耐高温覆膜砂"，定价每吨 3500 元，不到锆砂的一半，时评"沙子卖出钢材价"。从此，这种廉价、无污染、可重复利用、储量丰富的天然砂代替了昂贵且有放射性危害的锆砂。

耐高温覆膜砂得到原机电部专家的高度评价："填补了一项国际制造业的空白"，鲜花和掌声也接踵而至。1990 年，29 岁的秦升益荣获原机电部科技进步一等奖；1991 年，凭借"壳型铸造用耐高温覆膜砂"技术获国家发明奖；1993 年，获国务院特殊津贴奖、教授级工程师称号。耐高温覆膜砂的一炮打响雄辩地证明，科学有时就是需要异想天开！

激流勇转"孚盛砂"

仁创人在沙子里掘到人生第一桶金后，便与沙子结下了不解之缘。1992 年，怀揣筹借的 3.5 万元钱，秦升益只身来到北京，创立了"北京市长城铸造新技术开发公司"，即仁创集团的前身——三间平房、一口大锅，这便是仁创集团的雏形。创业的初期考验人的力量，公司的发展考验人的眼光。在耐高温覆膜砂的光环下，公司面临着一个重要的选择：是乘胜追击，发展既有的成熟产品？还是继续创新，开拓另外的广阔市场？公司主流声音认为汽车工业拥有辉煌的发展前景，继续耐高温覆膜砂的汽车零部件应用是理所当然的。就在高涨的主流呼声中，仁创集团的科研团队认为自己在汽车零部件生产领域并不见长，以己之短拼人之长，无异以卵击石，何况这样的发展会使曾经的上下游合作伙伴演变成平行的竞争对手。既然如此，何不另辟蹊径？仁创集团必须开拓思路，立足创新，着眼于市场的隐性诉求。在如日中天却竞争激烈的汽车零部件产业中，仁创集团看到了汽车增长带来的石油需求，于是开始在石油开采领域寻找突破的出口。

"创新就是解决问题"是仁创集团的一贯精神，当时原油开采面临着一个世界性难题——油水分离。油和水共生在地下几千米深的岩石里，开采时需要打出一道地缝。为防止打出的地缝"愈合"，需要用高强度的材料进行支撑。国际上的先进做法是将陶土烧制成陶粒，通过高压输送到地缝里。我国也引进了这种技术，尽管有增产效果，但含水率高的问题一直难以解决。这一难题又一次激发了仁创集团创始人的"牛性"，在"道不同不相为谋"的四位公司副总集体辞职的困境中，仁创集团通过三年艰苦卓越的努力，终于研发出能够提高风积沙强度的膜材料，可替代陶粒且透油不透水的"孚盛砂"横空出世，解决了产油高含水的世界难题。孚盛砂有效实现了油水分离，大大提高了石油开采率。2005 年，孚盛砂"疏水亲油"的第二代产品问世，仁创人称其为"油哆哆"，寓意口口井都出油，口口井多出油。2008 年，"油哆哆"首先在大庆油田应用，应用了该产品的油井，产量提高了 20% 以上。其后，吉林油田、长庆油田、新疆塔里木油田和江汉油田等相继采用了"孚盛砂"作为支撑剂，平均每口井日产油量增加 2.3 吨。目前，孚盛砂已广泛应用于大庆、中原、延长、吉林、华北、克拉玛依等国内各大油田，平均提高石油产量 15% 以上，降低含水率 5%。在大庆应用典型实例中，施工前日产油 0.4 吨，日产水 1.6 吨，含水率 80%，采用孚盛砂后，日产油 24 吨，产水量为 0。

孚盛砂解决了油水分离难题，助力石油开采，其贡献若进行量化，足以令人瞠目结舌。据相关媒体计算，我国石油总资源量约 1021 亿吨，如果全国采收率提高 1%，可以增加 10.21 亿吨石油，以大庆油田年产原油 4000 万吨计算，这一新增数量相当于大庆油田 25 年的产量！

仁创集团的发展选择从表面看来，是一次关乎产品的分歧，实质上，更关乎思维。在原有基础上扩大生产，增加市场占有率，是企业的正常选择，这没错。但是紧跟市场需求，为解决问题而研发，这更没错。不仅仅从商业角度考虑，仁创集团更加重视的是如何让科研成果更有益于社会。带着这样的理念，仁创集团的沙子又流进了水的世界。

应运而生"生泰砂"

几年前的夏季，北京遭遇了"到北京看海""京都泛舟"的尴尬，戏谑之余带着无奈。善于解决问题的仁创集团又一次从社会性的问题中敏锐地发现了创新的契机。

解决路面积水问题早已不是什么新鲜的课题，透水砖产品也早已投入使用。

然而，传统的透水砖，其透水原理均为大孔隙透水，顾名思义，即通过扩大砖颗粒间的缝隙而使水渗漏。这种透水原理下生产的砖有着先天性缺陷，即其缝隙极易被灰尘堵塞从而影响透水效果。仁创集团研发团队将审视的目光从改变砖结构上收回，创造性地提出"破坏水的表面张力"透水原理，研发出以沙为原料的"生泰砂基透水砖"。这种砖已经铺进了北京奥运场馆，铺到了长安大街，铺进了中南海，铺进了上海世博园……

解决了路面透水的问题后，仁创集团研发团队并没有停下思考和创新的脚步。近年来，水资源短缺的问题引起社会各界的广泛关注，节水事业也就自然进入了仁创集团研发团队的创新研发视野，形成以生泰砂基透水砖为起点，"收、蓄、渗、净、用、排"六位一体的砂基雨水利用系统。该系统包括"收集过滤、蓄存保鲜、渗透回补、溢流排放"四个子系统。蓄存保鲜子系统采用蜂巢结构的生态硅砂蓄水池，替代塑料 PE 蓄水模块和钢筋混凝土水窖，有效增加水体溶解氧，解决了蓄水变质难题。同时，模拟地下水地质结构，将雨水储存在具有过滤、净化、储水功能的蜂巢结构间，实现了雨水就地处理，出水水质可以达到地表水 III 级标准。目前，该系统已成功应用于全国 18 个省市的 300 多个工程，涉及近 100 万平方米，其中奥运水立方、景观大道、国家体育馆等标志性工程均已重点采用。该系统获得了全国工商联科学技术一等奖、北京市科学技术一等奖和北京市发明专利一等奖等奖项。借此系统，仁创集团也荣获"科技奥运先进集体""北京市首批自主创新产品""中国环境标志产品认证""2006 年精瑞科学技术奖之住宅新产品金奖"等多项荣誉。

层出不穷的问题，是仁创集团创新研发的不竭动力。2008 年 5 月 12 日，汶川地震发生，仁创集团向灾区捐款 20 万元。秦升益说："捐款解决不了根本问题，类似的灾难以后还会发生，我们仁创的社会责任心让我们致力于研发抗震建材以助人们对抗地震。"就这样，20 万元捐款的背后是 300 万元的研发经费，用于研发高等级防震建筑材料。后来，中央电视台大楼火灾造成巨大经济损失，仁创集团研发团队便在防震的基础上探索建材的防火性能。功夫不负有心人，仁创集团在解决一个又一个问题的过程中，也渐渐使自己的产业成型。沙子，奇迹般地在建筑领域大放异彩。如今，仁创集团以沙为原料的自主创新建筑项目已经竣工，工程所用建材均系仁创集团自主研发，强度高、重量轻，可抗震九级，可防明火灼烧。仁创集团作为科技创新型企业，奋斗目标不仅仅局限于赚钱，他们利用科技的力量承担着重大的社会责任。

问起"生泰砂"名称的由来，秦升益侃侃而谈。他理解中的"泰"，即通。传统文化中，泰有通透之含义。因此透水砖、透水岩，还有同一系列的透气不渗水花盆等产品用含有通透之意的"泰"字冠名，同时"生泰"与"生态"同音，一语双关之妙耐人寻味。

匪夷所思"大漠香"

"在不可能中寻找可能"，是仁创集团多年来的创新发展路线。他创造了太多的奇迹，给了社会太多的惊喜。古诗有云"大漠孤烟直，长河落日圆"，描述了一幅壮美而苍凉的大漠落日图。而如今，大漠上不再仅是茫茫黄沙的无边孤独和天边落日的无尽苍凉，仁创集团用现代科技神奇地实现了对诗句的改写，奏响了智慧的绝唱——大漠孤烟直，处处稻花香！是的，是大漠，是稻香，史无前例地一起出现在世人的视野中，这就是创新的力量。这是又一次的异想天开，缺水干旱的沙漠里如何能长出依赖沃土的水稻？！在仁创集团的沙世界里，没有不可能。仁创集团的沙漠种植水稻实验近年宣告成功。仁创人先在大漠中挖掘出深沟，在沟内覆一层防渗水的新型砂产品，再将沙土重新回填，如此就解决了沙漠中保水困难的问题。沙土中的水分不再轻易流失，便满足了水稻最基本的生长条件。仁创人已经尝到了这批沙漠中产出的稻米，问及味道如何，相关负责人的喜悦和骄傲溢于言表，同时也难掩凌云壮志："香！仁创要发展以沙漠水稻种植为基础的多功能大循环农业！"

精心设计"好名字"

1984 年迈出的脚步，走到今天，仁创集团的在科技创新之路已经走了整整三十年。三十年，创始人秦升益从没有休过假。他神采奕奕地说："工作就是休息。"是啊，他就像一位父亲，谈及公司，谈及产品，便如数家珍，更像是在谈论自己的孩子，从性格秉性到成长历程，滔滔不绝。培育子女，甘之如饴，做父亲的又怎么会疲累呢？更难得的是，这位父亲不仅致力于"孩子们"的客观品性，在取"好名字"这件事上他也花了不少心思。

首先，"仁创"之名从何而来呢？公司前身是央企，名为"北京市长城铸造新技术开发公司"，"长城"虽好，但名者甚多。公司改制后，由创始人秦升益控股，特立独行的他想要为自己的"孩子"取个好名字。这个名字既要体现秦升益个人的理想和追求——以人为本，也要涵盖企业本身的精神和理念——开拓创新。长期研究易经的秦升益这样理解"以人为本"，乾卦曰：天行健，君子以自强不息；坤卦曰：地势坤，君子以厚德载物。创新是为自强不息，仁爱是为厚德载物。仁者爱人，造福人人方为仁爱，而唯有创新，方能实现造福人人的大爱追求。就这样，目的与手段的结合，"仁创"定名。同时，"仁创"也体现了中国传统文化之仁与现代科学技术之创，更代表了企业待人以仁和做事以创的原则。怀着这样的理念，秦升益亲自设计了公司的商标图形：由三个"人"字组成，寓意三人成众；整个外观形似飞天的火箭，象征不断探索，勇于创新。公司名称变更当年，便申请了"仁创及图"商标注册加以保护。

说起商标保护，不得不提"耐高温覆膜砂"的教训。由于创业初期全神贯注于产品研发，加之品牌意识的薄弱，覆膜砂问世后秦升益并未重视商标保护工作。后来再想申请"覆膜砂"商标时，却遭到驳回，理由为覆膜砂为通用名称。吃一堑长一智，仁创集团的品牌意识不断增强，越来越重视商标保护和品牌运营。

2005年，公司在25个类别上注册了"仁创"商标。在主品牌"仁创"旗下，不同领域又有诸多子品牌：以砂增油领域的"孚盛""FSS""油哆哆"；以砂兴水领域的"仁创泉""沙泉""母亲泉""仁创井"；以砂建筑领域的"生泰""柔石""STS"等等，其中"孚盛"和"生泰"已经具有一定知名度。

截至2014年11月，仁创集团累计申请商标442件，其中授权的有306个。在海外，仁创集团在美国、澳大利亚、英国、日本、新加坡、土耳其成功注册"Rechsand"；在日本注册了"STS"；在日本、马来西亚注册了"仁创"。

从三间小平房、一口大铁锅，到如今产品遍布全国，多个生产基地的发展规模，仁创展厅记录着公司的发展历程，三十余座奖杯彰显着企业发展的辉煌。但秦升益说"不足道也"。困难都在奖杯的背后，过不去，就是失败的借口，过去了，就反刍为经验，反刍为荣光，如此而已。

（作者：尹菲菲、刘瑛）

专家点评　这篇品牌故事讲的是秦升益和他的北京仁创科技集团有限公司开拓创新、研发创业的经历，贯穿全篇主线的就是"您的需求，我的创造"，一种依靠科技力量承担社会责任的精神。

层出不穷的市场需求，激发了秦升益创新研发的不竭动力；科研成果的市场转化，形成了北京仁创科技集团有限公司自主创新、科技领先、生态环保的品牌形象。有商品、有市场、有增加产品附加值、促进企业发展的需要，商标专用权的重要作用就凸显了出来。

文章虽然在商标方面着墨不多，但却是这篇品牌故事的点睛之笔。试想，如果没有"仁创""生泰""孚盛""油哆哆"等注册商标的保护，北京仁创科技集团有限公司如何使他的"铸造用砂""填隙剂"等商品独领风骚？如何使他的"砖""耐火材料"等科技成果不至于鱼龙混杂？所以，商标专用权在北京仁创科技集团有限公司的发展中起了推动作用，也必将为他们赢得更大的发展。

品牌大事记

1. 1992 年 10 月，创立"北京市长城铸造新技术开发公司"。

2. 1996 年 8 月，创立"北京仁创科技有限公司"。

3. 1997 年 6 月，"仁创"商标及图获得授权。

4. 2003 年 12 月，"一种覆膜砂配制工艺"获中国专利金奖。

5. 2005 年 3 月，成立"北京仁创日升石油开采技术有限公司"，成立"北京仁创生态环保科技有限公司"，成立"北京仁创合力化工科技有限公司"，组建"北京仁创科技集团有限公司"。

6. 2006 年 7 月，北京仁创科技集团有限公司入选"首批国家创新型试点企业""中关村第一批重点扶持快速成长品牌企业"。

7. 2006 年 11 月，仁创生泰砂透水砖获国家级"2006 年精瑞科学技术奖之住宅新产品金奖"。

8. 2007 年 2 月，"ZFS-K 系列特种覆膜砂技术"通过由中国机械工业联合会组织的专家技术鉴定，仁创"生泰砂""孚盛砂"被认定为"北京市首批自主创新产品"。

9. 2007 年 4 月，"仁创"被评为北京市著名商标。

10. 2008 年 10 月，"生泰"商标获得授权。

11. 2008 年 11 月，仁创集团荣获"科技奥运先进集体"称号，"国家创新型企业"称号。

12. 2009 年 8 月，仁创集团石油领域的"孚盛""FSS"商标获得授权。

13. 2009 年 12 月，"海绵"商标获得授权。

14. 2011 年 1 月，"防火保温挂板""生泰花盆"产品问世。

15. 2012 年 3 月，"仁创雨水专家系统"荣获北京市科学技术一等奖。

16. 2012 年 4 月，"沙漠硅砂生态透水与防水材料研制及城市与农村雨洪利用成套技术"等项目荣获"北京市科学技术一等奖"。

17. 2014 年 4 月，"水收集净化储存系统"荣获北京市发明专利一等奖。

18. 2015 年 12 月，仁创科技集团有限公司被评为"国家知识产权优势企业"。

19. 2016 年 3 月，仁创科技集团有限公司全资子公司北京仁创生态环保科技股份公司在新三板成功挂牌，股票代码 835908。

康比特体育：
十年磨一"剑"，稳中求胜

主 商 标

创新、专业、合作、共赢
——白手起家的"竞争者"

　　2001年，康比特体育成立，致力于运动营养食品的生产，推广运动健康的理念。作为国内最早进入运动营养行业的企业之一，"康比特"这个品牌名称一直沿用至今，或许我们对英文名Competitor略为不熟，但在国内运动营养品行业内，康比特体育早已成为人尽皆知的领头羊角色。

　　其实，"康比特"就是英文"Competitor"即竞争者的谐音，这个名称最早是由现康比特体育的首席专家杨则宜教授提出来的。除了杨教授之外，康比特体育的初创人员还有两位，一位是现任公司常务副总的焦颖教授，此外，还有现任公司董事长兼总经理的白厚增。这三人都与体育运动有着密不可分的联系。杨则宜教授是我国兴奋剂检测中心的创始人，曾使我国兴奋剂检测实验室连续8年保持国际领先水平，在反兴奋剂工作中发挥了重要作用。焦颖教授也有在国家体育总局长期工作的经验，曾任运动医学研究所运动营养研究中心主任。而作为公司董事长的白厚增，在学生时代练过中长跑，做过业余运动员，步入社会后也一直坚持锻炼，对体育一直保持着浓厚的兴趣。

　　康比特体育作为"竞争者"，主要有两层含义：其一，康比特体育作为体育运动行业的企业，其早期目标人群或者说是服务对象，就是在各大赛场上参与竞争的运动员；其二，作为一个白手起家的公司，首先自己就是行

2001年，秉持"提升运动快乐 创造生命动力"的企业信念，北京康比特体育科技股份有限公司（以下简称康比特体育）正式创立，成为最早进入运动营养行业的民族品牌。十多年始终如一的专注、专业、创新、诚信，使康比特体育在业界赢得了极高的声誉，成为运动与健身领域首屈一指的营养品牌。

2010年，康比特体育发布大众市场战略，致力于将在运动与健身领域积累的经验运用到更广泛的群众体质健康方面，提出"为生命添活力"的品牌价值主张，致力于让更多、更广泛的人群享受到优质营养品和高品质健康管理服务，为生命增添活力。

业内的竞争者，需要依靠自身的努力拼搏与创新。所以，"竞争者"这个概念既贴合了受众定位，又符合了品牌创立的初衷，初步形成了良好的品牌文化。

2010年，为进军大众市场，康比特公司推出了新的VI（Visual Identity）标识。新的商标继续使用"康比特"中文字符以及英文缩写"CPT"，在传承公司品牌资产的同时，变得更容易记忆与朗读。换标后，"CPT"除了竞争者外又有了新的含义：C代表以创新、诚信创造多彩的产品；P代表以专业、积极的态度为客户服务；T代表企业内部的团队合作，以及与事业伙伴的共赢。此外，"CPT"还是"Create Perfect Tomorrow"的缩写，也代表了康比特体育开创大众健康美好明天的愿景与决心。

事实上，在运动营养大众化趋势初显之时，就有不少企业敏锐地感知到了这种变化，纷纷由服务竞技体育转向大众健康领域进军。而白手起家的"竞争者"康比特体育，由于早期一直服务于国家运动队，在运动营养领域具有无与伦比的技术优势。秉持着"创新，专业，合作，共赢"的品牌文化，在竞争的浪潮中勇往直前，拔得头筹。

"商标先行"
——商标主动注册经验

正是一直以来的高标准、严要求，加上康比特团队多年来的不懈努力，使得"康比特"成功通过国家工商行政管理总局认定，成为中国驰名商标。其实，一开始康比特体育并没有想到要注册著名商标或者驰名商标，一次偶然的经历提醒了他们。在其所在的北京市昌平区工商局召开的一次会议上，区工商局下设的商标处的工作人员提出，企业应该争取做驰名商标。康比特体育随即意识到，随着其产品的市场接受度越来越高，其知名度也在不断提升，是时候对其商标采取相应的保护措施了。

除了"康比特"这一主商标外，公司还有大大小小几十个商标。由于旗下产品种类较多，用一个商标指代所有类别产品往往会缺乏针对性，也不便于消费者的记忆，于是，康比特体育根据自己产品的类别与特点分别注册了其他商标。例如，减肥系列的"芊动"，实际上康比特体育生产的减肥产品与普通的减肥产品是不同的，大部分减肥产品的目标是减重，而康比特体育的目的是减脂，强调的是健康的纤体。再例如，健康美容系列的"肽诱人"，谐音"太诱人"，单纯使用"太"

字注册商标的可能性不大，由于产品本身含有肽这个物质，使用"肽"代替"太"字既有利于商标注册又有利于消费者记忆，可谓一举两得。"芊动""肽诱人""威能""快复"等系列产品的商标都属于独立商标，但考虑到消费者对于商标背后公司的认知需求，在使用这些独立的系列产品商标时，康比特体育都尽可能地在包装上加上背书，将康比特制造、生产等信息添加进去，充分运用康比特驰名商标这一无形资产。

在商标注册的道路上，坎坷崎岖似乎已成常态。早期，在康比特体育还未成名的时候，"康比特"这一主商标的注册较为轻松顺利。随后，当康比特体育想为其他系列产品注册商标时，却发现很多名称已经被别人注册过了，并且大部分的商标注册者都不属于运动营养食品这一行业，也不清楚他们注册该商标的目的为何。此外，在康比特体育逐渐发展壮大，成为运动营养食品行业小有名气的企业之后，在其他行业也出现了"康比特"商标被抢注的情况，例如某生产床垫的企业也注册了"康比特"这一商标。其实，这也是当下商标注册的一种不良现象，让康比特体育很是头疼。

为了赶在恶意商标抢注的前面，康比特体育形成了"商标先行"的商标注册对策，简言之，就是"先申请，再使用"。经历了数次恶意抢注事件后，康比特体育在产品研发阶段就将商标的因素考虑进去，先形成一些同产品相关的名称，紧接着去注册，产品生产出来后立马就能对应上名字。如此，一来避免了产品做出来后，由于抢注而无法为产品命名的尴尬境遇，二来也避免了资源的浪费。

从被抢注到掌握主动权的"商标先行"，康比特体育在商标注册的道路上不断积累经验。如今，康比特体育已经开始向海外市场进军。有了在中国香港注册的经验后，康比特又在美国注册了"CPT"这一商标，逐渐展开国际化进程。

"同兴奋剂竞争"
——"运动营养食品"概念首创者

1994 年的广岛亚运会，我国陷入了国家代表队运动员服用兴奋剂丑闻的漩涡中。国家体育总局当时就提出能否找到一条出路，使运动员即使不使用兴奋剂也能满足其高强度训练和比赛的需求，而这也是当年杨则宜教授和焦颖教授在亲历广岛亚运会兴奋剂丑闻后的早期想法。而后，来北京创业的白厚增由于机缘巧合结识了杨教授与焦教授，三人在反兴奋剂的想法上不谋而合。

众所周知，专业运动员几乎每天都要接受重复、大量的基础训练，在大赛前还要经受专业的强化练习与赛前紧张心理的双重压力，一些意志力不强、职业道德感低下的教练与运动员会铤而走险，选择服用兴奋剂以满足高强度训练与得奖的需求。这不仅违背了体育精神，违反了运动员的职业道德，更可能使一国的体育运动事业蒙羞，广岛亚运会就是极具代表性的先例。然而，运动员在平时的高强度训练中没时间吃饭、营养跟不上、身心压力巨大，也是十分现实以及亟待解决的问题。

康比特体育针对上述问题进行了初期的尝试。运动员训练强度大、时间长，当日常的饮食已经无法满足自身营养需要的时候，最简单直接的解决方法莫过于补充碳水化合物，简言之即补糖，训练前中后期都需要进行糖分的补充。早期康比特体育主要生产一些补糖、促恢复、促进肌肉合成的简单产品。正是这些产品，在悉尼奥运会与雅典奥运会上，填补了国外相关产品的空缺，弥补了教练员煮参熬汤的不足，满足了我国运动员的需求。

随后，康比特体育结合产品的开发和运用，开始了有针对性的进一步研究。不同的运动员有不同的需求，比如举重、短跑、中长跑、体操运动员，有的需要提高恢复能力，有的需要减重，而有的又需要增重。不同类别的运动员在不同的周期所需要的解决方案也是不同的。康比特体育针对不同种类运动员，提出不同的解决方案，一类一类地开发产品。到目前为止，针对专业的运动员，康比特体育已开发生产了 50 多种产品。

康比特体育的早期产品在经历悉尼与雅典两届奥运会考验之后，取得了很好的效果，获得了国家代表队教练员、运动员的一致好评。那么，如何定位这些产品呢？市场上，已经充斥着与体育运动相关的各种类型的药品、保健品、营养品，国外也有称作运动食品、体育食品的同类产品。怎样同这些产品有效区别开来、为自己创造一个全新的市场呢？具有前瞻性的康比特体育早早地考虑了这个问题。

2004 年，康比特体育主办了第一届"运动营养国际高层论坛"，第一次提出了"运动营养食品"的概念。康比特体育所生产的运动营养品在早期满足了我国国家代表队运动员参加奥运会、世锦赛等大型赛事的高强度比赛训练的刚性需求，以其安全、无副作用的特点成为兴奋剂的有效替代品，实现了公司设立时的初衷。

"科学运动，合理营养"
——以科学指导代替广告的品牌推广策略

2008 年北京奥运会前后，全民健身计划在百姓中展开。从政府的政策支持到大众的观念转变，研究者和企业家的视角也由运动员转向大众的运动营养与健康，运动营养的理念已经由原来的"运动营养"拓展到"运动健康营养"，其驱动力主要体现在三个方面：其一，竞技体育的发展和反兴奋剂的需求；其二，健身爱好者的迅速增加；其三，非运动消费者对运动营养市场的掌控。然而，从 2008 年到 2010 年，康比特体育用了两年时间才开始向大众健康营养进行转型。为什么转型花费了这么长的时间？

早期在向大众推广产品时曾由于大众观念不到位而碰过壁。事实上，尽管在北京奥运会后，大众的观念有了转变，但这些转变仍停留在表面，从内心深处来讲，普通大众缺乏一个科学的认识去支撑自己的观念转变，去真正实践健康的生活。例如，许多爱美的女性都有减肥的诉求，而在市场上充斥着琳琅满目的减肥产品，大多数情况下消费者是以广告、销量来选择自己所需要的产品，并不清楚这些产品成分究竟是什么，也不知道应当如何合理使用减肥产品。就拿近年来减肥产品中流行的左旋肉碱来说，许多品牌都有生产左旋肉碱，甚至还有厂家推出左旋咖啡这类声称"喝了就能瘦"的产品。康比特体育也有生产左旋肉碱，但康比特体育通过专家讲座、期刊文章等方式教育消费者对左旋肉碱有一个理性的认识，即左旋肉碱一定要配合运动才能起作用，没有任何一种含左旋肉碱的产品是只要服用就能有效的，它必须配合自身的运动才会产生效果，包括康比特体育自己的产品。

长期以来，康比特体育倡导"科学运动，合理营养"的理念。早期，康比特体育也有向大众推广运动营养食品，但效果并不理想。为什么？很多人都认为运动营养食品是为专业的运动员服务的，也有很多类似于"我不运动，干嘛要吃你的产品？"这样的声音出现。对于要不要运动，以及能否通过运动与营养的结合来改善健康，大众还有质疑。2008 年北京奥运会之后，大众的观念开始有了转变，许多人清醒地认识到运动其实是一种生活方式。老百姓的生活水平在不断提高，衣食住行不再是问题，随之变得格外重视健康。老百姓对要不要运动少了很多怀疑，并且格外关注如何通过科学的运动来改善健康。

康比特体育认识到，社会大众对运动的认知水平和整个体育事业的发展是相吻合的。2008年北京奥运会为康比特体育的转型提供了良好的契机，但前进的道路仍需斟酌与摸索。科学一直是康比特体育的追求。科学，不仅仅指用科学的技术开发、制造与生产产品，还指本着科学的态度做品牌、做企业。对于目标消费者的转型，康比特体育考虑的不是怎样去利用铺天盖地的广告笼络大众，而是秉持科学的态度去教育、引导大众，使大众对运动产生科学的认识，对如何运动与如何均衡营养、保持健康有一个科学的认识。

如今，电视广告已经发展到需要"限广令"来规制的阶段，网络广告也一直遭到网友诟病，怎样对潜在消费者进行正确的引导，或者说选择怎样的手段进行品牌营销，康比特体育有着自己的理解与方式。2010年，康比特体育推出大众产品，并配合转型推出新的VI标识，进军大众市场。然而，我们并没有在电视上看到康比特体育的广告，那么它是如何兑现"科学引导"的己任的呢？

一直以来，康比特体育将品牌推广的重点放在技术推广上。康比特体育主办、承办、协办并参与了各种与运动营养食品行业相关的研讨会、展览会以及论坛，从这些会议上汲取经验，通过发表自己的看法与见解致力于推动行业的进步。同样，在目标消费者从专业运动员向普通大众拓展转型的过程中，康比特体育延续了自己"润物无声"的低调的品牌推广策略。

首先，康比特体育明确了如何从专业运动员向普通大众转型的几个重要阶段，即专业运动员——健身房的健身人群——重视健康教育的青少年学生——普通大众。针对不同层次的消费者，康比特体育将自己的产品链做出了相应的延伸与调整，通过改造之前为专业运动员生产的产品，从口感、价格、包装等方面使产品更贴合非专业运动人群的喜好。

其次，在有了明确的阶段性目标后，康比特体育利用直接沟通、"软广"投放、赞助与主办运动赛事等方法来大力推动自己的转型进程。

针对健身房的运动人群，康比特体育通过举办"阳光教练赛"成功获得了他们的认可与支持。然而，康比特体育做的不仅仅是举办一场比赛这么简单。康比特体育很早就认识到，产品才是企业的核心竞争力，在进行品牌推广时，重点应当放在产品上。事实上，在"阳光教练赛"的整个过程中，康比特体育的运动营养产品都参与其中。康比特体育对每一位参赛选手都进行了营养干预，利用自己的专家团队对其饮食以及营养品的使用进行合理的配比。通过健康的方式助力参赛选手的同时，也为自己的产品进行了无形的推广。迄今为止，"阳光教练赛"已成功举办六届，并赢得了包括人民网、新浪网、网易等一线新闻媒体和其他众多媒体的争相报道，同时也受到新浪微博、天涯社区、西祠胡等网络社区的关注。

针对青少年学生与普通大众，康比特体育主要采取了两种策略：其一，通过赞助中学生运动会、铁人三项世界锦标赛、中国花样游泳公开赛、世界男子冰壶锦标赛、世界田径锦标赛、全国马拉松比赛等赛事，以及赞助《我是大美人》《武林大会》等节目，扩大品牌的知名度，加深潜在消费者对于品牌的印象；其二，通过在论坛、报纸上发表学术论文与报告，将自己的专家输送到电视台养生类节目上进行讲谈，起到对受众进行科学的教育以及对其消费行为的孵化作用。

康比特体育一方面坚持做让消费者放心的健康产品，另一方面也大力推广健康教育，使消费者真正地理解健康、消费健康、得到健康。如今，康比特体育的客户来自各行各业，涵盖了国家、省市优秀运动员，健身健美爱好者，时尚爱美女性，广大青少年学生和中老年人群。

"用药的标准做食品"
——货真价实的著名商标

"运动营养国际高层论坛"至今已连续成功举办五届，在2004年举办的第一届论坛上，本着对消费者负责的原则，康比特体育牵头起草了"运动营养食品通则"国家标准，以及包括运动人群营养素、蛋白质补充食品、能量补充食品等5项行业标准。目前，康比特体育又在推动运动营养食品的国家安全标准的制订。牵头起草各种标准的康比特体育，又是如何设定自身产品生产的标准呢？一句话概括，就是"用药的标准做食品"。尽管康比特体育给自己产品的定位是"运动营养食品"，但在整个生产研发过程中，"做药的标准"一直贯穿始终。那么，康比特体育对自己的要求究竟有多严格？近年来，大大小小的食品安全事件不断，而康比特体育多次在并不知情的情况下被食品药品监督管理局抽查，都未曾发现过问题，事后，还作为正面典型受到有关部门表扬。

在康比特体育营销中心的办公楼里，几乎每个员工的桌上都有已经拆封过的康比特体育的产品，包括减肥、增肌、补充维生素在内的各种系列产品。几乎所有员工及他们的家人都在食用公司的产品。目前，公司的每位员工每一季度都有300元的产品福利，用于自己和家人食用。除此之外，为了满足员工的更多需求，每人每月还有200元用于购买折扣价产品的福利，而这200元的福利也经常被员工相互"转让出借"，可谓是供不应求。这也正体现了康比特体育的员工及家人对公司的产品及品牌的绝对信赖。

在康比特体育自己成立的研发中心，有一面墙承载了公司迄今为止获得的所有荣誉，包括 ISO、HACCP 等生产资质的认证，各类优质产品的认证，北京市高新技术企业、中关村国家自主创新示范区"创新型企业"等荣誉称号。康比特体育被评为供奥先进企业，其商标被认定为北京市著名商标。2011 年，商标被认定为中国驰名商标，这一系列荣誉是康比特人多年来努力的成果，更是康比特人继续前行、再创辉煌的动力。

（作者：王希亚、卢秋羽）

专家点评 北京康比特体育科技股份有限公司的品牌故事有两点涉及商标问题：

首先，北京康比特体育科技股份有限公司早在 1998 年就在"非医用营养液"等商品上，向国家工商行政管理总局商标局递交了"威创"商标注册申请，并成功获得注册。十年后经过续展申请，该商标专用有效期延续至 2020 年。由此可见，北京康比特体育科技股份有限公司具有较强的商标保护意识和品牌建设的前瞻性。在竞争激烈的体育运动相关的保健品、营养品等市场中，商标的作用尤显重要。这是北京康比特体育科技股份有限公司的经验。

另外，商标往往是企业文化、实力和品牌价值的体现，所以每一个商标注册人在选择商标时，都会在设计、修改、申请、注册等方面耗费大量精力。北京康比特体育科技股份有限公司是国内较早进入运动营养行业的企业，当他们开始实施大众市场战略时，分别于 2002 年和 2003 年顺利注册了"Competitor"（竞争者）商标和 Competitor 谐音"康比特"商标，开始了"康比特"的品牌时代，这是"康比特"的幸运。但是，由于我国商标申请量连续 13 年持续增长，2014 年已经达到 228 万多件，还将创新高。因此，企业在选择商标时往往感到商标资源的紧缺。对此，商标申请人需要花费更多的精力进行商标遴选，因为，在先商标权利和《商标法》禁用条款是商标申请人不能改变的，只能调整自己选择的商标。

商标的价值更多体现在注册以后的运用和保护上。

1. 2001 年 5 月，康比特体育科技股份有限公司在中关村科技园区昌平园成立。
2. 2001 年 7 月，"康比特"商标获准在 30 类商品注册。
3. 2005 年 6 月，"康比特"商标在香港提交注册。
4. 2007 年 5 月，"康比特"被评为"北京市著名商标"。
5. 2008 年 12 月，康比特体育科技股份有限公司被授予"国家高新技术企业"。
6. 2009 年 4 月，康比特体育科技股份有限公司被确定为"北京市专利示范单位"。
7. 2009 年 12 月，康比特体育科技股份有限公司获得"科技创新优秀科研机构奖"。
8. 2010 年 1 月，康比特体育科技股份有限公司被确定为"全国企事业知识产权试点单位"。
9. 2010 年 12 月，康比特体育科技股份有限公司获得"北京市高新技术成果转化项目认定证书"。
10. 2011 年 3 月，康比特体育科技股份有限公司作为中关村国家高新技术产业标准化示范区建设"标准创制先进单位"。
11. 2011 年 10 月，康比特体育科技股份有限公司成为"国家火炬计划重点高新技术企业"。
12. 2011 年 11 月，"康比特"被评为"中国驰名商标"。
13. 2014 年，康比特体育科技股份有限公司申请商标 188 件，拥有商标证共计 130 件。

绿伞化学：
洁净小家、健康大家

®
绿伞

艰辛创业：废弃实验室起家

绿伞化学的诞生，顺应了时代的潮流，与这个国家的命运紧密结合在一起。

1992年春天，邓小平南巡讲话改变了中国的命运，也改变了中国一代知识分子的一生。恢复高考、下海、致力于民族工业，这一切都源于邓小平带领我们国家的改革，是改革造就了这一代人。

高强、魏建华、张辉、于利民，绿伞化学的四位创始人，便是这深受影响的一代人。

怀揣着"国家兴亡、匹夫有责"的报国梦，坚定着成为国家中流砥柱的理想，四位在化工领域颇有造诣、曾在中国纺织科学研究院同一课题组工作的年轻工程师，在致力科研屡屡受挫之后，毅然决然走上了实业兴国的道路。

回想起当时下海的过程，魏建华颇有一番感慨："当时在体制内，很多限制使我们无法实现自我。我们那时候一个项目是否成功的标准，就是能不能拿到国家经费、能不能在核心期刊上发表，我们认为有很多东西不是靠这样形式去实现的。"

魏建华清晰地记得，当时国内的化学清洁用品市场，已经有很多国外企业进入了，比如力士香皂当时就卖得很贵，后来宝洁、联合利华也进来了，却一直没有我们国家自己的企业从事这个行业、生产相关清洁用品。

"我们想，中国在当时汽车造不好，难道轻工产品也做不好吗？作为工程师，我们不能容忍这种情况。"魏建华说。

创业之路比想象的更艰难：没有钱、没有产品、不

"中关村的民营企业是中国民营企业的缩影，能够在今天屹立不倒，靠得就是十足的干劲和居安思危的意识。"回顾北京绿伞化学股份有限公司的发展历程，魏建华董事长这样总结。

"实业报国，绿伞人的梦想；勇往直前，绿伞人的品格。多少年来，绿伞人怀揣创建一流民族企业的抱负，在创业的道路上一步步前行。走过了严冬酷夏，走进了春华秋实。绿伞人终于离梦越来越近……"

这段文字，醒目地印在绿伞展室的入口处。每当有人希望了解绿伞时，魏建华都会领他们来到展室，铿锵有力地向他们念完这段话，并告诉人们："这就是我们绿伞人的魂。"

会做市场……但他们却坚持做着"国际化产业集团"的梦。

绿伞化学的启动资金，是东拼西凑的 1 万元。拿着这 1 万元，四位创始人开始在海淀寻找房子。理由非常简单，海淀有中关村，全国创业者都向往的北京市新技术产业试验区就在中关村。

1993 年 6 月，他们在位于清华东路的北京农业工程大学（现为中国农业大学东校区）找到了一个废弃的实验室，100 平方米。就在这里，北京绿伞化学股份有限公诞生了。而一万元的启动资金，在交了一个季度的房租后，也所剩无几了。

接下来是注册公司。在企业注册时，要不要给企业带上一顶"红帽子"，困扰了四位创始人很久。"红帽子"企业能够享受到很多优惠的政策，而私营企业在当时并不被广泛接受。

最终，试验区领导的一句话，让几位创始人下决心带上私营企业的"帽子"。时任试验区常务副主任的赵凤桐对高强说："把企业注册成私营企业，不要带红帽子，只有你们自己做主的企业才能有生命力，试验区的大门迟早会对私营企业开的！"

1993 年 6 月，四位创始人从海淀区工商局领到了公司的营业执照，上面清晰地写着绿伞化学的登记注册类型：私营有限责任公司。去公安局领取刻制公司公章的批文时，才发现这枚公章中间没有五角星，而且比当时正常的公司公章小了一圈。

从此，在很长的时间中，他们带着关怀也带着他人异样的，甚至歧视的目光，踏上了艰难并快乐的创业征途。

在公司成立后半年的时间，重油垢清除液、水壶除垢液、鞋袜清香除味剂、油污速擦巾、地毯干洗粉和防雾巾、眼镜清洁防雾剂等 8 种产品研发成功，具备了投放市场的条件。

1994 年 1 月下旬，绿伞化学第一批五个产品开始进入北京市场：重油垢清除液、水壶除垢液、地毯干洗粉、油污速擦巾、鞋袜清香除味剂；首批进入了五家商场：王府井百货大楼、蓝岛大厦、隆福大厦、鑫帝商场、地友商场。

而一年多以后，试验区领导的话也应验了——试验区的大门终于对私营企业开了，绿伞化学也正式成为北京市新技术产业试验区的高新技术企业。

政策助力：多方破例支持绿伞

在绿伞化学的成长的过程中，得到了许多人的帮助与支持。他们在各个不同的岗位掌握着一定的职权，他们可以按规定去做一个否定的决定，可他们"违规"

地做出了一个个支持绿伞化学发展的决定，才有了绿伞化学的今天。他们代表的是党和国家在改革开放中对民营企业的支持。

在魏建华的印象中，她经历中了这样几个难忘的时刻；

绿伞化学成立之初，由于生产环境不理想，卫生防疫站"违规"支持发放生产许可证，让绿伞化学能够在不规范的生产环境中生产合格的水垢清除液。

1994年4月，在海淀私企协会帮助下，绿伞化学取得了海淀农村信用联社提供的第一笔贷款——60万元；这笔没有"严格"审查的贷款为绿伞化学的发展注入了新的活力。

在绿伞化学资金出现问题时，海淀区工商局王平局长亲自批准从私企协会会费中借给绿伞化学15万元，雪中送炭，帮助公司渡过了难关。

在1993年到1994年期间，我们实际上成为了试验区一个不在册的企业，"混入"试验区，获得了试验区各部门的大力帮助。特别是在1994年，当时试验区成立了一个担保互助会，用来解决园区企业的资金困难。从1994年到1997年，绿伞从最初的10万元开始，持续得到了支持，最大的一笔资金支持是80万元。

1996年，赵凤桐到平谷任县委书记，他用一种超常的胆魄推动并支持着非公经济的发展。绿伞化学则是在这个时期获得了政府的强有力支持，从而渡过了企业发展的最关键的时期：公司在未交一分钱时获得了位于平谷府前西街的20亩土地和3300平方米的标准厂房，并且办理了土地证和房产证，然后用土地证和房产证押给银行取得了贷款。

绿伞化学用了1个月零10天的时间进行厂房改造，建造了年产值可达1亿元的6条生产线和酸类产品车间，并于1997年11月15日正式投产。一个现代化日化产品生产基地初具规模。直到三年后，绿伞化学才付清了土地款和厂房款。也就是从那开始，绿伞化学迅速发展，并在全国建立了市场销售网络。平谷生产基地的建立，是绿伞化学发展史的一个里程碑，它标志着绿伞化学已开始走上规模化建设阶段。

1998年3月，时任海淀区委书记朱善璐亲自主持了《海淀区非公有制经济现状及对策研究报告》的工作，海淀区委、区政府针对民营企业的因生产场地困扰制约企业发展的问题，在海淀北部地区利用已经规划但尚未正式批准的永丰基地，成立了永丰科技企业园。之后又责成海淀区财政所属的担保公司为民营企业进行贷款担保。

1999年3月，绿伞化学成为第一个签约入驻的企业，1999年5月底正式入驻。紧接着，海淀区财政的担保公司又为绿伞提供担保，使公司顺利贷下了200万元。1999年中关村科技园正式被国务院批准为国家级高新区后，绿伞化学成为了入驻中关村永丰基地的高新技术企业。2012年10月绿伞化学总部大楼正式建成，在这里拥有全国同行业最先进的技术中心。

标准控制：永远做最好的产品

在绿伞化学成立之初，高强就带着大家思考着一个问题，为消费者提供什么样的产品？大家的共识是，拿出做国家攻关项目的一种精神和工作态度来做产品，产品一定要质量非常过硬，要向国人证明国货的质量也会非常好！

高品质是由高标准所决定的，做好产品第一步是要制订好标准。20世纪90年代初，新型的现代清洁用品行业中，国家与行业是没有产品标准的，绿伞化学在研发产品的过程中制订出了企业标准，并决定今后一定要争取将绿伞化学的标准推广成为国家或行业标准。

为此，绿伞化学进行了大量的标准研发工作，当公司的第一批产品标准拿到质监局去备案的时候，质监局的工作人员都非常惊讶，因为他们没有见到过控制这么多参数的标准。那时，通常备案的标准只有外观、pH值，顶多再做一下高低温的试验。

正是有着这样高远的目标，时至今日，绿伞化学承担了多项国家洗化标准和环境保护标准的起草工作，是液体洗涤剂的国家及行业标准的骨干起草单位，是全国食品消毒产品用洗涤剂标准化技术委员会委员、全国表面活性剂和洗涤用品标准化委员会副主任委员、表面活性剂分技术委员会副主任委员，洗涤用品分技术委员会委员单位。2011年，绿伞化学被评为园区标准化试点企业。

魏建华表示，绿伞化学建立了一个非常严谨的产品质量控制体系，这个体系由产品标准和产品内控、原料标准、包材标准组成："绿伞在1996年就提出：慎重选择，把好原材料采购关；检测化料，把好投入生产的第一关；车间自检，把好生产的每一道关；专职质检员复检，把好产品入库关。"

谈到产品质量和标准的问题，魏建华还介绍了一个不为常人所知的小故事。公司成立之初，绿伞化学当时要推出一个500ml的产品，所有标签都已经印出来了，但是最后产品生产出来发现，产品瓶子的容积，比标识的500ml要小，实际上只能装490ml的液体。那时公司并没有多少富余资金，但是为了尊重事实、尊重消费者，绿伞化学还是把所有已经做好的标签全部换掉了。

"为什么这样做呢？因为我们要做国内民族品牌，做国内老百姓信任的品牌，我们就得让质量过关。当时为什么老百姓都买国外品牌？就因为国外产品质量过关，而我们国内产品都是跟粗制滥造的形象挂钩。当时我们国产品牌产品的出厂合格率只有70%，而绿伞的理想是做成国内民企的百年品牌，因此我们一定要在质量上让老百姓信得过。所谓商标是什么？品牌是什么？就是给消费者的一种承诺，承诺给消费者带来产品质量、功能上的保证。"魏建华说。

● 与洋品牌同台竞技

20年代90年代初，每当在商场里，看到"洋货"充斥着货架，作为一个国家培养多年的科研人员，公司创始人魏建华常常感到自己的心被强烈刺痛。1993年，从创建公司，到绿伞产品诞生，并推向市场起，"绿伞人"始终憋着一股劲儿，研制出一流的产品，和洋货争个高低！

1997年6月，《中华工商时报》和北京电视台受中宣部的委托，为振兴民族工业，组织了一系列中外产品擂台赛。洗涤用品是这场擂台赛的第三战，中华工商时报当时邀请绿伞用油烟净产品当清洁用品擂主打擂。

这场擂台赛，要求国内民族企业的产品从各项技术指标到产品实际应用，与国外产品一一严格较量。全部过程由公证处公证，电视台现场转播。绿伞化学前总经理高强代表绿伞去守擂。

为了这场擂台赛，高强特意拆了一台油烟机，把叶片剪了下来，设计了一个自动摆洗机，为了相关实验做准备；之后，又去市场上把所有清洗油烟机的产品都买回来进行实验。实验完成后，他发现绿伞化学的产品效果是最好的——绿伞化学的油烟净不仅去污效果好而且无腐蚀性，于是有了信心。

前两轮比赛结束，手机、VCD机均不幸败下阵来。轮到清洁用品了，现场观众都为绿伞化学捏了一把汗。主持人曾私下问高强，如果没有把握的话可以退出。深知比赛失败会带来什么样的后果，但是绿伞人没有退却。

比赛开始了，工作人员开始用从市场上买来的绿伞牌以及国外厂家、合资厂家生产的六种清洗液同时清洗一个脏油烟机的叶片。

没过一会儿，用绿伞清洗液清洗的叶片最先脱去油污，重现本色，看到这景象现场就开始沸腾了。紧接着，绿伞瓷砖清洗、毛衣清洗、衣领清洗都取得了优秀的成绩，绿伞产品如有神助，频频取胜。

在北京市公证处的公证下，经过评比，一举夺魁，北京各大新闻媒体及时报道了这个消息，给绿伞人争创民族精品极大的鼓舞，为民族品牌撞出了声势。

● 宣传"家庭洁净新概念"

20世纪90年代，中国消费者对化学清洁用品的需求日益高涨，一些外商看好这个巨大的市场，凭借其雄厚的资金，在广告宣传上采用大范围、高密度、强刺激的手段，利用部分国人崇拜洋货的心态，在部分经济领域形成了较强的市场控制力。

面对风险莫测的市场，北京绿伞化学股份有限公司以弘扬和发展民族工业为己任，下决心为"绿伞"树立一个完全区别于洗涤品生产厂家的全新企业形象，使之成为研制生产化学洁净系列产品的高科技企业。为此，绿伞人首创了"家庭洁净新概念"，推出了"家庭洁净系统工程"，以期更新国人的家庭卫生观念，推进精神文明建设。

在2000年绿伞化学提出了产品无磷的绿色承诺，在2001年年底绿伞的产品将全部成为绿色环保产品。当时"从表面上看，绿伞似乎一年多没有推出新产品，实际上，公司升级换代工作一直在紧张进行着。虽然产品的名称、包装没有改变，但原来所用的有一定污染的原材料（尽管国家没有禁止使用）全部换成无污染、可降解的替代品。虽然成本有所上升，但公司认为非常值得"。

短短几年间，当时的北京绿伞化学股份有限公司凭借自身的科研实力，丰富的实践经验和强烈的爱国热忱，先后研制出厨房清洁、卫生间清洗、居室清洁、衣物清洁、水垢清除、汽车清洗剂等近30多种专用、高效、无毒副作用的系列产品，并大量投放市场，受到广大消费者的认同和好评，销售量逐年上升，产品在北京地区近百家大中型商场畅销不衰，并在全国范围内的大中城市开始授权代理。

20世纪90年代，一个以北京为龙头的"绿伞"牌产品销售网在国内全面铺开。

● 抗"非典"，洗手液成紧俏货

在2003年"非典"时期的北京重灾区，当时超市里很多药品和卫生用品都断了货，洗手液更是成了紧俏货。

绿伞化学接到了大量的订单，但生产能力有限。这种情况下，公司内部开了几次会，员工们纷纷说，首先要保北京。

怎么保北京？绿伞人当下作了一个决定。翻开当时的报纸就会发现，绿伞化学在很多报纸上连续作广告：绿伞洗手液买一赠一。

"非典"平息后，北京市政府评选绿伞为"抗击非典先进单位"，给了很高的评价，说绿伞在"非典"期间起到了平抑物价的作用。

魏建华说，绿伞化学也想赚钱，多赚钱，可是"非典"时期的钱不能赚。自己花钱登广告，洗手液买一送一，还向社会捐赠卫生间消毒用品。本是赚钱的大好时机，绿伞却在做着赔钱买卖。可绿伞人觉得那时钱不重要，"非典"是国难当头，发国难财的人肯定不对。绿伞化学是要赚很多钱，但是赚的钱也要取之于民，用之于民。

战略目标：创建国内洗化第一品牌

"创建国内洗化第一品牌"是绿伞化学的战略总目标。绿伞员工经过20年的努力，在不断地创新中，打造出了五大系列家庭洗化产品近200个品种。其中，获得国家发明专利的创新产品近40个，绿伞化学的创新能力引领了行业的发展得到了社会的公认；绿伞公司受行业管理部门的委托，独立起草和参与起草多个洗涤产品标准，成为行业技术的领头羊。

绿伞品牌由小到大，由弱变强，成为了销售网络遍布全国的知名品牌。按照公司的中长期战略目标，第一步成为国内知名品牌的目标已经实现，为公司第二步用五一十年时间使绿伞成为家喻户晓的国内著名品牌的目标，绿伞公司近两年做了很多工作。

为此，绿伞化学专门成立了品牌领导小组，为实现第二步战略目标做了认真的规划。首先完善了公司品牌部门的组织建设，采用内外结合的方式，充实了品牌部的领导力量和专业技能。品牌部由一名副总级高管直接领导，除两名专职人员外，签约了两家专业品牌咨询公司，为公司的品牌建设提供专业化的服务。

● 品牌梳理，三步升级

2012年，绿伞化学针对已有产品和未来产品的发展为课题，开展了以重新定位绿伞品牌的核心竞争力、产品线优化和品牌管理的品牌梳理工作。这些工作具体计划分为三个阶段：

第一阶段进行了深入细致的市场研究和品牌分析，对主要竞品品牌的产品在功能、包装形象、市场推广、销售渠道、销售组织形式、价格体系等方面做了汇总分析，并与绿伞产品进行在各方面比较后优化出绿伞化学自身的优势和特点，从而规划出绿伞品牌的最佳发展方向。

比如，绿伞洗衣液原有中性A级、护色、柔顺、去污超人、经济型五个系列产品，不仅生产组织成本高管理复杂，市场表现上则重点不突出，而且各系列的延伸发展也受到资源配置的限制，致使品牌系列过多不但没形成市场优势反而那个都没达到预期的推广目标。

经品牌对比分析后，确定了以中性A级洗衣液系列和去污超人洗衣液系列为两条主产品线，将原有的其他产品系列根据功能和价值分别整合到这两条产品线中，即达到了品牌形象目标集中形成拳头的目的，又充实和完善了这两个产品线的内容，简化了生产组织的复杂程度，形成了绿伞的核心竞争力产品。

现在，绿伞洗衣液的整个产品改造和研发，市场销售的策划和实施都围绕这两个产品线展开。大家明显地感觉到，现在做事目标明确，资源配置趋于合理，五个手指攥起来了。

第二阶段对绿伞品牌及产品形象进行优化改造。在经历了对绿伞化学各系列产品的市场研究和品牌分析后，结合市场对产品新的要求，2012年绿伞化学品牌部组织实施完成了90多个品种的包装设计（包括新品和产品改造），投放市场后取得了较好的市场反馈。在2012年整体市场零售业增长缓慢的情势下，绿伞产品的销售额达到了两位数的增长。

第三阶段对品牌管理实现了规范化。绿伞品牌经过近20多年的发展，市场网络已覆盖全国除西藏、港澳台地区外的全部地区。绿伞在公司品牌的整体形象方面一直有着规范的管理，有完整的VI手册，统一的市场形象设计和标识的使用规范。随着企业的发展、品牌的丰富、市场的要求，对品牌管理提出了更高的标准。

● **品牌维护，客户至上**

2012年，绿伞化学进一步加强了品牌管理工作，内部管理工作建立了明确的岗位主责制和绩效考核制度。在品牌形象涉及的各个环节设置了标准化审核、产品立项审核、条码使用审核等项工作流程，有效地保证了品牌形象使用的正确。同时对产品设计流程也做了规范，使之产品的设计更加符合市场及消费者的需求。

经过品牌梳理后的产品包装设计流程有五个要素，即项目制定、设计研究与设计定位、设计与设计执行、设计推广、设计反馈。每个要素有不同的具体内容，相互之间形成一个闭环，体现出来自市场研究，完成于市场检验的明显特征。从整个流程上看，起于市场，始于市场，避免了闭门造车和市场脱节的现象。

品牌梳理工作的开展为公司第二步战略目标的实现打下了良好的基础。但是绿伞化学的领导层深刻的认识到，这项工作没有止境，要持之以恒的开展下去，不断地提升对品牌的认知，并通过此项工作不断地将品牌形象、品牌规划、品牌管理的水平推向更高的高度。

绿伞化学经过近20多年的发展，深刻的体会到，品牌维护是构成品牌核心竞争力的另一个主要环节。绿伞化学自打成立之初对品牌维护工作就十分重视，2012年绿伞化学重新整合了客户服务工作，将原来分散在各部门的客户服务工作归并到品牌部，由专人专岗负责售前售后的客户和消费者服务。现在已形成客户投诉和咨询处理的成熟流程，公司相关部门成为责任方对自身的问题予以解决。由于总经理是此一流程的终审者，因此有效地督导了各部门的执行。2013年一季度，品牌部处理客户和消费者投诉和咨询满意度达到100%。

同时,客服工作对公司产品缺陷的改造也起到了促进作用。例如,销售部反映,洗手液压泵质量有问题,品牌部将此问题按流程提报后,经生产基地与供应商交涉,压泵质量及时得到了改善。

一段时间内,消费者反映比较集中的产品问题是,水垢清除液产品经常在消除容器水垢的同时将容器的金属表面损坏或变黑。客服人员在经过对投诉报告的统计分析,逐一的电话回访消费者后,发现问题出在由于产品的说明过于简单,使消费者错误使用造成的。于是客服人员申请了产品标贴改造的立项报告,经过重新设计的产品标贴上的说明更加详细、易懂,在主要的注意事项上做了特殊的警示,充分体现了以人为本的精神。

2013 年,品牌维护工作在总经理的领导下又有新的发展,现已列入年度计划的工作中就增加了每个季度向公司提交消费者满意度调查报告、代理商满意度调查报告、竞品调查报告,将客服工作由被动接受投诉变为主动了解消费者需求和产品存在的缺陷上,以便及时的改进我们的工作。

品牌推广是品牌战略的重要环节,绿伞化学一直予以高度重视。近 20 多年来,绿伞化学根据自身实力,不遗余力地开展绿伞品牌的推广工作。从卖场的商品陈列、形象展台、灯箱广告、导购专员,到送货进社区、公益资助贫困山区小学;从承诺给孩子留下一片蓝天的的环保行动,到 SARS 期间的免费捐赠洗手液,无不体现出绿伞品牌的精神和价值观。

广告有些是有形的,有些是无形的,就是这些长期的坚持,绿伞品牌给广大消费者留下了货真价实和厚道的印象。绿伞化学有一支非常忠诚的消费者队伍,他们喜欢绿伞、热爱绿伞,他们以用绿伞为荣,他们有时也为绿伞着急,但更多的时候他们又是绿伞品牌传播的使者。正是有了这种与消费者荣辱与共的鱼水情谊,绿伞化学在近 10 年来几乎每年的销售业绩都取得两位数的增长。

● **自我发展,绝不放弃"绿伞"**

2005 年的洗化市场,大量国产品牌偃旗息鼓,纷纷被国外品牌收购,剩下的也还都在被国外品牌无情地挤压着市场空间。

绿伞化学董事长魏建华等一行应邀到美国世界著名的某日化集团总部洽谈合作事宜。与有实力的大品牌合作,对绿伞化学来说是一个发展的机会,也多一条发展道路。这次去谈判,美方很热情,给予很高的礼遇。

但是在谈判中,美方谈判人员话里话外,总是把并购挂在嘴边,还开出了非常好的价钱。魏建华听了以后心里很不是滋味,问美方谈判代表除了并购,还有没有其他合作方式。对方当时就愣了。经过反复谈判，最后美方妥协再三，让步到最后底线：外方控股，收购绿伞60%的股权，品牌算是美方的，并给魏建华开出相当诱人的条件：头三年的董事长还是她做，之后总经理一直做到她不做为止。

魏建华和同事们毅然拒绝了对方的并购建议。她深知对绿伞化学来说，一旦外资进来，将很难控制，迟早会被对方吞并。在魏建华的眼里，"绿伞"就像一个正在茁壮成长的孩子，作为一个母亲，怎能舍得放弃自己辛苦哺育的孩子呢！魏建华没有理由也没有可能放弃"绿伞"品牌。

正如一句话"科学是没有国界的，但科学家是有国界的"一样，绿伞化学代表着中华民族的品牌，作为绿伞化学的创始人，魏建华更是要捍卫它。

（作者：李舍、刘瑛）

在国内化学清洁用品市场纷纷被国外企业抢占的现实面前，北京绿伞化学股份有限公司敢于以民营企业的身份与之同台竞技，不仅靠扎实的研发能力，成为高新技术企业，在全国建立了市场销售网络；并且依靠严谨的产品质量控制体系，树立起一个民族品牌的形象——绿伞。用公司负责人的话讲："商标是什么？品牌是什么？就是给消费者的一种承诺，承诺给消费者带来产品质量、功能上的保证。"

为了全方位实现对消费者的承诺，北京绿伞化学股份有限公司的前身——北京绿海化学有限公司在公司成立之初，就在"洗涤剂"等商品上申请注册了"绿伞"商标。随着公司的发展，他们在商标的使用管理上，通过注册、续展、变更、转让等商标法律程序，不断丰富商标内涵外延和商标储备，至今已在十多个商品和服务类别上，注册了几十件商标。为保护消费者利益和维护品牌信誉，撑起了法律的"绿伞"。

一段时间，一些在消费者中具有一定知名度的自主商标品牌，在企业寻求与外资合作时，屡屡被外商并购、雪藏，以致被洋品牌替代，从消费者视野中消失，令人惋惜。但是北京绿伞化学股份有限公司拒绝并购，为自主商标品牌赢得了属于自己的消费市场。套用文中"科学是没有国界的，但科学家是有国界的"这句话，可以说：品牌消费没有国界，但是商标品牌形象却有国界。一个好的商标标志着有竞争力的企业，有生命力的产业，有经济实力的城市和有世界影响力的国家。

品牌大事记

1. 1994年2月，北京绿伞化学股份有限公司研发出第一代共8种产品：水壶除垢液、重油垢去除液、油污速擦巾、地毯干洗粉、鞋袜清香除臭剂、清洁防雾液、防雾巾、眼镜清洁防雾剂。

2. 1994年3月，北京绿伞化学股份有限公司前董事长高强在北京人民广播电台播诵《绿海远望》，并介绍公司产品。

3. 1994年4月5日，北京绿伞化学股份有限公司第一代产品中的"油污速擦巾"产品获"1994中国专利技术博览会金奖"，"地毯干洗粉""鞋立清"2种产品获银奖。

4. 1994年5月，《北京晚报》首次刊登北京绿伞化学股份有限公司科普文章《鞋臭不可忽视》，开启公司系列科普宣传的序曲。

5. 1994年7月，确定北京绿伞化学股份有限公司产品商标为"绿伞"，引入企业CI设计，并明确了商标的颜色、符号、具体元素、组合方式及字样，并申请注册"绿伞"商标。

6. 1996年7月，北京绿伞化学股份有限公司举行"绿伞家庭清洁品使用知识咨询宣传"活动。

7. 1997年10月，北京绿伞化学股份有限公司被北京市委宣传部、北京市总工会、北京市工商局等七个单位联合评为"光彩之星"。

8. 1997年11月，北京绿伞化学股份有限公司平谷基地生产线扩建项目竣工投产。此项目投资500余万元，可年产清洁用品1000万瓶。平谷生产基地的建立，是公司发展史的一个里程碑，它标志着公司已开始走上规模化建设阶段。

9. 1998年12月，《北京经济报》刊载《绿海之路》，首次全面介绍北京绿伞化学股份有限公司创业史实、经营理念的大型文章。

10. 2001年8月，北京绿伞化学股份有限公司被中华企管网、新浪网评为"全国公众最喜爱的名优企业"。

11. 2002年3月，"绿伞"牌清洁洗涤剂荣列2001年度全国市场同类产品销量第三名。

12. 2003年10月，北京绿伞化学股份有限公司通过"环境标志产品认证"；获得"产品质量国家免检"证书。

13. 2004年3月，北京绿伞化学股份有限公司被北京市工商行政管理局评为2003年度"守信企业"。

14. 2005年9月，北京绿伞化学股份有限公司被北京市人民政府授予"北京市质量管理先进奖"。

15. 2006年4月，"绿伞"商标被北京市工商局评为"北京市著名商标"。

16. 2009年1月，北京绿伞化学股份有限公司被中央精神文明建设指导委员会评为"全国精神文明建设工作先进单位"。

17. 2011 年 9 月，董事长魏建华获得国家质检总局授予的"2009—2010 年度全国质量先进个人"称号。

18. 2011 年 12 月，北京绿伞化学股份有限公司被中央精神文明建设指导委员会评为"全国文明单位"。

19. 2014 年 3 月，绿伞化学股份有限公司在新三板挂牌成功，公司进一步整合资源，拓展市场，实现健康快速发展。

20. 2016 年 1 月，绿伞化学股份有限公司被国家知识产权局认定为"2015 年度国家知识产权优势企业"。

闪联：
闪民族科技之光，联世界产业未来

IGRS闪联 ™

对国外专利巨头说"不"
—— 闪联综合性平台的诞生

在大多数 80 后甚至 90 后的记忆中，也许还留着这样一种家用电器的记忆——DVD。在世纪之交的 2000 年，我国 DVD 产业发展如火如荼，几乎家家户户都有 DVD 机，电视荧屏上也满是各种品牌的 DVD 广告。然而，国内 DVD 产业并未掌握核心技术，大都是"山寨"或者照搬国外的技术。因此，在国内 DVD 市场呈现一片大好形势之时，掌握核心技术专利的国外 DVD 巨头们趁机狠狠地收了一大把专利费。

DVD 势头逐渐褪去后，PC 进入发展的高峰期。微软提出"数字家庭"概念，斥资数十亿美元在全球范围内推动"维纳斯计划"的实行。尽管"维纳斯计划"以失败告终，国内 PC 行业开始意识到，如果国内还是走照搬国外技术来生产复制之路，很有可能会重蹈 DVD 的覆辙，被国外专利巨头收取大笔专利费。

在信息产业部支持下，2003 年，联想、TCL、康佳、海信、长城 5 家国内大型企业联合发起设立"信息设备资源共享协同服务标准工作组"，简称"闪联标准工作组"。同年 7 月，由联想、TCL、康佳、海信、创维、长虹、长城、中和威 8 家中关村的大企业联合组成"闪联标准工作组"核心会员企业，中文简称"闪联"，英文简称 IGRS。工作组发布"闪联"作为联盟品牌，并把闪联定位成在全国乃至全球制定和推广 IGRS 标准的组织和产业联盟。2005 年 5 月，在北京市政府等相关部门支持

闪联并不是一家企业的名称缩写，而是经北京市民政局批准设立的北京市闪联信息产业协会的简称。北京市闪联信息产业协会是孵化于中关村、辐射全国乃至全球的标准组织和产业联盟，致力于闪联（IGRS）标准的制定、推广和产业化，旨在通过开发 IGRS 协议（信息设备资源共享协同服务协议），在互联网、移动互联网、物联网等环境，支持各种 3C（计算机、家电、消费电子）设备智能互联、资源共享和协同服务。IGRS 协议主要特征为："智能互联，资源共享，协同服务"。闪联始终坚持"公平、开放和兼容"的合作模式，与国内外重要标准组织建立了紧密的联系和合作，推动 IGRS 标准的国际化步伐。联盟开创了"产业联盟＋有限公司＋工程中心"的多元化创新组织模式，是集标准化、产业化、国际化为一体的领先的行业综合性平台。经过十余年的发展，闪联以标准化为核心、以产业化为驱动、以市场化为导向，已成为国内标准建设中产业化步伐进展最快、取得成果最多的标准组织之一。

下，北京市闪联信息产业协会成立，成为首家先行先试的开放性产业联盟的社会团体法人实体。

为了更好地推进闪联产业化进程，2005年起确定了闪联产品的品牌标识。2006年5月，由闪联标准工作组的核心成员联想、TCL、长城、长虹、创维、海信、康佳和中和威八家国内主要的IT领军企业联合出资成立闪联信息技术工程中心有限公司（以下简称闪联工程中心），在数字3C协同技术和标准领域进行共性基础技术研发，以推动闪联标准（闪联标准是源自中国的3C协同国际标准）产业化为核心目标，通过闪联技术标准产业化带动中国产业群体创新，建立中国信息和消费电子产业的持久竞争力，提供全新的闪联标准核心协议栈和互联解决方案，向合作伙伴授权先进技术和产品方案，支持合作厂商不断推出具有市场竞争力的闪联新产品，向市场不断推出智能化的终端产品，向行业提供高效智能、绿色节能的整体解决方案，并为相关行业的发展提供信息和咨询服务，意在推进信息产品、消费电子和通信产品（3C）的协同互联。

闪联工程中心于2006年12月下设了"深圳市闪联信息技术有限公司"。由该公司牵头建设推进闪联标准国际化进程的国家级"电子信息产品协同互联国家工程实验室"（简称闪联国家工程实验室），为公司提供强大技术支持。以此为标志，集标准化、产业化、国际化为一体的行业综合性平台初步搭建成功。

"闪电般迅速地联结"
——商标释义及商标的授权使用

闪联标准工作组成立之初，发起了全国范围内的投票来为自己征名。最终，专家组从上千个征名中挑选出了"闪联"这个方案，该方案将闪联两个字解释为"闪电般迅速地联结"，用速度和广度体现了十足的"科技味"，也展示了"闪民族科技之光，联世界产业未来"的雄心。

名称确定后，"闪联"就被闪联信息产业协会作为品牌主商标提起了文字商标申请，注册时商标字面上的含义——闪：闪电般快捷；联：联结、联合。2005年"闪联"文字商标获得授权。使用一段时间后，闪联信息产业协会又将由两个简单宋体字组成的文字商标与弧形和球形图形相组合，被戏称为"红杏出墙"。加入图案和构形后的组合商标就增加了新的含义——球形有覆盖全球含义，弧形有连接的意思。新的商标创意为在全球化中闪电般联结各会员组织，并向更大更远的产业未来奋进。

从注册"闪联"产品商标后，闪联信息产业协会又注册了联盟商标、分公司商标等，到 2015 年 11 月共获得商标局 121 件商标的授权。而闪联信息产业协会的所有会员在加入闪联的时候必须通读《信息设备资源共享协同服务标准工作组章程》并且在认可章程后盖章，章程里面包括了商标使用的程序。

然而，并不是所有的会员都能直接在产品上使用闪联商标。当会员企业生产闪联标准的产品时，闪联信息产业协会对产品认证后方出具授权书，该企业才能在产品上显示闪联商标。产品上贴闪联的标准意味着什么？为什么闪联信息产业协会要这么大费周章地去为认证和授权使用"闪联"商标而做大量工作呢？

作为标准组织，闪联拥有自己的联盟标准，这实际上也是国家鼓励与支持的一种标准形态。国家大力鼓励产业联盟都统一执行一种技术标准，既便于国家对产品的质检验收，又便于消费者心明眼亮知道买到的是什么技术，但是在国家标准审理程序繁杂、耗时长的大背景下，对于发展速度快、变化多端的 IT 行业来说，闪联所制定的联盟标准的存在十分必要。作为普通消费者，怎样得知一件产品拥有什么样的标准？消费者如果无暇了解或者盲目相信某些标准，其消费行为可能受到误导，甚至会买到假冒伪劣产品。2005 年 6 月闪联标准全称为《信息设备资源共享协同服务标准》（闪联）正式获批成为国家推荐性行业标准，成为中国第一个"3C 协同产业技术标准"，它是电子行业标准（Intelligent Grouping and Resource Sharing, IGRS），是数字 3C 设备的交换技术和接口规范。IGRS 标准在一定的安全机制的保证下，支持各种 3C 设备智能互联、资源共享和协同服务，实现"3C 设备＋网络运营＋内容／服务"的全新网络架构。

许多普通消费者可能知道家电需要有 3C 认证，但 3C 认证代表什么就很少有人清楚，并且，许多 3C 认证的标识都贴在不显眼的地方。以电视为例，当消费者进入电器商城看见展示的各类电视产品时，会发现有些产品下面贴了一排标识，而有的产品却可能什么都没有。再仔细看，发现很多标识并不认识，即便认识的一些也并不了解所代表的技术含义。多数情况下，普通消费者会选择买那个标识多的，因为直觉告诉他，有标识的一定比没有的好，多的一定比少的好。另外，从生产者角度来看，由于标准认证和授权都需要费用，企业为了降低成本可能选择不去贴标识。多数企业除了贴国家强制要求的标识之外，尽管遵从着像闪联这种跨界互联互通的认证，仍然不会贴闪联的标准标识。这样一来，行业内对于"标准"的认识出现偏差，可能导致一个行业的畸形发展。此外，也可能导致消费者对产品的认知不能或者信任不能，削减了产品的竞争力与利润。以电视为例，要知道，电视上每贴一个标识，意味着生产商需要缴纳一笔授权和认证的费用。大企业通常有能力并且愿意交这笔费用，因为标识代表了身份，代表着其生产的产品拥有强大的功能，代表着产品的竞争力。但一些中小企业并没有雄厚的资金支持他们打上每一个标识，即使这些技术他们都具备，为了降低成本也只能选择不贴标。

那么，标准认证标识是贴还是不贴？对于这个问题，闪联信息产业协会从标准的根本作用上给出了答案。一项标准，应当更多体现在产品与服务上。依旧是电视的例子，通过内嵌 IGRS 标准技术和得到闪联商标授权，电视有闪联标识，则标志着该电视基于闪联标准研发设计，是集高清电视、电脑、投影机、交互电子白板、音响等功能于一身的智能触控一体机，采用高清 LED 液晶面板、红外多点触控技术，能与原有各教学设备仪器进行无线连接，将各设备仪器资源实现共享。闪联标识就是品质和性能的标签。消费者是否选择贴有闪联商标授权的产品，企业自会有明确的利益判断。

闪联信息产业协会对会员、理事、常务理事在使用闪联产品商标上一视同仁，只有经过闪联信息产业协会认证之后的产品才能用"闪联"的商标。目前符合闪联标准的产品有：计算机、笔记本电脑、电视、手机、网络高清播放机、闪联投影机等。符合标准的闪联产品贴标数量超过 1000 万台，每年新增产品数量以超过 50% 的速度在增长。国内著名品牌厂商，如联想、TCL、海信、创维、长虹、康佳、长城等陆续推出符合闪联技术标准的产品。

除了产品商标外，联盟的商标是会员组织活动时才被使用，在闪联商标管理体系下，产品商标、联盟商标、派生商标等都有严格的授权和监督流程。

先产品后标准
——闪联的策略与章程

在 IT 行业中，标准先于技术和产品的诞生是常态。一般情况下，企业会邀请行业专家们坐下来，讨论、制定出一个标准，然后再生产一个产品。然而，在瞬息万变的互联网时代，对于 IT 行业来讲，走在时间前面才是制胜点。很多时候，等专家讨论完之后，很有可能产品的形态、需求已经发生了巨大的变化，之前制定的标准已无实际意义，且耽误了产品研发的时间。

闪联充分认识到行业特点和标准制定的灵活性，决定采用产品优先的方式制定事后标准，即首先进行产品的设计与生产，先有一个既成的事实标准，再形成文本标准。逐渐地，这种标准形成方式已经成为 IT 行业的共识。

目前，闪联正致力于智能音响标准的制定。所谓智能音响，指的是利用互联互通技术实现无线操作，在不同空间播放来自同一音源的不同音乐的音响。在国内，智能音响的技术此前是没有的。起初有人提出想做这项技术标准，但一直没有实施。在国外，美国一家公司率先做出了类似的产品，但不够完善。在这样的背景下，闪联的一个会员企业想要在美国的基础上进行完善，做出更好的产品来。然而，面对如此大的中国市场，仅凭一个企业的一己之力是远远不够的。并且，由于国内对知识产权保护的意识与重视程度十分欠缺，即便是申请了专利，"山寨"产品也会如雨后春笋般迅速占领市场。这家企业找到闪联信息产业协会，两方联合成立了工作组，这家企业将自己掌握的制造智能音响的技术贡献出来，协会召集了国内许多做音响的企业加入工作组，成员企业一起商讨、研发、完善技术后制定出智能音响的标准，各成员企业开始依标准生产产品并迅速抢占市场。通过使用智能音响，可以实现用一台手机在儿童房间播放孩子们喜爱的童话故事，在卧室播放促进睡眠的轻音乐。智能音响采用最新的技术，一经问世，在国际上迅速占据领先位置。2013 年，智能音响参加美国 CES 消费电子展（Consumer Electronic Show），较于之前通过有线连接到一个音源上只能放出一个声音的"旧式音响"，智能音响的使用范围更加广泛，限制更少，也更加便捷，新技术产品及标准使外国人十分震惊。这便是闪联的代表性做法：先有技术并将之无偿公开形成产品原型，然后再制定标准——中国自己的标准。

闪联信息产业协会，作为一个由众多企业组成的跨行业非营利组织，从成立之初就同其他企业不同，在制定标准时需要平衡多个领域的各方利益。为了广泛地吸纳会员，同时又不失公正地对待每一个会员，闪联在会员章程上可谓是做足了功夫，制定的时候参考了国际上大的行业章程并结合了国内的具体环境，很具代表性且是公开的、跨行业的，闪联的章程被公认为是行业协会里最完善的。正是有公平的章程，闪联信息产业协会从最开始的包括电视、PC 行业在内的 8 家企业，发展到 2014 年闪联的会员横跨家电、PC、手机、芯片等领域，有 226 个会员企业，会员企业遍布全球，包括欧洲、日本、韩国、以色列等国家或地区。闪联信息产业协会仍然保留着发起之初的结盟氛围，没有一家会员企业处于绝对的领导地位。作为一个开放的平台，闪联信息产业协会始终认为，只要企业愿意推动中国互联互通标准信息发展，协会就欢迎该企业加入到不设规模门槛的协会组织里来。同时，闪联希望能有更多的本土企业及中关村创新企业能够加入到这个组织中来。

互联互通
——闪联的价值与社会责任

一个品牌的经营与成功，不单单是通过这个企业的产品来实现，还应当依靠这个企业在行业内所做的贡献、在社会上所承担的责任来体现。企业有社会责任，闪联作为标准制定的联盟，也有着相应的社会责任。

闪联认为，联盟的社会责任相对来说更大。尽管一个联盟组织没有太多直接推动经济发展的责任，但它在社会行业自律、行业自治、行业推动和行业合作方面，有着重要任务及无可替代的使命。这些年以来，闪联工作中很重要的一部分是创造一个行业品牌。会员企业为什么要来闪联寻求合作伙伴，为什么要把自己的技术和产品贡献给闪联，去向整个行业进行推广？让企业认可闪联的运作模式，信任闪联能把一家企业的技术和产品复制到整个行业，推广到整个行业，并且促进整个行业的进步，这是闪联的一个重要价值。企业创造一个著名或驰名商标，有助于其产品的销售和品牌影响力的提高；闪联信息产业协会打造出一个著名或驰名商标，不仅有助于推广闪联自己或者是会员企业的产品，更多的是有助于跨地区跨行业的企业加入到这个联盟里，分享这个商标的价值，同时也以技术分享等方式为行业做出贡献。在闪联看来，"闪联"这个商标虽然归属于协会，但它的影响力属于联盟的所有会员，覆盖整个行业。这是联盟和个体企业的不同之处，也是一个联盟和一般行业在社会责任的承担方面的不同之处。"互联互通"是闪联的核心标准，也是闪联的价值追求。一直以来，闪联致力于推动行业的跨界融合。

以智能音响的生产为例。第一，如果这家掌握技术的企业独自做这项产品，首先，在其推向市场时便面临着被人复制的风险。并且，一个市场的培育需要整个行业共同努力，而不是仅凭一家企业之力就能开创一个新的领域。这家企业通过闪联获得了更开放、更广阔的平台。闪联的智能音响工作组召集了音响行业内 90% 的企业，凝聚集体的智慧与力量，从而使得整个行业推动这项技术的进步。第二，如果每家企业都在做自己的技术和自己的标准，落实到生产环节，由于最终的生产厂家不同将会导致无法匹配的问题，进而影响用户的体验。闪联的存在提供了统一标准的可能性与可行性，并且也能有效解决由于升级带来的问题。即便是今天买一个低端产品，明天产品升级，大可以买一个高端的替换掉，不必担心接口不一致等匹配问题。这样一来便保证了用户的持续投资，对企业而言是非常大的价值。第三，企业加入闪联，将自己的技术贡献出来，行业内的其他企业会提出很多建设性意见，将会产生闭门造车无法达到的效果。一家企业内的技术人员容易处于理想化的状态，认为自己设计的产品经过一次次检验，已经达到令人满意的状态。然而，当产品实际投放到市场时，往往会出现很多问题。许多问题是一家企业内部人员难以发现的，或者说等到市场进行实际检验时可能为时已晚，但通过建立一个开放、以共赢为目标的平台，使行业内的企业集思广益，便可能在产品设计初期解决许多潜在的问题。第四，任何一个行业都有自己上游和下游行业，闪联的存在可以有效整合一个行业的上下游，缩短生产链合作的周期。例如，生产电视的几家企业在一起讨论的可能都是关于电视这个个体产品的事，但事实上他们还需要考虑上游生产液晶屏的行业和下游生产电视内容的行业处于什么样状态。任何一家单独的企业或者是某一行业内的若干企业在一起探讨时，很少考虑行业上下游的问题。闪联作为一个产业联盟，从推动整个行业发展的宏观角度入手，考虑的是一个行业的上下游对这个行业是什么态度，能为彼此未来的合作提供更好的机会。

作为产业联盟，闪联同一般企业有很大不同。第一，非盈利。企业需要盈利，考虑的是扩大市场占有率。但作为非盈利的联盟，闪联不需要考虑社会占有率，而要考虑会员企业的市场占有率。第二，非政府。在会员准入和联盟内工作组织协调方面，非政府组织有着很大的灵活性与高效性。第三，社会责任不同。闪联更多的是一个社会组织、社会团体，所承担的是推动整个行业发展的责任。

2005 年 6 月，IGRS 标准正式获批成为国家推荐性行业标准；2007 年 2 月，IGRS 标准被建设部采纳为建筑及居住区数字化技术国家标准；2008 年，IGRS 系列标准获批十项国家标准制订计划立项；2008 年 7 月，中国闪联标准成为 ISO/IEC 设备验证国际标准；2008 年 10 月，中国闪联标准基础协议提案在 ISO/IEC 投票中成为最终草案国际标准 (FDIS)；2010 年，IGRS1.0 系列标准成为全球 3C 协同领域的第一个国际标准；2012 年，IGRS1.0 全部 7 项标准成为中国 3C 协同领域首个完整 ISO 国际标准体系，并通过 ISO 在其官方网站发布；

2013 年，IGRS2.0 系列标准通过 ISO NWIP 投票正式立项；2014 年 9 月，闪联《信息设备资源共享协同服务第 7 部分远程访问系统架构》通过 ISO/IEC JTC1 的成员国投票，由 ISO/IEC 正式发布，闪联国际标准再上新台阶。

闪联产业联盟已涵盖中国信息和家电产业链上下游的重要企业，形成了产学研一体化的组织，拥有发明专利 200 余项，国际影响力日渐增大，中国台湾地区、日本、韩国、美国、以色列等相关企业积极申请加盟，截至 2014 年 10 月，会员数已达 222 家；闪联会员企业已经推出了闪联电视、电脑、笔记本、投影机、打印机、手机、DMA 等 20 余款基于 IGRS 的产品。

单独一个闪联的产品可能不会创造出巨大的社会财富和价值，但如果所有相关行业的企业都使用闪联这个品牌，"闪民族科技之光，联世界产业未来"，则其价值将不可限量，中国制造、中国创造的产品越来越多地带给世界惊喜，相信未来"闪联"会创出更多辉煌。

（作者：梁媛、王希亚）

专家点评　北京市闪联信息产业协会是孵化于中关村的产业联盟—国家工程实验室—产业化工程中心的多元化创新驱动组织。闪联通过"智能互联，资源共享，协同服务"推动中国互联互通标准信息的发展，推进闪联标准的国际化进程。在商标的注册和使用上，北京市闪联信息产业协会也具有特色。

其一，北京市闪联信息产业协会在成立之初，就在"洗衣机""计算机""信息传输""计术研究"等 12 个类别的商品和服务上，申请注册了"闪联"商标，这一举措不仅体现了这个组织促进整个行业进步的服务宗旨，也体现出其推广自己和会员产品的品牌意识。

其二，作为一个由众多企业组成的跨行业非营利组织，北京市闪联信息产业协会的会员章程还特别包括了商标使用的程序，体现了北京市闪联信息产业协会打造和提升"闪联"商标价值，推动会员企业跨界融合的社会责任。

北京市闪联信息产业协会作为团体和协会，在商标注册使用上，还有集体商标和证明商标等具有特殊属性的商标适用。

集体商标：是指以团体、协会等组织名义注册，供该组织成员使用，表明成员之间某种联系的标志。它的保护意义在于形成利益共同体，增强市场竞争力，统一质量标准，维护集体信誉。

证明商标：是指由对某种商品或服务具有监督能力的组织控制，由该组织以外的单位使用，证明指定使用的商品或服务的特定品质的标志。它的保护意义在于提高行业产品质量，推动产品创新和科技水平，保护名优特产品，规范企业经营行为。

品牌大事记

1. 2003 年 7 月，举行媒体见面会宣布闪联标准工作组成立，并发布了"闪联"品牌。

2. 2005 年 5 月，北京市闪联信息产业协会成立。

3. 2005 年 3 月，联想集团和康佳集团联合推出了基于闪联品牌的闪联电脑和闪联电视。

4. 2005 年 6 月，国务院总理温家宝、国务委员陈志立、北京市市长王岐山等一行莅临联想视察，表达了对闪联标准的深切关怀。

5. 2005 年 7 月，"闪联"行业标准发布，北京市闪联信息产业协会注册"闪联"商标。

6. 2005 年 12 月，"闪联信息技术工程中心有限公司"正式揭牌。

7. 2006 年 10 月，北京市闪联信息产业协会获得由国家质量监督检验检疫总局、国家标准化管理委员会首次设立的"中国标准创新贡献奖"一等奖。

8. 2007 年 11 月，闪联标准在 ISO／IEC 以高票通过委员会草案投票（简称 FCD），中国闪联标准终将成为全球 3C 协同领域的第一个国际标准。

9. 2007 年 12 月，国家信息产业部正式对外公布 2007 年信息产业重大技术发明评选结果，"闪联标准底层技术研究"荣登新技术成果榜，获重大发明奖。

10. 2009 年 9 月，由国家标准委主办，中国电子技术标准化研究所和闪联联合承办的 2009 年度国际标准化组织／国际电工委员会第一联合技术委员会信息技术设备互连分技术委员会（ISO/IEC JTC1 SC25）全体会议及系列工作会在北京举行。此次国际标准化活动彰显了中国在 ISO/IEC 国际标准领域中从参与者到跟随者到组织者的角色转变。

11. 2010 年 3 月，位于瑞士日内瓦的国际标准化组织／国际电工委员会（简称 ISO/IEC）通过其官方网站向全球正式发布了闪联两项国际标准的正式文本。

12. 2012 年 11 月，北京市闪联信息产业协会设立北美办事处。

13. 2012 年 12 月，在接连成为行业标准和国际标准之后，北京市闪联信息产业协会 7 项国家标准经国家质量监督检验检疫总局和国家标准化管理委员会批准，正式对外发布。

14. 2013 年 3 月，科技部公布 2012 年度产业技术创新战略联盟评估结果，闪联产业联盟以优异成绩通过了科技部试点评估，被评为 A 级产业技术新战略联盟，闪联品牌得到了中国部委的好评。

15. 2014 年 9 月，由中国国家标准化管理委员会主办，闪联产业联盟和中国电子技术标准化研究院共同承办的第 25 届国际标准化组织／国际电工委员会第一联合技术委员会信息技术设备互联分技术委员会（ISO/IEC JTC1 SC25）全体大会及系列工作组会议在北京拉开帷幕。2014年12月，"闪联"被认定为"北京市著名商标"。

16. 2015年6月，国家标准委下达了关于团体标准试点工作任务的通知，北京市闪联信息产业协会获得国家标准管理委员会的批准，成为有资格从事团体标准制定的首批试点单位。

17. 2015年9月，由闪联产业联盟主办，深圳市云动创想科技有限公司承办的"闪联《智能音频互连国家标准》及产业研讨会"在深圳成功举办。

华胜天成 : 卓然天成的 IT 服务商

1998 年，华胜天成在北京成立。那时，IT 技术刚刚步入普通人的生活，华胜天成与美国 SUN Microsystem、Avaya 等公司建立合作关系，成为他们在国内最早的合作伙伴之一。可以说，华胜天成是在中国普及信息化的先驱。

成立伊始，华胜天成作为 SUN 服务器的分销商，其英文名称"TEAMSUN"，被戏称为"卖 SUN 服务器的团队"。随着业务的不断发展，华胜天成逐渐积累了实力，经过公司战略调整，从国外服务器的分销者，变成了一家 IT 综合服务提供商，同时他们也选择"TEAMSUN"作为公司的主要商标。

目前，华胜天成已成为一家业务领域覆盖全面的企业——它的业务方向涉及云计算、大数据、智慧城市、信息安全、移动互联网、物联网等领域，业务领域涵盖 IT 产品化服务、应用软件开发、系统集成及增值分销等多种 IT 服务业务，是中国最早提出 IT 服务产品化的公司。

基于"客户导向"的经营理念以及"合作共赢"的发展战略，华胜天成立足于大中华市场，以提升企业及政府客户 IT 核心能力为使命，凭借卓越的解决方案、对客户的深刻理解以及高效密集的服务网络，为客户提供贯穿 IT 建设整个生命周期的"一站式"服务,在电信、邮政、金融、政府、教育、制造、能源、交通、军工等领域拥有大量成功案例。

提到互联网领域的热门概念，就不得不提云计算；而提到云计算，就不得不提我国云计算产业龙头企业、IT 综合服务领导者——北京华胜天成科技股份有限公司（以下简称华胜天成）。

这是一家满载荣誉的高科技企业，这是一家网络覆盖整个大中华和部分东南亚区域的 IT 服务提供商，这是中国首家全面通过 ISO9001、ISO20000、ISO27001 三大国际质量管理体系认证的 IT 服务提供商；这是中国首个"云计算"项目申请融资获证监会批准的 IT 服务企业。华胜天成被工信部、赛迪顾问评为电信行业系统集成服务综合排名第一；被评为 2010 年度最佳社会责任履行上市公司。

诸多荣誉加身的华胜天成，正在一步步地迈向成功。

"凌云计划"带来品牌蜕变

我国的IT行业起步较晚，但这也给行业留下了广阔的发展前景。华胜天成抓住了这一历史机遇，完成了从IT硬件设备经销商向IT综合服务提供商的战略转型，迎来了发展的大好时机。

2007年，华胜天成启用新的品牌标识和宣传口号"服务成就未来"，拉开了华胜天成"蜕变"的序幕。

旧品牌标识

品牌标识与宣传口号（2007年启用）

品牌标识与宣传口号（2011年启用）

2008年9月，华胜天成正式启动了IT服务转型战略第二阶段的行动计划——"凌云计划"，寓意"壮志凌云，云乘万里"。该计划的三大支柱是"系统、软件、服务"。

其中，系统（System）是"凌云计划"的磐石之基。系统集成是华胜天成的立身之本，被华胜天成人喻为"金牛"业务，是华胜天成实现全面转型的根基所在。华胜天成董事长兼总裁王维航表示：磐石之基的意义并非仅仅是收入比例，更重要的，系统集成是华胜天成走近客户的敲门砖，在提供系统集成的同时为客户提供更为全面的软硬件集成服务，并继而提供软件开发、系统维护、咨询、外包、企业IT业务规划等贯穿客户业务全生命周期的"一站式"IT服务。

软件（Software）是"凌云计划"的凌云之木。"世人不识凌云木，直待凌云始道高"，唐代诗人杜荀鹤在《小松》里写的两句诗，和华胜天成的软件业务有着异曲同工之处：世上的人看不出这是栋梁之材，直到它长成参天大树时才称赞它高。多年来，华胜天成一直在培养着这么一株能够成长为参天大树的"凌云之木"——软件。

服务（Service）是"凌云计划"的凌云之志。IT产品化服务作为华胜天成自有知识产权的优质资产，通过近两年的努力，已经从"明星业务"升级为"金牛业务"，是华胜天成全面服务转型中最重要的部分。具体而言，华胜天成"IT产品化服务"业务指向的是多元化的IT服务，其业务内容包括：IT维保、IT业务咨询、IT外包、IT战略规划、业务流程外包等一系列端到端的IT服务。华胜天成拥有了十余年的行业经验积累，并与全球多家知名IT厂商形成了战略联盟伙伴关系，基于自身的专业素养以及良好的合作关系，华胜天成研发了许多独立于原厂商传统软硬件产品的服务型产品，这是IT产品化服务的核心。"服务"代表着华胜天成的"凌云之志"，那就是"努力打造中国IT服务第一品牌"，成为业界翘楚。

通过"系统 + 软件 + 服务"三部分业务联动，与上下游合作伙伴和客户一起构筑整个产业生态系统。这个生态系统，就是华胜天成一直倡导的"共生空间"理念——以华胜天成为纽带，整合上下游资源，打造IT产业链健康、相融共生的生态系统，为华胜天成下一个十年发展奠定坚实基础。

"揽胜行动"纵深整合

自2008年顺利实施"凌云计划"后，2010年，华胜天成启动了另一项意义重大的战略行动——"揽胜行动"。

"揽胜行动"取"凌云揽胜"之意，继承了华胜天成2008年提出的"凌云计划"的思想精髓，同时也是对"凌云计划"纵深实施的战略支撑。它是依托于华胜天成一直所倡导的"共生空间"理念，通过"融合制胜、服务致胜、品牌智胜"三大行动策略，在"云服务"时代背景下，以高端IT服务为着力点，充分挖掘"云计算"业务深度，最终形成可支配、集约化的新商业模式，缔造IT服务产业健康、相融共生的生态系统，从而引领整个行业未来的发展。

2010年9月，华胜天成启动定向增发，募资投向云计算、物联网等项目，用以增强公司在IT服务领域的技术领先与市场领导地位，加大"软件""服务"业务的产业布局，积极推进"内生 + 外延"的发展模式。成功研发了IaaS管理平台、PaaS平台、Mocha BSM Visto、桌面云、iVCS（艾维虚拟计算系统）等多款云计算自有产品，接连收购广州石竹、新加坡i—Sprint、香港本土最大IT服务商ASL等实力企业，提升云计算领域的研发实力，实现产业链整合，从而进一步扩大细分市场份额，增强公司整体实力。

以"揽胜行动"为战略行动的总指导方针,华胜天成重点发力于"云计算""物联网""移动互联网"等高科技、绿色环保产业,积极建立中国"云计算"产业联盟,深度参与国内"云计算"产业链的整合与实践,打造世界级 IT 综合服务企业。

"乘云计划"再度启程

2012 年,在成功实施"凌云计划"和"揽胜行动"的基础上,华胜天成再次发布新战略,本着承前启后的未来构想,"乘云计划"荣耀出炉,让业界切身体会到了华胜天成在云计算领域"融合产业链,交付云价值"的战略决心。伴随着这次新战略的发布,华胜天成又带来了天成云机、云悦服务等云产品及解决方案,为中国云落地与崛起迈出了最为坚实的一步。

"乘云计划"取"乘风破浪会有时,直挂云帆济沧海"之意,传承了华胜天成 2010 年提出的"揽胜行动"之"建立云计算产业联盟"的思想精髓,通过融合云计算产业链,为客户提供以业务为核心的基础架构和应用服务,使得客户在发展、转型和创新中保持高绩效,成为客户业务战略可信赖的推动者和客户云战略的使能者,从而实现"融合产业链,交付云价值"的目标。

从"凌云"到"揽胜"再到"乘云",华胜天成完成了自己的精彩蜕变。2011 年,华胜天成成功完成向 IT 综合服务商的转型,依托云计算所带来的机遇,华胜天成在"云路"上所取得的进展也得到客户和合作伙伴的认同。

伴随着乘云计划,华胜天成从客户战略、业务和挑战出发,关注云业务基础架构、业务应用、数据管理、安全合规和运营运维等重点要素,以自主创新技术和最佳实践为基础,融合云计算产业链中的先进技术与产品,通过基础架构服务驱动及业务应用服务驱动,为客户构建"有效益的云",提供"随需应变和敏捷"的云计算服务,为客户创造价值,为业界打造相融共生的云计算产业链,最终使华胜天成成为世界级的 IT 综合服务提供商。

在华胜天成提出"乘云计划"的新战略时,一项云计算业务线品牌——"天成云"应运而生。"天成云"品牌名称源自华胜天成"共生空间"理念,有机融合了公司的软件、IT 服务、系统三大业务群,并基于"路径依赖"原则,浑然天成为"一站式"云服务,即"天成云"。其品牌口号——"云本天成"源引自南宋陆游《剑南诗稿·文章》中"文章本天成"这一诗句,采用的是双关和套用的手法,巧妙地说明了"天成云"的内涵。"天成云"这一云计算品牌的适时推出,一方面完善华胜天成的业务品牌架构体系，完善产品群的分类；另一方面希望借助市场营销手段，夯实华胜天成"天成云"在本土云计算市场中的影响力并逐步实现云产品的规模化的销售和交付，有助于华胜天成进一步拓宽市场，强化公司与客户之间的黏性，并提升华胜天成云计算业务在行业端、市场端的认知度和美誉度。

自华胜天成全面推行云计算战略之后，无论是在资本市场发力，还是在自主创新方向延展，都体现出领袖级企业的素质。华胜天成已经具备可持续发展的能力，尤其是在云计算自主产品研发方向上，都非常贴合"十二五"规划中战略新兴产业的阶段性发展目标。

履行社会责任，提升品牌价值

作为高科技企业，华胜天成在不断借助科技推动新战略、促进公司本身发展的同时，不断通过履行社会责任提升自身品牌影响力。

华胜天成以爱为名，与慈善同行，向安徽、广东、贵州等地捐助多所希望小学；向汶川地震、玉树地震、雅安地震灾区捐款并提供紧急信息技术援助。值得一提的是，在汶川地震期间，华胜天成的设备和人员服务团队跟随着温家宝总理专列第一时间奔赴灾区，在当地图像传输系统瘫痪的情况下启动应急通信系统，传回了第一张汶川地震灾区的图片。

华胜天成利用技术优势，倡导绿色 IT，在产品和服务研发、设计的过程中融入绿色、环保的元素，通过对云计算数据中心的规划、咨询等各项服务的把关，在高耗能的数据中心领域，帮助客户实现节能减排，成就现代化的绿色数据中心。在华胜天成一系列践行企业社会责任的活动中，助力农信银构建异地灾备系统，该系统解决了统一管理、统一维护的问题，整体提高了资源利用效率，有效节省了实施和维护成本，并荣获"ITSF2012 中国信息化建设最佳实践"大奖。

华胜天成创新性地开辟了一条 IT 基础设施的自主、可控、安全、国产化发展道路，即"协议引进、消化吸收、安全替换、创新超越"的弯道超车的新路子，全产业链创新性地引进 IBM POWER 技术平台及其产业链技术，通过消化吸收、可信植入，全面彻底地融合中国可信安全技术，打造可信开放高端计算系统，满足了涉及国计民生重要行业信息系统的高性能、高可靠和高安全的需求。

从昔日的服务器分销商，到今日业务领域覆盖全面的高科技企业，华胜天成这一路可谓凌云而起，乘云揽胜。明确而高效的品牌发展战略是华胜天成品牌健康成长的根本保证。华胜天成转型之初，便确定了自己的商标，并以此为起点，画出了一条清晰的道路——"凌云计划"带来蜕变，"揽胜行动"纵深整合，"乘云计划"再度启程。在品牌扶摇直上的过程中，华胜天成不忘利用科技履行社会责任，维护、提升自己的品牌形象。

华胜天成人相信，中国软件与服务行业的"第二周期"已经到来，在这个"自主可控、跨界融合、以客户为核心"的时代中，华胜天成正在尝试建立利益共享的产业链联合体，全力打造中国 IT 的自主可控。我们相信，华胜天成的品牌缔造之路还在继续，他正迈着坚实的步伐，扎实前行。

（作者：李含、吴晓云）

专家点评　北京华胜天成科技股份有限公司现有 167 件已经注册或者申请注册的商标。这些历时 15 年逐步积累的上百件商标，不仅记录了北京华胜天成科技股份有限公司从美国 SUN 服务器的分销商，到成为涵盖 IT 产品化服务、应用软件开发、系统集成及增值分销等的 IT 综合服务提供商，以及正在努力成为集云计算、大数据、智慧城市、信息安全、移动互联网、物联网等领域的高科技企业的发展历程，也显示出北京华胜天成科技股份有限公司重视商标运用，始终将实施商标战略与公司创立、转型、蜕变等战略调整紧密结合的商标法律意识。越是在市场竞争中具有品牌优势的企业，越需要商标专用权的保护。北京华胜天成科技股份有限公司运用商标，实施商标战略助推企业发展是商标运用能力的重要体现。

同时，为了充分发挥商标专用权无形资产的价值，商标专用权质押贷款也是商标运用的一项内容。

商标专用权质押是指债务人将自己的商标权作为财产权作价出质，将商标权作为债权担保的民事法律行为。商标权质押贷款可以在一定程度上，解决企业缺乏可抵押资产的困难。同时，商标的影响力和美誉度又直接关系到商标注册人的信用等级，关系到商标专用权质押行为。商标专用权质押登记机关是国家工商行政管理总局商标局。

品牌大事记

1. 1998 年 11 月，北京华胜天成科技有限公司成立。

2. 2002 年 3 月，"TEAMSUN" 及 "华胜天成" 商标申请注册或被核准授权。

3. 2004 年 4 月，北京华胜天成科技股份有限公司在上海证券交易所正式上市，股票代码：600410。

4. 2007 年 9 月，北京华胜天成科技股份有限公司启用新的品牌标识，新 VIS（视觉识别系统）正式发布。同时，新 Slogan "服务成就未来" 也进入媒体和公众的视角。

5. 2008 年 9 月，北京华胜天成科技股份有限公司正式启动了 "凌云计划"，吹响全面向 IT 服务转型的号角。

6. 2009 年 5 月，北京华胜天成科技股份有限公司以 2.6 亿港元收购香港上市公司 ASL（香港联合证券交易所：00771），进军大中华 IT 服务市场。

7. 2010 年 8 月，北京华胜天成科技股份有限公司以 989 万美元全资收购摩卡软件。

8. 2010 年 12 月，北京华胜天成科技股份有限公司 "ITSF 2010 中国 IT 服务峰会" 在北京盛大召开，新的战略行动——"揽胜行动" 正式开展。

9. 2012 年 5 月，北京华胜天成科技股份有限公司云计算业务线品牌——"天成云" 应运而生。

10. 2012 年 9 月，北京华胜天成科技股份有限公司 "ITSF 2012 中国 IT 服务峰会" 在北京盛大开幕，并推出 "乘云计划" 及五大产品。

11. 2013 年 12 月，北京华胜天成科技股份有限公司以 70.6 亿元品牌价值位居 "2013 中国软件和信息技术服务业最有价值品牌" 榜首。

12. 2014 年 9 月，北京华胜天成科技股份有限公司获 "云鼎奖" 核心大奖："2013—2014 年度中国领先品牌奖"。

13. 2014 年 11 月，北京华胜天成科技股份有限公司和 IBM 及北京市经济和信息化委员会就关于建立完整的可信高端计算系统产业链的进一步合作签署了三方合作谅解备忘录。

14. 2014 年 12 月，北京华胜天成科技股份有限公司被权威机构评为 "2014 中国软件和信息服务十大领军企业"。

15. 2015 年 1 月，北京华胜天成科技股份有限公司被 "2014（第四届）中国公益节组委会" 授予 "2014 年度最佳社会品牌奖"。

16. 2015 年 2 月，北京华胜天成科技股份有限公司荣膺 "30 年信赖—用户满意度调查——卓越成就企业奖"（评选机构：中国计算机用户协会、中国软件行业协会、中国电子信息产业发展研究院会、《网络运营与管理》杂志社）。

17. 2015 年 4 月，北京华胜天成科技股份有限公司成员企业华胜信泰旗下新云东方 4 大系列 17 款国产服务器产品正式上市。

18. 2015 年 12 月，"IT 强国梦"——北京华胜天成科技股份有限公司成员企业华胜信泰战略暨产品发布会成功在北京召开，正式发布"JDM 战略计划"及系列全新产品。

19. 2015 年 12 月，北京华胜天成科技股份有限公司控股子公司浙江兰德纵横网络技术股份有限公司（新三板：834505）在新三板正式挂牌。

20. 2016 年 5 月，北京华胜天成科技股份有限公司成员企业北京和恺安科技发展股份有限公司（新三板：837746）在新三板正式挂牌。

碧水源：碧水丹心，建设生态文明

"海归"创业："碧水"源自"碧水源"

"问渠哪得清如许，为有源头活水来"，2001 年碧水源成立后，集思广益，确定了"碧水源"这个名称，"碧水"源自"碧水源"，同时申请商标 。商标的形状为八卦图中的水卦，寓意为：天下莫柔弱于水，而攻坚强者莫之能胜，此乃柔德。碧水有源，渠清如许，碧水源沐改革开放之春风，走创新发展之道路，自主研发，科技引领，润物无声，承载未来。

2001 年，北京碧水源科技股份有限公司在北京中关村科技园诞生，十几年来，碧水源资产从 40 万元到如今的数百亿市值，从一家中关村高科技企业到成为全球膜产能最大的企业，从专注于水处理的工程公司到涵盖水务全产业链的企业，一路走来，碧水源已成为中国领先的环保企业、国家著名的科技创新型企业，同时也是创业板领军企业，发展势头强劲。

产学研合作：突破巨头技术封锁

我国几乎所有主要的水系都处于中度污染，靠近城市的地区都是重度污染。我国人均水资源只有世界平均数的 1/4，而北京更是只有世界平均水平的 1/30。如何使污水变废为宝进行再利用以及如何让膜技术运用到中国的水污染治理中，是一直困扰水务从业者的重要问题。由于用户对技术缺乏了解，推广膜技术的道路可谓一波三折。这项技术比传统的活性污泥法成本高 10%，但是

由归国留学人员创办的北京碧水源科技股份有限公司（以下简称碧水源），是国家首批高新技术企业、国家第三批创新型企业和首批中关村国家自主创新示范区创新型企业。碧水源创办于 2001 年，注册资本 10.7036 亿元，2010 年创业板上市，在全国拥有 40 多家下属公司，是世界 MBR 技术领先者。

碧水源是一个用技术撬动市场的技术型企业，以自主研发、国际先进的膜技术解决"水脏、水少、饮水安全"的水环境问题，提供以膜法水处理为核心的整体技术和工程解决方案。碧水源是一个以产业报国，以技术服务社会的企业，是一个以"承担社会责任，建设生态文明"为宗旨的企业，致力于解决国家在实现可持续发展和民族复兴过程中水环境污染和水资源匮乏的重大困扰，成为国家解决这一难题的可靠力量。

传统工艺要达到国家一级 A 排放标准有一定难度。尽管膜技术应用的投资成本较大，但其占地面积少、污泥产生量少、运行自动化、直接产生再生水的特点，使得项目可以获得较高的整体效益。膜技术是最佳的选择，其在解决污染问题的同时将大大缓解水资源短缺问题。方向确立了，技术又从何而来呢？膜技术在中国是一项新技术，没有相关经验和资料可以学习。竞争对手的技术封锁都很严，而核心技术在于膜的研发和生产。在公司成立之后的好几年时间内，碧水源只能采购 GE、三菱等国际企业生产的膜来开展水处理工程建设。

这种情况下受制于人是很难避免的，更让碧水源难以接受的是，在采用对方膜产品过程中出现的问题不能很好地解决。当时有项目负责人抱怨说："对方前两次还会很快过来解决，第三次可能就说需要安排时间了，四五次之后就不爱理你了。"同时，随着碧水源对于第三方膜产品依赖程度的加深，对方变本加厉地要求碧水源提前一年提供订单估量，并且提前预交 50% 定金。而作为工程公司，估算下一年会接到多少工程是非常困难的事情。

在行业巨头技术封锁的严峻形势下，碧水源决定成立自己的膜技术研发部门。公司最初的打算是寻求合作，缩短研发周期。但是当碧水源前往 GE 和三菱总部就购买技术或双方在中国合资建厂进行商讨时，这一提议很快被严词拒绝，因为对手的目的在于控制市场。这种情况让公司决策层认识到，要想不受制于人，必须自己进行技术研发。就这样，碧水源开始走上快速自主研发的道路。

凭着对膜技术全面的理论知识和实践经验，碧水源组建了一支由国外聘请的专家以及国内专业人士组成的研发队伍。自主研发膜丝，膜材料是关键。为了改变膜材料的配方和性能，碧水源公司投入当年收入的 1/3 进行膜材料研发。不到一年，碧水源拥有完全自主知识产权的第一代膜技术研发成功。2008 年 11 月 22 日，碧水源投资 3 亿在北京怀柔雁栖经济开发区建设的亚洲最大的膜生产基地正式投产。碧水源雁栖膜基地具备年产 200 万平方米的 PVDF（聚偏氟乙烯）膜制造能力，它的建成结束了我国污水处理用膜依赖进口的历史，同时也使碧水源迈入了全球膜生产三强之列。同时，碧水源自主研发的 MBR 膜造价已接近甚至低于进口产品。随后，经过改进提高，碧水源又研制出强度更高、效果更好的膜丝，它的处理效率、稳定性比肩于 GE、三菱等国际知名品牌，而总价格只有进口产品的 70%。

随着自主研发水平的提高，中国膜市场曾经一度被美国、日本等国际膜巨头的产品占据的格局被改写。外资公司虽然同样提供膜技术，由于地域等原因，注定他们的后续服务，如维修、培训成本会很高，而中国本土企业优势就不言而喻了。这就是国内技术服务商和外资公司竞争的一大"法宝"。从技术上讲，国内目前还没有一家公司能够和碧水源直接进行竞争。"花不足 1 元钱，就能使 1 吨污水转化为高品质再生水，比海水淡化、南水北调的成本小得多"。

除了技术研发之外，创业之初，新技术的市场推广是最大的困难，新技术、新理念需要有一个适应的过程。然而，推广的困难并不仅仅是理念的问题。除了膜污染等技术瑕疵外，经济因素是推广受阻的另一重要原因。据碧水源相关负责人介绍，以一个处理能力 10000 吨 / 天的工程为例，传统污水处理工程的建设成本为 1500—2500 元 / 吨，而采用 MBR 技术，则需要 2000—3000 元 / 吨。另外，MBR 技术的日常运营成本较传统技术也高出 10％左右。因为投入成本高，企业污水处理一般不会选择碧水源。如果只需要达到要国家一级 A 排放标准，企业大多不愿意多花一分钱进一步提高污水排放水质。

好在碧水源刚成立时，创业者们锁定的就是国际最新的膜处理技术，在国内还没有其他人做，这样的先机给了碧水源在艰难中顽强成长的根基。在技术比拼上，他们需要的只是用新技术的优势与传统技术相比较，让客户认识到这种差异性。

机会总是给有准备的人。在碧水源急于开拓市场的时候，北京市政府出台了一项新规定：新开发住宅小区建筑面积大于五万平方米，办公楼大于三万平方米，就必须建用于污水处理的中水设施。这样碧水源的产品就派上了用场。尽管因为有些部件采购自国外，导致产品价格相对较高，但是用碧水源技术建起来的中水设施，占地面积要比传统设施小一半。这对开发商可是极有吸引力的。要知道，省出来的都是地皮呀。就是凭着先进的技术给客户创造的价值，碧水源在初期并不顺利的经营状况下，仍然在市场上站住了脚。

技术创新降低成本：神奇的"膜"力

碧水源的核心技术，说简单就是"三根膜丝"，但很不简单地解决了水的三个问题。在有效固液分离、污水深度回用、MBR 出水补充地下水三大领域实现技术突破。

微滤膜这种听起来很神奇的膜技术实际上是利用 MBR，将膜分离技术和生物处理技术有机结合形成新形态污水处理系统，完成有效固液分离。膜处理技术不改变水的形态，而且效率较高。更重要的是，膜技术出水水质远远高于其他传统工艺，主要出水指标优于国家一级 A 排放标准，可以达到国家地表水 IV 类标准。

碧水源是中国 MBR 技术大规模工程化的奠基者，参与了我国第一个万吨级 MBR 工程项目——北京密云再生水厂的建设运营。凭借完善的膜产业链（膜材料研发、膜设备制造、膜应用工艺优化、膜工程运行），碧水源实现了 MBR 工程总规模全球第一；中国市场占有率第一，占全国 MBR 水处理市场的 70%。

超滤膜主要用于自来水厂的升级改造、反渗透预处理及污水的深度回用。目前碧水源超滤膜产品已在我国多个大型膜法给水工程、中水回用工程成功应用，如全球最大规模的再生水厂——高碑店再生水厂（100 万吨／天），以及小红门、平谷再生水厂二期、无锡市高新水务安全饮水系统等项目。

超低压选择性纳滤膜，是碧水源针对中国缺水问题专门研发的具有完全自主知识产权的创新型产品，能在极低的操作压力下将 MBR 出水处理为地表 Ⅲ 类至 Ⅱ 类以上的水，可用于工业用自来水、地下水源地的补充水，有效解决我国水资源短缺问题。碧水源已在北京建成了中国首个 DF 膜应用示范项目——北京翠湖新水源厂。

此外，DF 膜还应用在了"月宫一号"上。2014 年 5 月 20 日，"月宫一号"（空间基地生命保障人工闭合生态系统地基综合实验装置）成功完成我国首次长期多人密闭试验。在 105 天多人高闭合度集成实验中，碧水源与北航合作研发的膜生物反应器和净水技术在"月宫一号"全面应用，实现了模拟太空水循环的成功。碧水源为"月宫一号"提供的太空水处理设备，为系统内实现水的循环起到了关键作用，受到了业界的广泛好评。

通过微滤膜（MF）解决水污染问题，通过超滤膜（UF）解决饮用水安全问题，通过超低压选择性纳滤膜（DF）解决水资源短缺问题，碧水源希望打造水务全产业链，成为集膜材料研发、膜设备制造、膜工艺应用，以及污水资源化处理和保障饮水安全整体解决方案为一体的提供商和服务商。

草根志向：从自身汲取力量

冰冻三尺非一日之寒。碧水源取得今天的成就，也经历了一步步蜕变的过程。公司在起步阶段也经历过一段艰难的岁月。碧水源创立之初并未沿袭国内传统的污水处理技术和做法，而是决定将污水处理膜技术引入国内，这注定了这个尖端技术的拓荒之旅布满荆棘。虽然膜技术较之传统活性污泥处理工艺有着突出的优势，但是当时几乎没人相信造价高的膜技术能够取而代之，更鲜有人敢将造价上亿元的项目交给注册资金只有 200 万元的碧水源。在 2005 年以前公司几乎一直处于亏损状态，现实的压力让公司的创业团队也感到泄气。

由于膜技术占地面积小，碧水源曾经在居民区和办公楼区建污水处理厂。本以为碧水源终于迎来了好时机，可是没想到遭遇了开发商的赖账。按照惯例，碧水源在拿到 30% 的预付款后就开始施工，但是等小区竣工的时候，尾款却拿不到了。当时年销售额并不可观的碧水源拿不到回款，无法继续投入研发工作，赖账造成的资金链问题让碧水源举步维艰。创业时期这样的纠纷不胜枚举，在这样的困境下，创业团队开始反思自己的发展战略，开始重新给公司定位。这个团队是草根出身，草根要做好一件事情无非有两种可能：一种是别人都能做的事，你的价格低；另一种是做别人做不了的事情。草根唯一的出路就是勤奋、创新。

带着这样草根志向的碧水源继续追求往更高一层次上升的目标，让他们至今都颇为自豪的是在国家大剧院水处理工程中中标。国家大剧院工程要求将日常生活用水及空调冷却水处理成景观水，用以补充人工湖中被蒸发掉的水量。国家大剧院工程对于企业的影响力提升非常大。同时参与竞标的有几十家国内外企业，最终碧水源凭借小而精、性价比最高的方案得到了专家组的认可，获得了该项目。

中标国家大剧院项目显然给了碧水源莫大的鼓励，也得到了众多污水处理企业所渴望的名气。有了信心的碧水源随后凭借毅力和核心技术优势，在北京密云水库水处理工程中又一遍重复自己的优势，甚至还帮当地制定了水景观及后续的房地产开发方案，最终中标了当时我国首个万吨级 MBR 水处理工程。

密云再生水项目竣工后，北京市领导纷纷去密云考察，并且指示北京要大量采用膜处理技术。这个硬骨头啃下后，碧水源的膜处理技术很快就在北京推开了。之后，碧水源还先后接手了引温济潮奥运配套工程、北京奥林匹克公园中心龙型水系自然水景等重大工程，自此碧水源在行业内声名鹊起。

回顾碧水源的发展之道，技术创新是企业发展的基石。让企业感到自豪的是在国际膜技术行业碧水源已经进入前三强，并引领这个行业的发展。未来碧水源的发展好不好，并不是取决于竞争对手，而且主要取决于自己是不是能够保持这种创新的势头，自己把自己打败。"如果说我要让别人不超过我，我只有比别人跑得更快，而不是把别人拉着，让别人不跑。这就是我们碧水源的企业经营之道。"

PPP 模式：政企合作，提升品牌价值

除了技术先进之外，碧水源还积极尝试 PPP 模式，通过政府与社会资本建立"全过程"合作关系，提供公共产品和服务。利用 PPP 模式的特点及所具有的融资性、高效性和低风险性特征，碧水源为以前仅靠政府财政资金投入的污水处理行业引入了民营企业的新兴力量，推动污水处理行业技术创新，形成竞争，同时也能够激发国有及各种经营主体的活力，降低地方政府债务。在这种模式下，碧水源实现了区域性扩张，以控股、参股、联合等方式与各地区城投或水务公司合作。这不仅使碧水源成为推动污水处理市场集中度的领军企业，而且得到了国家政策性贷款和水价补贴等优惠政策，公司获得进一步利好。

资本市场：实现品牌溢价

2006 年以后，一直没有受到资本和市场关注的 MBR 市场，忽然间变得风起云涌。当年全球知名的 GE 公司出巨资收购了国际顶级的 MBR 技术企业——加拿大 Zenon 公司，经过整合后，凭借综合实力开始向中国的 MBR 市场展开攻势；同时，另一家公司收购国际著名 MBR 技术企业 US Filter 公司后，也在当年通过收购国内企业——北京赛恩斯特水处理工程公司，承建了北京北小河污水处理厂（6 万吨／天）的改扩建工程。国际巨头兵临城下的时候，碧水源开始获得国内资本的关注。

2006 年 9 月 18 日，云南国信与碧水源签订《增资协议书》，以 2000 万元入股了碧水源 7.5% 的股权，与此同时，上海鑫联和深圳合辰两家投资公司也入股碧水源。到 2006 年年底，碧水源主营收入较上年翻番，顺利突破 1 亿元，此时的碧水源，已经是一家中小规模的企业了。在资本的推动之下，碧水源的项目开始在全国范围内遍地开花。

从 2006 年引入股权投资到 2007 年完成股份制改造，碧水源开始筹备上市之路。那段时间里，国内 A 股直冲 6000 点引发牛市行情，使得资本市场对于股

权投资趋之若鹜。

碧水源当时的业务重心仍旧放在市场拓展上。企业意识到，除了全国各地建设污水处理项目的"外求财"，公司必须要通过压缩生存成本"内生财"。而在公司的成本当中，30%以上的成本来自膜材料，这些材料此前全部都是从日本进口。为了降低成本，碧水源的技术团队钻研自己的膜材料。一旦膜材料实现自我供给，打破外资的市场垄断，膜材料的市场价格必然一落千丈，随之而来的是公司成本的直线下降。"市场推动创新，创新推动资本"，这是碧水源在处理企业创新和资本的关系的心得，正是凭借不断的创新突破，碧水源在资本市场上也取得了惊人的成绩。

到2010年4月，碧水源上市的时候，公司获得政府工程的竞争力以及在膜材料上的市场竞争力，成为市场对于公司估值的主要标准。按照当时碧水源69元/股的发行价计算，对应市盈率高达95倍。在4月21日上市首日，碧水源股价以140元/股的价格开盘，随后一路上扬，最终收盘价高达151.8元/股，对应市盈率已经超过200倍。随后的4月26日，在市场资金的一路追捧之下，股价最高摸至175.6元/股的高点，成为当时创业板上最高价的股票。上市五年来，碧水源保持每年70%以上的增长率。

碧水源上市后带来的身价暴涨，正在印证做好企业就是给投资者一个好的数字——利润的观点。碧水源更加关注的是企业所处的行业以及企业的管理和技术，并不会太关注股价。要做到手中有股，心中无股。上不上市，碧水源都要承担起两大责任。第一个责任是碧水源对国家和社会的责任，企业上市就要对股民负责。第二个责任就是利润的增长，要让股民有所收获。

社会责任：简简单单治水梦

如果说追逐利润是企业发展的动力，那么社会责任就是企业的良心。碧水源不仅仅看重公司的效益，更是将社会责任作为公司发展的重要内容。碧水源董事长文剑平坦诚："我是技术出身，做水处理技术是我最热爱的事业，解决中国水的问题是我这一生最大的追求，企业做大做成了，我也算做了一个大大的公益事业，做不成，我还可以教书嘛，把技术和观点传给后人，继续解决水的问题。我这一生就这个愿望，简简单单。"

就是秉持着这种简单的想法，碧水源一直在中国治水梦的道路上努力着。

我国水资源短缺，水污染严重，水环境不断恶化。随着社会的进步和发展，党和国家逐渐意识到生态环境的重要性，提出了建设生态文明的口号。自公司成立那天起，碧水源就印上了"承担社会责任，建设生态文明"这12个字，至今仍然伴随碧水源，这12个字异常醒目。国家提出了建设生态文明，碧水源就顺势而为，解决国家生产生活亟待解决的问题，共同把生态文明建设搞起来，把水治理好。

碧水源从来不把建设生态文明当作一个简单的口号，不仅从行动上支持党和国家的方针政策，而且让生态文明建设成为企业的一种自觉行动，生态文明的"建设"主体工作应该由企业来完成，而这就是碧水源和生态企业家们正在做的。碧水源的水处理工作，不仅是生产活动，也是公益活动。碧水源把企业做好，把水治好，就是做了最大的公益。

碧水源不仅在怀柔、平谷、延庆、顺义等北京市几个区投产再生水厂，解决首都水环境问题，而且借助江苏无锡和湖北十堰的污水处理项目，开始走出北京，进入到太湖、滇池、巢湖等国家重点水体整治区域内。在南水北调中线工程丹江口库区调水工作中，为确保一库清水永续北送，十堰市加大了污水处理厂建设力度。其中位于该市张湾区的神定河污水处理厂，是南水北调中线水源区内第一座建成投产的污水处理厂。为提高该厂运营管理水平，充分发挥治污效益，湖北省十堰市与碧水源签订了委托运营协议。碧水源接手运营后，迅速启动升级扩能改造工作，显著提升了该厂污水处理能力和水平。湖北省省委书记李鸿忠了解后，对碧水源的工作表示高度赞赏，并勉励碧水源发挥优势和专长，加大科技创新力度，提高企业研发和科技成果利用水平，进一步树立良好企业形象，实现社会、经济效益"双丰收"。

如今，像这样的国家重点水处理工程中越来越多地出现了碧水源的身影。尽管目前我国的水资源问题还很严重，人均占有量少，地区分布不均，碧水源的领导者们坚信只有去做，才有希望。"中华不碧水，吾辈誓不休"。生态文明建设是国家的事，也是企业的事，更是个人的事，它关系到子孙后代。发展到今天，膜技术可能在某些方面还有局限性，但为了子孙，碧水源必须要这样去做，否则，我们给子孙留的水就不是水，而是有毒液体。

（作者：刘瑛、祁星）

专家点评　2007 年 4 月，北京碧水源科技股份有限公司在"水净化""净化有害材料"等服务项目上，向国家工商行政管理总局商标局递交了"碧水源"商标和"碧水源科技 origin water 及图形"商标的注册申请。但却在 2010 年 3 月被商标局引证类似服务项目上的注册商标"碧水"予以驳回。北京碧水源科技股份有限公司不服商标局的驳回决定，在法定期限内，向国家工商行政管理总局商标评审委员会提交了"碧水源科技 origin water 及图形"商标驳回复审申请书，请求对"碧水源科技"商标核准注册。2011 年 5 月商标评审委员会经审理决定，予以初步审定。从此，北京碧水源科技股份有限公司在"水净化装置""水净化设备和机器""建筑施工监督"等商品和服务项目上，围绕"碧水源科技"等商标注册了一系列商标。

　　1983 年 3 月 1 日实施的《商标法》，是我国改革开放初期最早制定的几部经济法律中的一部。这部《商标法》的问世，使我国的商标注册和商标保护进入了知识产权法制建设的时代。特别是经历了三次修改，我国商标法律制度不断丰富完善。2014 年 5 月 1 日实施的新《商标法》，为实现方便申请人注册商标、维护公平竞争的市场秩序、加强商标专用权保护等三个基本目标，对授权确权程序做了一定的调整和完善，为适应我国经济转型发展，实现鼓励创新，促进自主品牌发展，提升中国经济的影响力，奠定了坚实的基础。所以，充分履行《商标法》赋予商标权利人的权利不仅是商标主管部门的职责，更是商标权利人的法律权利。正是商标品牌意识强，锲而不舍地维护自己的商标权利，成就了北京碧水源科技股份有限公司"碧水源科技"的市场认知度。

品牌大事记

1.　2001 年 7 月，北京碧水源科技发展有限公司成立。

2.　2001 年 8 月，"碧水源"膜生物反应器生产基地建立。

3.　2002 年 12 月，北京碧水源科技发展有限公司成功中标国家大剧院水处理工程。

4.　2003 年 5 月，北京碧水源科技发展有限公司完成了我国第一部关于膜生物反应器的技术标准，并颁布执行。

5.　2005 年 6 月，北京碧水源科技发展有限公司中标我国首个万吨级以上规模的 MBR 污水资源化工程：北京密云再生水厂。

6.　2005 年 8 月，北京碧水源科技发展有限公司成为 2008 年奥运会指定水处理技术提供商。

7. 2006 年 10 月，北京碧水源科技发展有限公司投资成立"碧水源膜技术有限公司"。

8. 2007 年 6 月，北京碧水源科技发展有限公司完成股份制改造，改名为"北京碧水源科技股份有限公司"，注册资本为 1.1 亿元。

9. 2008 年 2 月，北京碧水源科技股份有限公司与清华大学合作成立"清华大学—碧水源环境膜技术研发中心"。

10. 2010 年 4 月，北京碧水源科技股份有限公司在深圳证券交易所创业板正式挂牌上市，股票代码：300070。

11. 2013 年 7 月，北京碧水源科技股份有限公司承建的中国最大地埋式 MBR 再生水工程——昆明市第十污水处理厂正式投入运营。

12. 2013 年 9 月，习近平总书记等中共中央政治局各同志集体来到中关村国家自主创新示范区展示中心，听取了北京碧水源科技股份有限公司的汇报。

13. 2014 年 6 月，北京碧水源科技股份有限公司与国家开发银行北京市分行签署总额 200 亿元的开发性金融合作协议。

14. 2014 年 9 月，北京碧水源科技股份有限公司承建的双膜新水工艺示范工程——北京翠湖新水源厂建成通水。

15. 2014 年 11 月，北京碧水源科技股份有限公司推出超级纳滤净水机，成为 APEC 峰会会场全部直饮设备唯一指定供应商。

16. 2015 年 5 月，北京碧水源科技股份有限公司 PPP 模式合资公司云南水务在香港挂牌上市，成为中国第一家 PPP 模式成功上市的公司。

17. 2015 年 8 月，北京碧水源科技股份有限公司非公开发行股票，国家开发银行巨资入股北京碧水源科技股份有限公司，成为公司主要股东。

18. 2015 年 9 月，国务院副总理马凯和英国财政大臣奥斯本共同主持第七次中英经济财金对话政府和社会资本合作（PPP）圆桌会，董事长文剑平作为唯一民营企业代表出席，介绍北京碧水源科技股份有限公司在 PPP 领域的经验，并提出建议。

19. 2016 年 2 月，北京碧水源科技股份有限公司已拥有 10 万吨 / 天及以上的 MBR 工程项目 24 个，超越了 GE 的 17 个，成为拥有全球最大 MBR 工程项目数量最多的公司。

20. 2016 年 6 月，北京碧水源科技股份有限公司的"MBR+DF"双膜新水工艺水处理技术，作为"十二五"水专项的重大科技成果，在国家"十二五"科技创新成就展上展出。

第三篇

成熟企业的品牌创新故事
商标维权篇

依文服饰：人文，衣文

EVE de UOMO

以情感文化起步，发掘并承袭中国经典传统文化，并与现代时尚相结合，依靠着依文人无所畏惧的大胆创意、颠覆传统的情感营销及深厚的人文关怀，依文服饰毫无悬念地成为中国男装领域的翘楚。正是因为善于思辨，依文服饰在近年率先提出大文化思维，因而在传统行业环境并不乐观的情况下，依文服饰依然保持平稳发展，以文化为本源，以设计为承载，用国际化的语言更从容地诉说了男人的时尚美学，同时将中国式的生活哲学带入时装。探寻到男人内心最深处的诉求，创意拼接经典，低调对接华丽，依文服饰意欲在这个国际同质化的舞台上发出无与伦比的时尚呐喊。

20 年，她从西单商场的柜台走上了国际时装周的 T 台，从店面橱窗走上了国际展览，从自有量衣间走进了钓鱼台国宾馆。她是谁？她是高端消费群体的"着装管家"，也是关爱贫困山区儿童的"爱心衣橱"；是立足中国经典传统文化的原创品牌，也是"能够穿在西方人身上的中国品牌"——她就是依文服饰，用"人、衣、文"的和声讲述着自己的品牌故事……

依文之本：有情感的品牌最绵长

"依文"是人、服饰、文化结合之意，其中"依"又取意人与衣相依相偎，所以 20 年的发展历程中，依文服饰集团一直秉持以文为依，也始终坚持以人为先。正如依文服饰董事长夏华所说，她希望依文是所有客户"一

成立于 1994 年的北京依文服装服饰有限公司（以下简称依文服饰），以服装服饰为支撑，以创意产业为发展方向，集设计、生产、销售于一体，经营范围涉及服装服饰、生活美学、礼品、文化创意等多个领域，旗下拥有依文男装（EVE de UOMO）、诺丁山（NOTTING HILL）、凯文凯利（Kevin Kelly）、杰奎普瑞（JAQUES PRITT）、依文中国（EVE de CINA）5 个高级男装品牌，依文服饰历经二十余载风雨华载，已成长为现今注册资金过亿，拥有 100 万客户资源，500 余家遍布全国的店面，企业年销售额达数十亿元的国际知名企业。

辈子的情人"。

2000 年，夏华手握几百万资金准备在央视等重点媒体投放广告，意图扩大品牌知名度，继续带动企业做大做强。可匪夷所思却又意料之中的是，就在最后决策的前一晚，依文服饰整个团队推翻了之前所有的广告计划，并再一次做出了一个"有违常理"的决定：用巨额资金换取短期利益，不如把钱实实在在地花在客户身上。于是那一年的情人节，依文服饰三万名 VIP 客户都收到了一朵玫瑰花和一份甜点。对于情感相对内敛的中国人来说，这份甜蜜的礼物着实让不少人吃了一惊，甚至还有不少客户把礼物悄悄带到洗手间一探究竟，当他们小心翼翼地打开精美的包装，读到卡片上"你永远的情人——依文"这句话时，才如梦初醒，随即便被温暖和欣慰包围。当天，依文服饰的 VIP 热线被打爆了，客户们纷纷表示了内心的快乐和感谢，依文品牌收获了客户们最宝贵的一句承诺："这辈子都穿依文的衣服！"一辈子，这就是依文用颠覆传统的情感营销换来的与客户之间最浪漫的约定。

除了浪漫的情感体验，依文服饰还无微不至地给予客户温暖的人文关怀。依文服饰的定位是高端男装品牌，其面向的消费群体消费水平普遍较高。然而即使是"不差钱儿"的高端客户，智慧、内敛的依文服饰仍然认为其不应当挥金如土。在依文服饰实体店的试衣间里，总会见到一些直入心底的温馨提示："为了您父母的晚年和孩子的成长，请谨慎消费。"简单朴实的话语往往最感人！在依文服饰，客户体验到的不仅是精湛的设计和优质的服务，更有随时随地透露着的人文关怀。作为服装服饰卖家，依文服饰理智地提醒客户适度消费，不是欲擒故纵的营销手段，而是高度职业自信和人文发展理念支撑下的最温馨的情感表露。

别出心裁的情人节活动让依文服饰走进了客户的心里，朴实无华的试衣间文化让依文服饰走进了客户的家庭，而真正让依文服饰走进客户生活的，是体贴入微的"管家式"服务。在依文服饰的一层，有一个特殊的部门"管家部"。这是几年前，针对高端消费群体，董事长夏华一手打造的全新品牌营销概念。在大浪淘沙的消费市场变革中，她敏锐地意识到，在人们的工作、生活范围无限扩大后，优秀的品牌可以在机场、饭店、高尔夫球场等任何一个场所为客人量体，而无须客户亲临固定的实体店量衣间。只要掌握了客户最全的身型数据，顾客不来店面就可以直接得到最全面、最有针对性的购买建议和最合适的服装。"管家式"服务让依文服饰拥有了流动的量衣间，让讲究身份认证、又有较高着装要求的高端客户体验到了无微不至又恰到好处的尊崇享受。

除此之外，依文服饰还有情感吊牌、情感主题展、文化之旅、公益时装秀等独具特色的活动。无论是吊牌上的只言片语、形式多样的情感活动，还是会员专享音乐会上一段动听的旋律，抑或是"爱心衣橱"公益行动中的一场演出，都无不体现依文深厚的企业文化和丰富的品牌情感。这样的企业，怎教人不喜爱，怎教人不留恋！

依文之根：有底蕴的品牌最深刻

文化塑造品牌，设计改变生活，依文服饰的成长历程就是中国经典传统文化与国际服装时尚元素不断碰撞至完美结合的过程。依文服饰创立之后，一直坚持以文化为本源，以设计为承载，开展了系列策划，并经年持续进行。

厚积薄发的中国传统工艺。"依文"取"人、衣、文"融合一体之意，倡导"人、服装、文化"有机统一、完美结合的品牌理念，以文化激活灵感，以情感雕琢事业，给有形的服装赋予无穷的精神内涵，令衣者能充分善其形而感其心。依文服饰深知文化是其品牌的终极竞争力，故她将得天独厚的文化优势作为品牌崛起的根基，深度挖掘并承袭我国经典传统文化。为此，夏华和她的设计团队几乎走遍了全国各地，他们亲身感受各地文化，体验传统手工艺的魅力，并将传统手工艺运用到依文服饰的时装之中。2014 年 4 月至 6 月期间，依文服饰的设计师团队再次踏上了考察的路途，他们深入贵州省，遍寻深藏民间的传统工艺和手工艺人。在贵州，夏华一行深入了解了渊源悠久的苗绣。其装饰纹样夸张变形，既着意于生气勃勃的客观对象，又充斥着梦境般的幻想色彩，针法丰富而多变，色调古朴又明艳。特别是在黔西南州，设计团队近距离接触了当地少数民族的特有服饰及独特的制作工艺。以神秘的传统苗绣为代表的少数民族文化深刻激发了设计师的灵感，夏华表示将尽力提炼升华少数民族服装服饰文化，把少数民族元素和现代工艺、流行时尚相结合，从而使少数民族服饰走出深山，走上市场，走向世界，以此来促进品牌的进一步发展。2014 年，依文服饰成立 20 周年庆典上，依文"手工坊"正式拉开帷幕，手工坊网罗全国经典传统手工技艺，让传统工艺走上市场，形成了新的产业模式。

依文服饰成长 20 年，致力于中国传统经典与流行服饰的融合，借助服饰载体传播着源远流长的民族文化。然而依文服饰广阔的视野和睿智的经营使其立足于衣而超越于衣，灵活的战略让其的服装和文化结合得更加具有艺术生命力。

2007 年 9 月 17 日至 20 日，依文服饰参加了在巴黎举办的中国纺织品服装展览会。依文服饰作为中国男士正装企业代表，在此次展览会上展出了价值 188000 元的富有浓郁中国特色的顶级男士正装。作品以中国十大传世名画之一的《清明上河图》为创作灵感，采用中式礼服改良设计，完美结合了中华立领"劲"之韵味与西式礼服"礼"之风度；面料采用意大利进口 CERRUTI 1881 的最高纱支 180 支纱面料，气质华贵独特，手感柔软滑爽且易于剪裁，里料为纯天然宾霸，即以棉花中棉花籽绒为原料的环保里布。除了精益求精的设计和华贵出众的原料，参展作品更加令人叹为观止的是，其内里是精美绝伦的《清明上河图》中"繁忙的汴河码头"一段，其衣扣为巧夺天工的手工墨玉扣！《清明上河图》是由 30 年绣龄的工艺师纯手工刺绣完成，完美再现了苏绣的精湛工艺和深厚底蕴；墨玉扣也为纯手工打磨而成，前襟扣上篆刻着象征权威的虎符图案，袖扣上则精雕有源于汉代象征吉祥的"泱茫无垠"字样。参展作品将中国经典传统文化与服饰时尚元素完美融合，赢得了世界各国前来参展的专业人士的广泛赞许。

2007 年迎奥运北京工业品牌展——"时装之都"品牌展上，依文展区设计的主题为"粹"，取其纯一、精华、美好之义，将映射中国传统文化的城墙、青砖、青铜等元素融入设计之中，以彰显中国经典文化的深厚底蕴。这次设计匠心独具，不仅使展区散发出坚韧、厚重、内敛的文化气息，并通过对"德、琢、缜、心、礼"几个字的表现诠释了依文服饰的企业理念：以德为贵、精雕细琢、缜密周全、别出心裁、博文约礼。每一个字都广泛而深刻地体现着中华民族的传统美德，也向世界无声地阐释着依文服饰的企业文化。依文服饰在展会上的惊艳亮相不仅展示了自身的魅力，也展现了北京原创品牌的风采。

2012 年 2 月，依文中国（EVE de CINA）受伦敦时装周组委会的邀请，成为首个亮相伦敦时装周的中国男装品牌，并在伦敦时装周上完美绽放。服装从廓形裁剪到缝制细节都使用了精细的手工工艺制作，且巧妙融合了中国传统工艺，得到了国际时尚界的认可。英国时装协会主席哈罗德·提特曼曾对依文中国做出这样的评价："这是一个能够穿在西方人身上的中国品牌。"依文服饰通过人与服装的和谐演绎，传递中国人对生活美学的思考与探索，巧妙运用中国文化打通世界，透过文化在国际舞台的感召力和影响力，向世界传递中国文化的价值，并赢得了世界的尊重。

2012 年 7 月 27 日，受英国政府邀请，依文服饰携手北京奥运开闭幕式核心导演之一王潮歌在首次对外开放的英国商务官邸兰卡斯特宫的户外花园，向世界呈现了一场以"和"为主题、凝聚中国文化精粹的时装盛宴，以中国独有的创造力向世界呈现了自己的文化价值。中国传统文化中，"和"是一种境界、一种精神，是中国思想文化中最完善、最富生命力的体现，表达了融和的理想。此次活动中，依文服饰以中国时装的方式，以"和"文化为语境向世界传递中国文化的魅力与价值，含蕴着中国文化的积累，是传统文明和当代生活的嫁接，同时也是东方精神与西方文明的交汇。本次时装秀首次集合了时尚、文化、体育、商业等各界力量，由依文服饰董事长夏华亲自带领创意设计团队，由柳传志、马蔚华、俞敏洪、朱新礼等国内顶级商界领袖，世界冠军联合会奥运冠军代表田亮、杨威，以及吕思清等知名艺术家共同助力，演绎中国时尚的魅力。这不仅是中国品牌以国际化的时装语境深入影响西方世界，更是一次全球瞩目的高层次经济文化交流活动，中国品牌将成为中国文化"走出去"的主力代表。有趣的是，依文服饰的这场时装盛宴距离伦敦奥运会开幕仅有几个小时，当浓郁的中国元素展示再次征服世界时尚界挑剔的眼球，这意味着依文服饰在奥运赛场外为中国赢得了一枚文化金牌！这也是继 2008 年北京奥运会后，中国品牌再次以奥运会为契机，巧借这一国际平台，在实施"走出去"战略过程中扩大品牌知名度、提升企业国际影响力的行动，并据此向世界传播中国文化的价值。

2013 年 9 月，依文服饰再次携手王潮歌导演合作打造了《印象·国乐》的精彩舞台演出。演出以时装为切入，精致的传统刺绣与现代时尚剪裁设计，让这场音乐盛宴升华为听觉和视觉的全方位享受，点亮了中国民乐之美，弘扬了中国传统文化。通过时装与音乐的糅合，向世界传达中国人对音乐美学的思考和对生活美学的探索。这场视听盛宴让时尚走进国乐，让中国文化走进每个人的心中，在悠扬的乐声中讲述属于中国人自己的时尚品牌故事。

依文服饰秉持"品牌的历史和文化决定品牌价值"的理念，立足于中国传统文化，把传统元素融入服饰设计灵感中，将传统与时尚相结合，正是这种无所畏惧的大胆创意，让我国传统文化在世界时尚舞台上焕发出夺目的光彩。

依文之翼：有创意的品牌最动人

● 精美绝伦"总统服"

2006 年中非论坛期间，很多参会的非洲元首都没有合适的正装出席会议，面对这一紧急状况，外交部、行业协会、北京市委一致推荐依文服饰来完成这项任务。依文服饰董事长夏华亲自带着量体技师来到钓鱼台国宾馆为元首们量体，并在 24 小时内将设计精美、尺寸精准、工艺精湛的成衣送回到他们手上，出色地完成了紧急任务。由于依文服饰提供了精美绝伦又不失严肃端庄的服装，以及迅速便捷又不失细致周到的服务，非洲元首及家人与会后特意到公司表示感谢。以此为契机，依文服饰开创了"24 小时紧急着装通道"的服务，对时间紧、要求高的客户提供了高质量的着装保障。2007 年，时任北京市市长的王岐山在迎奥运北京工业品牌展——"时装之都"品牌展上看到依文服饰为非洲总统量身定制的服装的复制品后，称赞道："可以给总统做衣服，这个企业有实力！"

依文服饰的实力不仅体现在"时间紧、要求高"的客户上，还体现在"时间紧、任务重"的工作中，她不仅能在 24 小时内打造一件美轮美奂的艺术品，还能在两个月内完成十余万套统一服装的制作。2009 年国庆 60 周年大典上，依文服饰是最大的服装供应商，当天游行方阵的十余万套服装全部由依文服饰设计、制作完成。依文服饰在不到两个月的时间里，保质保量地完成了如此繁重的任务，她用成绩告诉世界，走上国际舞台，走进国宾馆，她靠的是实力。

●轮廓飘逸"诺丁山"

2009 年 3 月 25 日，依文服饰旗下品牌诺丁山（NOTTING HILL）登上国际时装周首场男装秀的 T 台，将中国道家文化与西方流行时尚在男装轮廓美学上首次结合：一展俊逸之风的逐风裤，搭配西式剪裁的修身大衣，再注入颇具喜剧张力和雕塑美感的手工粗针围巾，中国道家飘逸之美与西方立体轮廓之美在柔与刚的碰撞中完美结合，被行业人士评价为"对男装建筑美学和新轮廓进行的一次大胆探索和革新"。时隔四年后，诺丁山又一次借传统和时尚碰撞出的火花惊艳了国际时装周。2013 年 1 月 30 日，依文服饰成为唯一受邀亮相哥本哈根时装周的亚洲企业，时尚先锋品牌诺丁山，以一场男装皮草秀诠释了新一季流行风尚。充满激情和浪漫的服装，使淡雅的中国风韵萦绕全场，收获了北欧时尚界人士对中国设计、中国文化无数的掌声和赞誉。

以文化积淀为本源，以情感营销为助力，以实力提升为核心，依文服饰的成长和发展不断赢得业界和社会的肯定，获得了很多殊荣：依文服饰为"中关村十百千企业"，2012 年被北京市经信委认定为"北京市企业技术中心"，2014 年被北京市科委认定为"创新设计中心"并被同业推举为北京市服装协会副会长单位，中国服装协会团体会员、常务理事单位、男装专业委员会单位，中国品牌发展组织委员会会员单位。同时，依文服饰也多次在业界展会中载誉而归，多年来将"北京十大时装品牌金奖""中国服装品牌年度大奖""中国文化精神和文化价值的服装品牌大奖""北京最具文化创意十大时装品牌"等多项大奖收入囊中。

依文之源：保持革新的品牌最持久

2006 年以来，依文服饰进入品牌成熟跨越期。依文服饰在现有基础上进行不断创新，将团队建设、企业管理、资源整合、建立与国际接轨的企业架构以及融入国际竞争舞台作为首要工作，全面提升内部管理水平和外部品牌形象，为"依文"品牌再次飞跃打下了坚实基础。

助力科技，与时俱进。多年来，依文服饰在引进战略投资、扩大投资规模的基础上，乘着科技的长风，不断开疆拓土。在 2012 年欧债危机的愁云惨雾中，依文人认识到，机会再一次向依文服饰招手。闲暇经济的提前到来令中国人消费生活状态开始转变，同时互联网等技术发展令消费方式发生巨大变革，这两点变化使中国服装制造业的转型机遇也提前到来。只有发展新的营销模式才能更好地迎接消费市场的变化，商场购物不再是人们买衣服的唯一途径，网络购物、旅游购物等方式都迅速成为主流消费群体的选择。因此，依文服饰积极地把终端打造成消费体验中心，让这种全新体验模式成为消费者的服装搭配顾问，消费者可以从这里获取各种相关知识，甚至可以享受游戏的感觉，这一创新无疑让购买衣服充满了乐趣。2014 年启动的"云衣橱"项目将现代科学技术应用到传统产业。2014年世界杯期间依文服饰运用此项技术打造出令万千球迷心动的时尚球衣，利用时尚与科技的结合掀起了新的时尚风潮。

2009 年，依文服饰就开始了国际化发展步伐，并逐步完成全球供应链的整合。目前，依文服饰拥有全球 147 家合作工厂，原料与国际一线品牌同步上市，旗下部分品牌 60% 的成衣可在欧洲完成生产。此外，依文服饰还完成了全球人才整合，在米兰、巴黎及伦敦都已建立了自己的工作室和人才库，真正实现了"中国设计，全球制造"的目标，为中国品牌"走出去"打下了坚实的基础。2011 年，依文服饰确立以上市为新发展起点，并做出国际规划部署。面对日益饱和的中国市场，在不断稳固国内阵地的同时，更积极放眼海外市场。自 2011 年起，依文服饰确立以新加坡为中心，拟在吉隆坡、中国香港、中国澳门、中国台湾等地区设立销售网络并辐射整个亚洲区域；同时启动欧洲区域计划：从伦敦时装周告捷起始，以此契机与最权威的英国时装协会（British Fashion Council）广泛开展合作，以伦敦为中心，拟在伦敦、巴黎、米兰、柏林设立店铺建立销售网络。

打造品牌，运营商标。通过 20 余年的商业化运作，沿着多品牌发展战略，如今依文服饰旗下已拥有 5 个原创品牌，即依文（EVE de UOMO）、诺丁山（NOTTING HILL）、凯文凯利（KEVIN KELLY）、杰奎普瑞（JAQUES PRITT）、依文中国（EVE de CINA）及 6 个国际代理品牌。1996 年"依文"商标在我国大陆地区注册以来，迄今为止已在中国大陆地区注册商标 338 件，在港澳台注册 10 件，在境外注册 10 件，境外涉及马德里、美国、日本、西班牙、法国和英国。对于企业商标，依文服饰向来采取主动保护态度，在积极注册的基础上加强对企业商标的规范性使用。公司制定并严格执行《企业注册商标的使用及管理规定》，由专人负责企业注册商标的印制、保存、规范使用。另外，公司会定期对企业员工特别是新员工进行商标知识的法律培训工作。同时，开展专职人员的市场巡查制度以及企业商标实际使用证据的定期收集、整理工作，发现侵权行为时及时汇报，根据案情向工商行政主管部门举报，必要时启动诉讼程序。2007 年 5 月，依文服饰发现青海省德令哈市长江路永恒自选商店销售标有与依文服饰所拥有的"依文 EVE"商标标志、字体、字形、结构、组合完全一致的水杯。依文服饰随即向青海省海西蒙古族藏族自治州中级人民法院提起诉讼。经法院判决，被告立即停止销售带有"依文 EVE"字样的水杯，并赔偿原告经济损失。经过多年的经营，依文商标已有了很高的知名度和美誉度。商标的持有、使用经过近 20 年的不断发展，已架构了较为完整的运营体系。多年的宣传和经营使得依文服饰在相关领域的影响力越来越大，在消费者心中享有盛誉，已成为同行业中最著名的品牌之一，被认定为"北京市著名商标""中国驰名商标"。

（作者：刘瑛、尹菲菲）

专家点评　　目前，我国已经进入了由制造大国向创造大国转型的历史阶段，扶持自主品牌服装扩展海外市场，一直是我国对外文化工作的重要内容。各级政府高度重视创意产业的发展，支持自主品牌建设，并且在信息、人才方面向企业提供帮助，提高企业的核心竞争力。

北京依文服装服饰有限公司通过数百件注册商标的使用和保护，实施"多品牌发展战略"，在服装、服装设计等多类别的商品和服务项目上不仅注册了"依文""EVE de CINA"等一系列商标，而且"采取主动保护态度"，加强对商标的规范性使用，依靠科技突破，复兴中国传统服装工艺，传递世界潮流，精心打造自主品牌，这些既是北京依文服装服饰有限公司进军国内、国际市场的对策，更是他们"打造品牌，运营商标"的成功经验。随着我国政府对"中国制造"向"中国创造"转变的要求和对中国产业在全球范围内"高大上"的倡导，企业对自身形象的维护和对市场的占领、拓展，一定离不开注册商标的保护。本质上，注册商标既是品牌传播的形象载体，也是市场份额的法律保护。北京依文服装服饰有限公司的商标品牌战略具有一定的示范作用。

品牌大事记

1. 1994 年 7 月，北京依文服装服饰有限公司成立，创建"EVE（依文）"品牌。

2. 1997—1999 年，"依文（EVE）"品牌被评为中国增长速度最快的男装品牌、中国市场最受消费者欢迎的优质产品、中国市场畅销品牌与消费者满意产品。

3. 2001 年，创建品牌"诺丁山（NOTTING HILL）"；2002 年，创建品牌"凯文凯利（KEVIN KELLY）"。

4. 2005 年 3 月 28 日，北京依文服装服饰有限公司在 500 余家企业中脱颖而出，一举夺得享有中国服装界奥斯卡盛名的"中国服装品牌年度大奖——创新大奖"殊荣。

5. 2006 年 11 月 4 日，在中非合作论坛北京峰会期间，北京依文服装服饰有限公司在 24 小时内为非洲国家元首快速定制的服装得到了总统和使馆的一致赞许，此举也得到了北京市政府以及中国纺织工业协会的高度评价，公司也因此获得了"中非论坛北京峰会接待先进单位"荣誉。

6. 2008 年 3 月，北京依文服装服饰有限公司被国家工商行政管理局商标局认定为"中国驰名商标"，同年为北京奥运会及残奥会开闭幕式全体工作人员定制服装，并获得"北京 2008 年奥运会残奥会开闭幕式特别贡献奖"。

7. 2009 年，"诺丁山（NOTTING HILL）"荣获"2007—2008 中国服装品牌年度大奖——

潜力大奖",同年 10 月,祖国 60 华诞庆典上,北京依文服装服饰有限公司为国庆阅兵背景方阵及群众游行方阵数十万人提供服装。

8. 2010 年 11 月,中式礼服"清明上河图"荣获"2010 中国创新设计红星奖","EVE de UOMO"牌男西服套装在 2010 年全国西服行业产品质量检测活动中荣获优等品,依文男装荣获中国式新男装设计展"最具中国特色奖"。

9. 2011 年 3 月,"EVE de UOMO"(男西服类)荣获 2010 年度北京时尚热销服装"品牌营销金奖";"EVE de UOMO"(男衬衫类)荣获 2010 年度北京时尚热销服装品牌;同年 6 月,北京依文服装服饰有限公司荣获"2010 年服装行业双百强企业称号"。

10. 2012 年 2 月 17 日,依文"EVE de CINA"登陆伦敦时装周。伦敦时装周开幕第一天,北京依文服装服饰有限公司应中国驻英国大使馆邀请,出席"2012 伦敦时装周中国时尚设计展"活动,旗下中国高级时尚男装"EVE de CINA"在中国驻英国大使馆内献上中国时装 T 台秀诠释中国时尚态度。

11. 2012 年 4 月,北京依文服装服饰有限公司荣获 2011 年度北京时装之都热销服装"品牌营销金牌",同期公司董事长夏华做客湖南卫视《锋尚之王》解读女企业家的"玫瑰法则"时,感叹:"我们要去做一件事情的时候,你喜欢,你的生命激情才可能被最大限度地调度。"

12. 2012 年 7 月 27 日,伦敦奥运开幕日,中国服装企业北京依文服装服饰有限公司受英国政府的邀请,呈现了一场凝聚中国文化价值的时装盛宴。

13. 2012 年 9 月,北京依文服装服饰有限公司荣获 2011 年服装行业百强企业称号,名列销售利润率第一名,同年 11 月,在位于美国费城的世界最著名的商学院之一宾夕法尼亚大学沃顿商学院,董事长夏华以"心灵之旅——来自中国的时尚态度"为题的演讲大获成功。

14. 2014 年 3 月,依文品牌被评选为 2013 年度"北京著名品牌",同年 4 月,依文品牌荣获"第十届中国服装品牌年度大奖——价值大奖",并荣获"2013 年度品牌"荣誉称号。

15. 2014 年 7—8 月,北京依文服装服饰有限公司荣获"2013 年全国服装行业百强企业"称号,名列销售利润率第 30 名,中国品牌领袖联盟授予北京依文服装服饰有限公司"中国品牌榜·中国服装行业影响力品牌"。

16. 2014 年 11 月,北京依文服装服饰有限公司荣获 2014 北京"最具文化创意十大时装品牌"(金奖),同年 12 月,北京依文服装服饰有限公司中式礼服"清明上河图"荣获 2014 度台湾金点设计奖。

17. 2015 年 1 月 16 日,北京依文服装服饰有限公司董事长夏华荣获《南方人物周刊》举办的 2014 中国魅力榜"知性之魅"人物奖项,也是唯一获奖的女性企业家。

18. 2015 年 12 月,北京依文服装服饰有限公司被丰台宣传部丰台文促中心联合授予"2015 年度丰台文化创意产业创新人才团队"。

19. 2015 年 12 月,北京依文服装服饰有限公司依文被认定为 AAA 级信用企业。

20. 2016 年 6 月,北京依文服装服饰有限公司获得北京市企业社会责任覆行承诺单位。

动力源：
谱写国内外商标保护新篇章

DPC® 动力源

回首往昔，动力源的诞生与我国通信行业的发展密切相关。1995 年，面对信息化时代和科技进步的压力，电信网络对系统容量、技术先进性以及运行可靠性，特别是通信系统基础电力供应问题提出了高标准要求。动力源应运而生，并迅猛成长为集电力电子技术领域技术研发、设备制造、销售、服务于一体的高科技企业。

商标设计：彰显民族品牌性格

北京市中关村科技园丰台园区星火路上，有一栋平静的白色建筑,楼顶鲜红的"DPC 动力源"标识异常抢眼，这就是国内电源行业首家上市企业——北京动力源科技股份有限公司的所在地。

"动力源"，意为动力之源，电能是众多动力的来源，而电源是电能的来源。"动力源"即是万源之源，动力源的商标也与其为电力电子技术企业、提供系统电源设备供应及解决方案的公司定位不谋而合。

动力源的商标，由"DPC"三个字母（Dynamic Power Co.,Ltd 的首字母）与"动力源"三个汉字组合构成。商标标识的构成上：三个字母前后叠放，弧形线条环绕，使标识整体上富有立体感和层次感；标识的表现上：线条粗细变化，使标识充满动感，更富时代特征，展现了动力源自强不息、追求卓越、不断与时俱进的精神面貌;标识的组合上：中、英文互动，立足国内，开拓国际。事实上，动力源也的确做到了国内领先,国际知名。动力源有放眼全球的实力，更有放眼全球的视野和雄心。"动力源"与"DPC"的组合，

国内电源行业首家高科技上市公司（股票代码：600405），主攻电力电子技术及其应用领域的龙头企业，集研发、制造、销售、服务于一身的基础电力供应商，国家发改委批准并第一批公布的面向全社会的节能服务公司之一……这些响亮的名片，一次次骄人的业绩和行业支撑，让北京动力源科技股份有限公司（Beijing Dynamic Power Co.,Ltd，以下简称动力源）走入人们的视野，在强者如林的中关村高科技园区屹立不倒。

作为动力系统解决方案和设备的供应商，动力源已经做到在电力电子方面国内领先、国际知名。但是，进取的动力源希望能够像其商标名称一样源源不断地满足客户需求，为社会提供节能降耗、绿色环保的解决方案及产品，在新能源应用领域开辟出新的天地，创绿色环保世界，做能源利用专家，为人类社会的可持续发展做贡献。

彰显出民族品牌的风格。整个商标设计，朴实而又不失灵动，开放而又不失内敛。

而从选色上来看，动力源采用中国红的商标标识选色，色调选用国旗红（C10M100Y100），鲜艳醒目，富有冲击力，有效提高辨识率，不仅点出了其行业属性——电力电子，也象征着公司的民族情操和爱国热忱。

红色所蕴含的传统与革新，勇气与活力，正是动力源品牌性格和商标的写照。也许是一种认可，也许是一种默契，动力源的品牌从注册之初到国际保护和品牌战略多重防御都经历着挑战。一路走来的动力源，不断在传统中寻求革新，不断为品牌注入活力。不断进取的动力源，用经验获得成长，用勇气战胜困难。

商标异议：备受考验的商标争夺战

动力源商标中藏有一个非常有趣的现象——代表着注册商标标记意义的 ® 被放在了"DPC"三个字母组合的后面、"动力源"三个汉字之前，而非像其他商标一样，放在整个商标标识的最后。

这看上去并不显眼的 ® 标记的特殊位置，背后蕴藏着这家民营自主创新企业维护商标权益、践行商标保护的曲折之路。

"在动力源创立之初，我们就已经将当前大家看到的商标样式，作为企业经营之用了。"动力源品牌负责人表示，"不过，对于这个商标标识的保护，我们也走了一些弯路"。

与一般高科技企业优先注重企业的生存能力不同，动力源早就注意到商标对于整个公司的影响力。在 1995 年动力源成立不久，公司即希望通过注册商标来提升企业的品牌影响力。同年，公司向国家工商行政管理总局商标局提出了商标注册申请。1997 年，公司获得"DPC"商标注册。当时申请注册的商标，仅仅是针对"DPC"三个字母组合，而没有包括"动力源"三个汉字。

当时的动力源简单地认为，"动力源"已经包含在公司的中文名称中了，没有必要再通过注册商标去保护它。"而且在注册商标时，所选择覆盖的商品类别仅为第 9 类的'高频通信开关电源'，现在想想，范围确实太窄了，这与企业在发展之初缺乏商标战略意识和注册经验有着很大关系。"提到过往，动力源品牌负责人仍然不无遗憾。

就是这一念之差，一个不够成熟的商标注册，给动力源日后的发展埋下"隐患"，动力源开始商标之战。

2004 年 4 月 1 日，动力源在上海证券交易所成功上市。凭借着雄厚的实力，不断发展壮大的动力源不仅成为国内电源行业的首家上市企业，震动了整个电源行业，打响了动力源的市场知名度，其资本市场上的成功运作，也让一些投机者盯上了存在先天不足的"动力源"商标。

2008 年，几家律师事务所透露，"动力源"三个字被作为商标进行恶意抢注，而且该申请注册的商标已经在国家工商行政管理总局商标局的网站上进行公示。这意味着该抢注的"动力源"商标已经得到了商标局初步核准。动力源经调查发现，仅仅在动力源上市之后的 5 个月后即 2004 年 9 月，"动力源"作为商标就已被一个江西省某村镇的个人提交了注册申请。不仅如此，该个人名下共注册了三家公司，前后取得了 40 多个注册商标。而当动力源联系对方时，得到的回答是，要想拿回"动力源"商标，需要花 50 万元购买。

"这是典型的恶意抢注，动力源的商标一定要在动力源自己手中。"动力源的品牌负责人暗下决心，立即在第一时间针对抢注"动力源"商标向国家商标评审委员会提出异议。

然而，发动异议并非易事，针对已经进入公示程序的商标提出异议更是难上加难。异议需要证明对于商标的在先使用，该商标具有一定的社会认可度和影响力等。由于缺乏商标异议的相关经验，动力源第一次向国家商标评审委员会递交异议申请材料时，只提交了关于公司企业名称中包含"动力源"三个字的相关证明材料，因此被告知要补充材料。

为了满足异议要件，动力源品牌负责人想到了成立之初，作为国内经营较为成功的民营企业在获得政府的扶持资金的过程中使用过"动力源"名称，相关新闻报道可能会对异议证据有所帮助。然而，在网络并不普及的十几年前，新闻媒体报道只能去相关媒体的档案室里寻找。凭借着出色的记忆和坚持不懈的努力，历时一个多月，通过一张张报纸的翻寻、一盘盘录像带的观看，动力源最终收集到大量媒体有关"动力源"实际使用的相关报道，而这才仅仅是商标异议申请所需要的材料的冰山一角。

历时 5 年，历经无数的艰辛努力，动力源向商标评审委员会提供了公司自 1995 年成立起至 2004 年，包括产品购销合同等交易文书、市场占有率证明材料、销售指标文件、公司开具发票以及商标使用情况，比如所有从公司出厂的产品设备、包装材料以及公司对外的相关宣传，乃至公司上市的股票代码，"动力源"三个字都清晰可见。各种有效证据证明："动力源"作为商标不仅存在在先使用，而且是动力源形象和声誉的鲜活印记。功夫不负有心人，最终，商标评审委员会下发《动力源商标异议复审裁定书》，动力源赢得了这场商标维权的胜利。

当初商标注册申请上的不慎，动力源踏上了五年的漫长维权路，也可以说是付出了商标品牌保护的学费。漫长的等待，动力源从未想过放弃，甚至考虑过失败后的行政诉讼。持久的商标异议可以说是动力源的勇气之战、情感之战。至今回想起来，动力源人仍不能平静。"'动力源'三个字蕴含了我们的企业文化和情感归属。对于蕴含情感归属的商标，我们必须从抢注人的手中夺回来！"

来之不易的商标更让动力源迅速走向成熟。目前，动力源在商标保护上，不仅对"动力源""DPC"与"动力源"组合标识都申请了商标注册，而且还注册了"动力源"三个字的拼音首字母"DLY"作为备用商标以备不时之需。备用商标的考虑代表着动力源在商标保护上从被动防御改为主动布局。这次商标保护的成功布局，让备用商标出人意料地在日后发挥了巨大的作用，成为动力源棋高一着之处，动力源也开始了商标品牌战略的第一步。

业界实力和良好的产品口碑，使动力源开始国际拓展。动力源首次走出国门，得益于 2005 年中关村管委会搭建的企业参与新加坡亚洲通信展的平台。这次契机打开了动力源的海外营销市场，也让动力源大开眼界。同样的产品，在国际市场上销售，价格约为国内的 10 倍，利润空间可想而知。而动力源的首次参展，也直接震动了当时的海外市场。动力源的主打产品的价格是国际市场上同类产品的一半，并且价低质优，新加坡电信局直接签订了动力源产品的几百万美元的合同订单。海外市场的丰厚利润让动力源意识到，必须加紧海外市场的脚步。从新加坡亚洲通信展之后，动力源便专门成立了海外市场营销部。

前车之鉴：重视海外商标布局

随着海外营销体系的建立，海外商标保护问题日益突出。在扩张海外市场的过程中，不同国家复杂的商标政策与法律，给企业的商标保护带来诸多困难。从 2011 年开始，动力源着手海外商标战略布局，开启了商标国际保护的新篇章。动力源与国内经验丰富的律师事务所合作，强强联合，根据需求了解国外市场的商标保护情况，然后由合作方代理国外的商标注册与保护。目前，动力源已向海外 19 个国家提出商标注册申请，成功完成 10 个国家的商标注册。

商标保护的海外布局成功带动了产品销售的业绩。从最初海外市场营销部的五人团队到如今的海外营销体系，目前，动力源的海外市场覆盖范围不断扩大，市场销售渠道也呈现网络化结构。从新加坡电信局的那一笔订单开始，动力源源源不断地拓展到东南亚地区，并逐渐扩展到印度、斯里兰卡、越南等国家，然后流向俄罗斯、巴西等欧洲、非洲和南美国家。当下，动力源已经在欧美市场获得认可，出口业务占到公司年营业收入的 10% 以上。

"吃一堑长一智"：多类别商标申请

动力源，动力之源，适时地总结和反思是动力源不断成长的源泉和动力。商标抢注事件给动力源带来了前所未有的危机感，而国外的注册商标申请之路时顺时逆，这一系列围绕着企业商标保护曲折的经历，让动力源充分意识到，企业的商标权是潜力巨大的企业财富。是否进行适时的商标战略布局，将决定企业的生死。动力源开始了更完善的商标战略布局，多类别的商标保护即是其中一例。

为扩大公司注册商标的使用范围，进一步规避商标使用风险，动力源开始了多类别的商标申请，即向国家工商行政管理总局商标局在多类别申请了"动力源"商标。

多类别的商标申请仅仅是第一步，多类别的商标管理紧随其后。由北京总部授权两个子公司——安徽动力源科技有限公司和深圳动力聚能科技有限公司进行相关利用。不过，商标的核心使用依然由北京总部垂直管理，有关商标的使用方案必须报北京总部批准后才能够实施。动力源品牌负责人表示，这样集中化的管理，才能最大限度保障商标的合法使用，符合企业一贯的运营理念和宗旨。

商标作为企业的名片，将伴随企业共同发展，为企业创造无形价值，同时保护企业的合法权益。动力源在企业提高商标意识的同时，也不断加强对员工的商标保护意识、品牌推广意识的教育和培养。在企业的品牌推广过程中，不断加强对营销人员的品牌和商标意识教育，灌输企业商标权益、企业品牌价值观等理念；通过在日常管理中不定期召开专题宣贯会，利用先进的企业网上管理系统 OA 推送有关企业商标权益、品牌建设等内容，让企业员工的企业商标和品牌的维权意识成为每一个动力源人的责任和义务，让企业全体融入维护动力源的形象及权益的大流中。

截至目前，动力源已经收到由国家工商行政管理总局商标局颁发的商标注册证书共计 9 个。为了进一步提升企业影响力、打造知名度，依托企业整体实力，动力源从 2011 年开始向北京市工商行政管理局申报"北京市著名商标"，2012 年 12 月，动力源获得"北京市著名商标"的荣誉称号。

主动转型：引领品牌走向未来

正视自身，才能更好地发展。如何更好地引领动力源品牌走向未来这个问题，一直萦绕在动力源高层的脑海中。"作为一家工业用品企业，动力源在宣传和推广上的途径与一般的民用产品企业是不相同的，这也让动力源的企业品牌战略与商标保护等工作区别于平时消费者所能接触到的注重快消等民用产品的生产公司。"动力源认为，工业产品所面向的行业与消费群体相对更加固定，需要的辐射面更小，一般在打响知名度后，适时将更多精力用于产品和技术研发上，将获得客户的持久认可；而在对外宣传上可以明确群体，对现有客户注重维护和保持良好的合作关系。

国内领先，国际知名！在相对成熟和稳定的通信行业市场，动力源已经做到了国内领先，不仅拥有较高的市场认可度，也获得了诸多荣誉：中国技术监督情报协会将动力源评为电源类"全国用户产品质量满意、售后服务满意十佳企业"；动力源先后获得了中国电源行业"诚信企业""中国电信行业通信工程优秀服务商""中国通信市场最具影响力的行业品牌"等称号；动力源荣获"高压变频器十大品牌""合同能源管理十大品牌"两项大奖。

未来如何发展？前方仍然危机四伏。目前，在国内通信行业市场，由于基础设施建设已趋向于饱和，并且这一领域的产品使用过程中技术含量低，一些小厂家不用花费大量的研发费用，也能制造出可以投放市场的产品。这对于动力源来说，是一个不小的挑战。一方面，在通信市场需求日益饱和的情况下，现有市场上的竞争阶梯已然接近固化，因此动力源在业务上必须保持与旗鼓相当的竞争对手的竞争热情；另一方面，动力源必须直面成本和市场定价压缩得更小的中小公司，及时转变市场战略。

动力源决定主动转型，确立未来发展之路。"动力源的优势在于拥有较高的技术水平和较强的技术研发能力，因此公司应在新技术领域上不断推进，引领行业潮流。动力源在未来将提高产品的附加值、提高产品科技含量，立足于自身擅长的领域，继续做行业领头羊。"这也符合动力源的优势，从最基础的企业萌芽到目前的行业龙头，动力源始终坚持企业自行研发、自行制造、自行销售的行业"一条龙"运作，超过 200 人的研发中心充分展示了动力源的创新能力。

传统的坚持与创新能力的提高并重，将是动力源的未来决胜之路。"我们也常常提醒自己，不要坐在椅子上就想着往后看，还得多想想椅子是什么。回头看动力源发展的经历，就像小孩学走步一样，在上台阶的时候，这个劲特别足"，动力源表示，"而这，也就是动力源发展的动力之源"。

（作者：郑璇玉、郑力海、李含）

专家点评　一言以蔽之，企业如果对商标和品牌的认识不够，必然难以回避其所带来的潜在的风险。

现实不是真空，我国创新型企业"先重实体后及无形"的发展模式和激烈的竞争环境，使得品牌和商标的使用方式衍生出本末倒置的现象。正如北京动力源科技股份有限公司的"动力源"品牌已然建立起来，而其商标却因为法律保护经验不足和人员知识构成不符而面临侵权的尴尬境地。

从动力源的现实案例中可以看到，商标也好，围绕着商标的品牌也好，不参与资源的分配，永远只能是资源的使用者，而不是享受者。

"被动地等待麻烦，永远都不可能造就长久的、成熟的企业活力。那些想着逃脱死亡厄运的企业不会想到未来，而过了生存期的企业应想着活得更好，吃得更香，用最优的品牌占据最多的利益。""动力源是幸运的，因为危机提前到来。许多人认为苹果公司赚的钱是靠他的核心技术，而现在苹果公司实际在技术开发的基础上用品牌挣钱。许多中关村企业的生存期是 3.6 年，他们认为品牌不过是小资过后的话题，品牌能够带来的潜在利润远远不如技术改进或者产能提升带来的可见利益实在。"

从某种意义上讲，商标抢注行为让企业看到了品牌的价值，在商标利用的策略上更加富有实践性。所以了解本企业的品牌，预见性地意识到品牌和商标的潜在风险并适时地调整品牌发展的规划，将提升品牌含金量，也使企业未来的发展事半功倍。

品牌大事记

1. 1995 年 3 月，北京动力源有限责任公司成立，并推出自主研发的通信开关电源产品，成功进入中国电信市场。

2. 1997 年 3 月，"DPC"商标，获得国家商标局商标注册书。

3. 1998 年 2 月，动力源产品通过 ISO 9001 质量体系认证，营业收入近亿元。

4. 2000 年 12 月，北京动力源有限责任公司正式改制成立北京动力源科技股份有限公司。

5. 2004 年 4 月，动力源股票在上海证券交易所成功上市（股票代码：600405），成为国内电源行业第一家上市公司。

6. 2005 年，北京动力源科技股份有限公司步入了多元化发展的新时期，先后推出交流电源、高压变频器、逆变电源、动力环境监控等产品，业务规模不断扩大；通过 ISO 28001 职业健康管理体系认证。

7. 2005 年 6 月，动力源产品通过 ISO 14001 环境保护体系认证。

8. 2008 年 5 月，"5·12"地震发生后，北京动力源科技股份有限公司在第一时间出现在四川联通的抢险救灾现场，同时为四川移动、四川网通捐献和提供了必要的电源设备。

9. 2008 年 8 月，北京奥运会期间，北京动力源科技股份有限公司为鸟巢、水立方、奥体中心、丰台垒球场、国家体育馆等奥运场馆提供通信应急电源产品，获得奥组委的奖评。

10. 2010 年 9 月，动力源产品成功运行在上海世博园部分场馆中。

11. 2011 年 8 月，"DPC"商标获得泰国、印度尼西亚商标注册。

12. 2011 年 10 月，"DPC"商标获得坦桑尼亚注册证。

13. 2011 年 11 月，"DPC"商标获得意大利、德国、俄罗斯、越南、也门、土耳其、尼泊尔等国家的商标注册证。

14. 2012 年 11 月，"DPC"商标 35 类，获得国家商标局的商标注册证书。同年，先后获得孟加拉、巴西、法国、朝鲜等国家商标注册证。

15. 2013 年 2 月，"DPC"商标 11 类，获得国家商标局的商标注册证书。

16. 2013 年 3 月，"DLY"商标 9 类 /11 类 /42 类，获得国家商标局的商标注册证书。

17. 2014 年 4 月，"DPC"商标获得 2011—2014 年北京市著名商标。

18. 2014 年 3 月，北京动力源科技股份有限公司荣获"北京市诚信创建企业"。

19. 2015 年 10 月，北京动力源科技股份有限公司"DPC+动力源"组合商标，9 类、35 类获得国家商标局的商标注册证书。

20. 2016 年 6 月，北京动力源科技股份有限公司再次荣获"北京市诚信创建企业"。

清华同方：创新科技，梦想同行

传承清华精神，从教授到企业家

　　最早的"同方部"在清华大学的古建筑群中称不上雄伟恢弘，灰色的砖墙古朴而平实，略显斑驳的门窗，仿佛刻画出那段不可磨灭的如歌岁月。1977年，陆致成从清华大学热能工程系暖通空调专业毕业后留校任教，他是我国第一批硕士学位获得者。为了把科研成果推广运用，1989年，陆致成和同事创办了北京清华人工环境工程有限公司，白手起家，创造了连续8年年销售收入增长100%的业绩。1997年6月，北京清华大学企业集团整合校内外的科技、经营优质资源发起设立清华同方股份有限公司并在上海证券交易所挂牌上市。陆致成创办的北京清华人工环境工程有限公司并入清华同方股份有限公司，从此，陆致成作为清华同方的总裁带领着清华科技研发团队和清华同方走上"科技实业兴国"之路。依托于清华大学雄厚的研发实力，清华同方迅速成为了中国校办企业的代表。而这些高校背景的企业，也成为了改革开放后，中国科技创新的生力军。

走自主创新的品牌路，铸民族品牌精品

　　清华同方的品牌气质可以概况成三个关键词，"科技""诚信""责任"。自成立至今，清华同方始终坚持自主创新，以"创世界一流高科技企业"为目标，以"承担、探索、超越，诚信、责任"为企业文化，探索出了一条具有中国特色的高科技企业发展之路。

　　这是一家根植沃土的企业，伴随着中国改革开放的雨露，从清华走出，要做世界一流的高科技企业。这里聚集了一批志博云天的人，坚守着他们科技兴邦、产业报国、厚德载物的信仰，把科研与市场无缝对接；这里培育出一批优质的产业，也练就出一批优秀的企业家。

　　1997年6月27日，上海证券交易所敲响了清华同方上市的锣声，我们记住了这个品牌——清华同方。"清华科技，荟萃同方"，借"同方"之名、倚"清华"之势成立的同方股份有限公司（以下简称清华同方），秉承清华治学之风，在"科教兴国，产业报国"的道路上，走过了18年的峥嵘历程。寻着十八载同方路，我们走进了清华同方的故事……

● **深厚蕴涵，商标创意里的大故事**

清华同方的商标、字号都有着深厚的文化、历史内涵，既有作为清华人的骄傲又植入了同方的含义。"同方"二字源于《礼记礼行》，有"儒有合志同方"一句，"方"乃道义之意。清华园最早的建筑之一"同方部"，曾长期作为每年祭奠孔子的地方，还曾是清华园内贤能之士聚会的场所。深刻的人文内涵和清华大学的高知名度，使"清华同方"一诞生，就蕴涵了巨大的无形资产价值。

清华同方商标由红色正方形和蓝色弧形组成，形成抽象的"同"字，整个标志设计浓缩、凝练了作为高科技企业的内涵。正方形代表清华同方的"方"字，体现了理性、严正、稳定、厚重感，寓意同方的企业理念：做人做事都应方正道义，聚同道之士，汇四方科技。椭圆虚实弧形，代表清华同方作为高科技企业睿智、灵活、高效的特点，并以其巨大的张力感，表现出清华同方强劲的竞争力和"技术＋资本"战略下对企业最大价值的不懈追求。红色和蓝色象征着来自大海和太阳的精神，冷暖搭配造成强烈的视觉冲击效果。蓝色极具创造性、探索性，是富有高科技开拓精神的颜色；红色有着热情、积极、温暖的感觉，象征着清华同方红红火火；而黑色的字体，稳定、质朴、庄重，有着特有的威严。1998年年初"清华同方"商标获得国家工商总局商标局授权。

● **行胜于言，不能砸"清华"这块金字招牌**

"过去，中国企业没有品牌概念，常常模仿国外，所以走了不少弯路。中国有中国的特色，每个企业也不同，所以做品牌不要模仿别人，应该先彻底地了解你自己。就像一个人，你不断地把自己修炼得越来越好，形成独特的气质，这就是你的品牌。"这是清华同方注册商标以来一直的品牌理念。

清华同方成立以来，一直秉承以发扬清华的研发优势搞科技含量高的优质产品、严把产品质量关、保护和提升品牌形象、打造自有品牌竞争力和影响力为宗旨的商标战略。"科技兴邦"的使命感和"行胜于言"的质朴风骨早就深深融进了清华同方人的血液。他们始终认为自己是清华人、是清华大学的企业，不管干什么首先不能砸"清华"这块金字招牌。清华大学传承给了清华同方人严谨务实的优良传统，使清华同方人在取得阶段性成就时能够抵御诱惑、不失本色，坚持方向、持续成长、坚持诚信，清华同方的品牌靠这群清华人一天天的务实经营日渐闪出金光。

早在1999年，针对我国大部分地区以燃煤为主的能源结构和由此造成的大气环境污染，清华同方就与清华大学热能工程系、煤清洁燃烧国家工程研究中心和煤的清洁燃烧技术国家重点实验室开展了技术合作及产业化前期的准备工作。清华同方研究出脱硫脱硝技术，能源消耗少、脱硫脱硝的结晶度高、成本只是国外的一半，但在长达两年的时间里就是卖不出去，那些用户企业明着说：你的产品再便宜，你的指标再高，我就是要买国外的，我就是要买国外那些大品牌的。清华同方许多搞了半辈子技术研发的专家、教授，看着自己研发的好产品不被市场接受多少次潸然泪下，但清华同方人仍是咬牙坚持去做市场推广和参与竞投标，屡遭挫败的清华同方没有轻言放弃，他们坚信环保产业势必会被重视并纳入国策。直到2004年，同方环境公司与华能汕头电厂签订了工程燃煤发电机组烟气脱硫项目，这个被称为"脱硫第一单"的工程虽然来得有些晚，可也磨炼了清华同方人的不屈不挠的性格，这个项目也成了同方能源与环境产业的重大转折点。

● 科技为先，自主技术走环球

清华同方从诞生的第一天就是多元化的高科技上市公司。提到清华同方，有人会说那是个搞电脑的高科技公司，其实电脑只是清华同方一个民用产品系列，清华同方的高科技项目涵盖国家安全、军工、工业、环保等国民经济生活的诸多领域。

比如曾在中国取得巨大成功的"同方威视"大型集装箱检查系统，这是清华大学承担的国家"八五"科技攻关项目。这一产品汇集了自1958年大跃进以来，清华工程物理系三四个专业的优质资源和历经三四十年技术研究成果。当时的国务院副总理李岚清对项目的进展情况非常关心，1997年，他曾亲笔批示："请清华大学作为一件大事来抓，我们要有这样的志气，一定要比进口货搞得更好，价廉物美。我相信清华的同志们能做到这一点。"1997年6月，清华同方招股完毕后，成立了"清华同方核技术公司"，就是现在的"同方威视技术股份有限公司"，"大型集装检查系统"产业化进程也从此"坎坷踏平成大道"。

1998年1月7日，以"同方威视"命名的"大型集装箱检查系统"通过了国家组织的专家审定。研制成功准备推出国门时，世界上只有英国、法国、德国掌握此项技术，并拥有生产能力，世界范围内已投入使用的该类检测系统尚不足10台。中国自主研制开发的产品能不能用，这么高科技的东西到底行不行？在迪拜，迪拜政府要拿欧洲的设备与清华同方的产品进行对比，谁的集装箱检查系统能经受住迪拜政府的检验，就和谁合作。"真刀真枪"的比拼开始了，第一轮，迪拜政府用来检测的集装箱经过其他国家检测设备后都给了通过信号，只有清华同方的检测设备警报器响了，迪拜海关工作人员打开集装箱，果然从层层叠叠的包装物中发现了毒品；同台竞技继续进行，清华同方的集装箱检查系统又检查出走私象牙之类的珍贵物品，而国外的设备再次给了放行信号……于是，清华同方的大型集装检查系统品牌打响了第一炮，2001年9月，第一套海外运行的集装箱检查系统在阿联酋的迪拜港投入运行。2001年5月30日，清华同方与澳大利亚海关总署在北京签订两套"同方威视"组合移动式集装箱检查系统购买合同，成功打入国际市场，国际市场的良好口碑渐渐传扬开来。集装箱检测系统的产业化，是一项极其繁难的系统工程，清华同方能够坚持下来，靠的是"只要抓住时机，大型集装箱检查系统完全有可能在国内外市场站稳脚跟"的坚定信念。凭借一流的技术、质量、售后服务和极具竞争力的价格，目前，清华同方已成为行业的"一匹黑马"——世界上最大的集装箱检查系统专业供货商之一，产品出口欧洲、美洲、大洋洲、亚洲、非洲的100多个国家和地区，为中国的高科技产品赢得了良好的国际声誉。

清华同方的科技领先项目举不胜举，例如起源于清华大学热能系的清华同方能源环境业务，经过40余年的技术创新和10余年的产业实践，终于自主研发出了热泵、蓄冰等多项世界领先的空调核心技术；清华同方的智能建筑全能工程量曾连续10年创中国第一，将智能家居中的物联网技术变为现实。

公司累计承担国家"863项目"10项、"国家火炬计划项目"33项、"国家级新产品项目"24项，荣获"国家级科技进步奖"16项。

企业销售的是产品，而影响市场的是品牌。在崭新的游戏规则面前，品牌不仅仅是一个标识，而且是企业综合竞争力的集中体现。依靠"以技术创新为基础，以资本运作为手段，以成果产业化为目标"的发展模式，清华同方不断创造出新的经营业绩，实现了跨越式的发展。

● **诚信为本，用科技手段打造诚信名片**

怀着真诚之心，对用户讲诚信、对政府讲诚信，清华同方用扎扎实实办好每一件事、排除万难去啃下一个个课题来赢得诚信美誉。

奥运期间，清华同方接下了一个又一个课题攻关项目，质疑声肯定是有的，能不能按期完成课题任务并保证转化到奥运项目上来呢？清华同方斩钉截铁地回答：敢接就能攻下来！最终，清华同方在40多大项73个高科技项目上为奥运会提交了合格答卷。

鸟巢的饮用水供应系统保证9万人随时可以喝到安全饮用水；维信集装箱扫描系统给来自世界各地的集装箱把关；所有场馆的安检系统都是清华同方做的；奥运蓝则得益于北京500公里以内的电厂都用上了清华同方的烟气脱硫脱硝防护系统，如果没有技术服务，北京市民每天将多呼吸5000吨的氮氧化物和其他杂质。

奥运会票证系统涉及所有能进入到奥运会会场的人，持证运动员和工作人员约几十万人，而且凭票进场的每个观众，都要求百分之百的受控安全，历届奥运都是用纸质票，但是纸质票达不到我们奥运防护的要求，用 IFID 的票需要采购国外的昂贵设备，清华同方无偿捐赠了自主研发的价值 5500 万元的票证硬件系统并免费承担了设备维护、使用培训等工作，奥委会接受了清华同方的捐赠。

事实证明，清华同方的票证系统是世界顶级水准，质量非常优秀。北京奥运已经过去几年了，奥委会对清华同方奥运票务系统仍赞不绝口。开幕式快开始的几个小时，奥组委发现有 6 张票的持票人存疑，必须要在开幕前找到这 6 张票的持有人。清华同方承诺一定有能力将这不明身份的 6 个人挡在鸟巢安检门外，很快 6 人就被锁定，经核实身份把问题迅速解决。另一个例子，欧洲某官员进场安检时将材料包遗忘在扫包机上，包里装有机密文件。奥组委焦急地问能不能把包找到？清华同方承诺一定给找到，并马上用自有技术手段快速锁定范围，在事发后很短的时间内，在容纳 10 万人的鸟巢场馆内找到了那个包，交到了奥组委手中。北京 2008 年奥运会，清华同方被誉为"北京 2008，同方无处不在"。

清华同方在国家突发事件中承诺去扛大梁的事岂止北京奥运这几件。清华同方水务临危受命参与了无锡太湖蓝藻爆发的治理工作；清华同方的应急发电机组、北斗导航卫星终端系统构筑了汶川地震抢险生命线；在中国近海漏油事件中，清华同方多功能环保船发挥了重要的清污作用……每到关键时刻，"清华同方站出来就能顶起来"，请不用怀疑！

售后服务诚信单位、综合素质 AAAS 级、纳税信用 A 级企业、中关村经济二十强、"海淀区 2005 年度贡献突出企业"等这些称号，都是对清华同方坚持"诚信理念"的肯定和认可。"中国企业信用 100 强"的称号是清华同方用行动换来的，这就是清华同方的诚信。

● 品牌责任，把事业当作信仰来全力以赴

清华传承给清华同方的爱国奉献、大公无私精神，支撑着十几年来清华同方把事业当作信仰来做。它始终以最领先的科技在商场上拼搏，同时也不忘兼济天下的社会责任。

维基泄密案后，美国总统奥巴马签署的新保密条令，为这宗美国史上最大的泄密案"亡羊补牢"，也引发了世界各国对政府信息安全体系的高度关注。中国的顶尖高校、研究所和企业也已纷纷将信息安全作为研发的重要课题之一。清华同方结合清华大学的技术底蕴和研发优势，先后推出了 TST 安全平台和自主研发的高速

流加密芯片，还包括本地数据、网络环境和移动存储等在内多种信息安全解决方案。而在已成为全球热点的"电磁泄密"领域，清华同方成功推出了低泄射一体机解决方案和产品，通过实施信息隔离、滤波及屏蔽等基本措施，达到了国家保密标准GGBB1—1999 和国军标 GJB4216—2001 的要求，并已成功应用于政府和军工部门，为中国的信息安全建设保驾护航。推出自主研发的以 TCM 芯片为核心的可信技术产品解决方案及"国密算法双界面智能卡芯片"，通过了国家密码管理局的测试。

汶川大地震发生后电网遭到破坏，生活、救助、医疗都需要电，清华同方马上捐赠大量发电机组保证灾区用电；供水成问题，瓶装水满足不了需要，清华同方把自主研发的与鸟巢直饮水原理相同的全自动净水机运到灾区，就地加工寻找水源解决饮水的问题；灾区地貌改变，道路被毁，明明地图上有一个村庄，救援队却找不到，清华同方捐赠北斗卫星导航终端，进行地理和人群的定位，通过它们组织救援工作。

江西一个老军工企业在改革开放后由于市场环境变化难以生存下去，而这个老厂为国防建设做过几十年的贡献。江西省邀请清华大学负责人赴赣考察，不久后，双方即签订了省校合作协议。清华大学决定让校办国有控股企业——清华同方，带技术、项目和资金参与该厂的改制。由上市公司以承债方式来兼并一个即将倒闭的国有传统军工企业，开上市公司兼并军工企业之先河。清华同方利用自身集团优势，将其资产、人员、债务等整体兼并，没有派驻一名干部，没有解雇一名员工，以原有产业工人的队伍为基础，提升了厂子的技术实力，进行了产品结构调整，不仅盘活了国有存量资产，而且将该厂建设成为具有一定规模和实力的军民一体化电子产品生产基地，上市公司的业绩没有下滑，军工老厂焕发了新春，清华同方的品牌再一次被责任洗礼。

1997 年，清华同方上市至今，作为校办企业，清华同方曾先后孵化出 30 余家参股、控股子公司，业务多元而驳杂。近几年，清华同方以信息、安防、节能环保三大科技产业为主业，以金融投资和科技园建设为两翼，孵化和培育了智能芯片、计算机、数字城市、大数据应用、多媒体、移动互联、知识网络、大军工、大安全、半导体与照明、环境科技、节能环保等与国家发展、国计民生密切相关的十二大主干产业集群。在北京、河北、辽宁、江苏、江西等多地，清华同方建成了与产业配套的科技园区。一直以来，清华同方还发展着金融产业，目前，旗下已经拥有了同方泰德、同方国芯、泰豪科技等多家上市公司。

2013 年，清华同方的总资产超过了 425 亿元，年营业收入近 230 亿元。今天的清华同方已是"中国制造业企业 500 强"。

很多人、很多事，很多青春的梦想、很多激情的岁月，深深刻画在了这个有中国特色的高科技企业蓬勃发展的历史画卷中。这些年，清华同方沉淀下来很多东西，但最重要的是一种文化。人在变，时代在变，但只要文化的根基不变，同方人"力求做对国力有贡献"的这份伟大事业就会不断传承下去。

做世界一流的高科技企业，走品牌国际化之路

经过多年的成长，今天的清华同方已经树立了良好的品牌形象。2005 年 6 月，"同方"商标被国家工商行政管理总局认定为中国驰名商标。清华同方以自身的业绩赢得了各界的赞誉。目前，清华同方已经注册了 365 件商标，其中国内注册了 313 件，海外注册了 52 件，驰名商标 3 件。

在纷繁复杂的市场竞争中，清华同方做到了不违法、不打擦边球、不偷税漏税、不走歪门邪道、不违背社会道德，完全靠技术和真抓实干来经营。同时，紧跟国家政策导向，将 2000 余项学术专利及科技成果转化为应用产品和解决方案，取得 2000 多项专利和著作权，"为民服务""为国分忧"，为中国"产学研用"相结合的科技强国之路做出了有益且成功的尝试。时至今日，"清华同方"品牌价值已近 900 亿元，上榜世界品牌 500 强，清华同方在十余个产业领域的国际竞争中占领了行业制高点。

● 同方只有一个，用心运营商标

清华同方注册的商标基本覆盖了 45 大类，在清华同方眼里，企业要制定一个预见性的维权战略，并不是出了很多假冒产品之后再去打假，那样有点得不偿失。做好防御措施，提前注册是最有效的手段，然后再用心把商标体系监管维护好。

一些动歪脑筋的人看中了清华同方商标、字号的高含金量，傍名牌、打擦边球的现象不断横生。2004 年，国内企业名称、商标中带有"清华"二字大大小小的企业达 300 多家，带有"同方"的有几十家。在国内市场上，曾一度出现过"科王同方"、"神州同方"复读机、"清华同方"洗衣机……面对蜂拥攀附的现象，清华同方为了加强管理，建立了一整套成熟的商标管理机制与全方位的积极维权策略，有效地制止了各种商标侵权行为，避免了公司商标资产的流失。一旦发现不良商家的商标侵权行为，清华同方会快速做出反应，采取及时、果断的措施，维权的"防火墙"日趋完善。到 2014 年，清华同方已经有效制止了百余件商标侵权

行为，也已经提出了一百多件异议申请，清华同方自我维权、防范风险和应对商标纠纷的能力也得到了进一步的巩固和强化。

树大招风，关于海外维权，清华同方在主要的国家都进行了单独注册和马德里注册，在国外一共注册了52件商标，并坚持海外商标侵权发现一个处理一个的原则，制定了网络和市场上的巡查制度，全面地维护自己的商标，清华同方还会依靠政府行政部门的力量和法律武器来保护商标利益。

● 那一年，我们战胜了宝马

清华同方和宝马关于"I-DRIVVE"商标的纠纷，源自宝马公司对清华同方的商标权提出质疑。

2004年，清华同方提出了"I-DRIVVE"（以下称被异议商标）商标的注册申请，经商标局初步审定并公告后，指定使用在第9类"便携计算机、监视器"等商品上。而2000年，宝马公司向世界知识产权组织国际局提出注册申请了"iDrive"商标，指定使用在第12类"不属别类的机动车辆"等商品上，经商标局核准。宝马公司认定被异议商标与自己注册的"iDrive"商标已经构成了混淆性近似商标。在被异议商标的法定异议期内，宝马公司向商标局提出了异议。

商标局受理后，认为宝马公司的异议理由不成立，2010年做出了裁定，清华同方申请注册的"I-DRIVVE"商标被核准注册。宝马公司不服，向商标评审委员会申请复审，对此，清华同方答辩的理由是：宝马公司的"BMW"系列商标驰名与"iDrive"并无关联。被异议商标与引证商标使用的商品并不类似。商标评审委员会认为"I-DRIVVE"商标与宝马注册的"iDrive"核定使用商品不构成类似，裁定清华同方申请注册的被异议商标予以核准注册。

宝马公司不服，向北京市第一中级人民法院提起了行政诉讼。法院经审理后认为宝马公司提交的在案证据不足以证明"iDrive"商标使用的汽车驾驶操作系统，与清华同方申请注册的被异议商标使用的商品在功能、用途等方面相近，而宝马公司提交的证据类型单一，不足以证明被异议商标申请之前，宝马公司在汽车驾驶操作系统上在先使用的"iDrive"商标已具有一定的知名度。最终，法院判定维持商标评审委员会的裁定，清华同方完胜了汽车品牌中的大明星宝马。清华同方的法务战胜了宝马公司的大律师，这让清华同方人都很振奋。

● 商标国际化的步伐势不可挡

一个品牌做大做强是长期不懈努力的结果。一个享有知名度和美誉度的品牌，往往有大量的领先技术为基础和支撑，技术不断更新将赋予品牌更强更久的生命力。2007年清华同方做十周年总结时，把这十年的发展分为两个台阶，第一个五年叫技术加资本时期，是清华同方业务量大幅提高的阶段；第二个五年叫合作与发展时期，清华同方在广泛的合作中确定了一些大的产业链。2008年起品牌在飞跃，清华同方延续着严谨务实的作风，在国内做得比较成熟时加快国际化之路的步伐，清华同方在成立十周年的时候，订立了一个新的五年计划——从2008年到2013年实现品牌国际化。

清华同方的企业诉求是要创办一个世界一流的高科技企业，打造国际一流品牌。陆致成很清楚，没有国际化谈不上世界一流。关于如何国际化，陆致成说："国际化需要长期来做，一个重要前提是技术能力、产品和市场销售是不是已经达到国际程度，收购一家国际企业不等于就国际化了。"清华同方在国际化的过程中坚持走自主品牌道路，哪怕赔钱也要把品牌做好，清华同方不会做世界的代工厂。

清华同方的创新技术始终让清华同方人感到骄傲，也让外国人从对清华同方由不熟悉转变为敬佩。2014年的APEC论坛上，清华同方与新西兰人和澳大利亚人进行技术交流的时候，外方很强势，认为他们的产品才是高科技，他们才是专家。于是在发言的时候，清华同方的副总裁兼首席品牌官陆致瑛幽默地抛出一个悬念："中国足球什么时候能踢进世界杯不知道，但同方的高科技产品已经进入世界杯了，而且是冠军。"这番话引起了在场嘉宾的笑声和兴趣，接着他自豪地介绍说，今年巴西世界杯，清华同方是全球最大的安检设备供应商，为12个球场中的11个提供安检设备和服务。此外，同方是全球前三大智能卡商认定的唯一一家中国芯片供应商。同方的智能卡芯片已累计销售30多亿颗，伴随着二代身份证、医保卡进入十几亿中国人的口袋。这些数字令现场各国的嘉宾惊讶，对清华同方刮目相看。

清华同方的子品牌"同方威视"是以辐射成像技术为核心，以提供高科技安检产品为主要特征的安检解决方案和服务供应商，坚持"走出去"战略，产品及服务已遍布五大洲130多个国家和地区，涵盖民航、海关、城市轨道交通、铁路、公路、港口和重点安防机构等行业，得到世界各国用户的广泛认可，在全球市场上占据重要地位。

清华同方的子公司科诺威德，它是清华同方旗下2005年在新加坡注册成立的，其专营楼宇能源管理，也作为解决方案服务的供货商，从事楼宇自动化管理系统的设计、制造以及分销。2011年10月27日科诺威德在香港上市，这是清华同方数字城市业务走出去的一个桥头堡。

清华同方的多媒体在加拿大、新加坡等地区都有公司注册，这几年国际化的进程发展特别快。

清华同方已形成集成电路设计、智慧城市、大安全、大军工、节能环保、移动互联网、数字电视、软件服务等多条较为完整的产业链。从信息、安防到智能芯片、节能环保，清华同方涉足的产业集群多达12个。近期，公司又开辟出新业务——碳产业。在外界看来，清华同方18年的发展就是一部业务扩张史。

2015年是清华同方发展的第18个年头，用董事长陆致成的话说，这是清华同方的成人礼，清华同方也希望在这一年迎来一个更大的飞跃。"这个飞跃的路径切入口，是对核心能力的不断培育。"近年来，随着国家的富强，国家安全的需求越来越紧迫，在信息领域，清华同方未来几年的基本思路将是实现自主安全可控，而在节能环保领域，则是要解决能源的问题。这两个领域，清华同方也是各有侧重，一个是核心技术的提高，一个是以更好的商业模式服务社会。无论路如何走，科技成果产业化的发展模式都将是清华同方所坚持的。"同方将把这种模式复制到更多产业，这是同方的品牌价值和社会价值，也只有做到这一步，同方的价值才能真正体现出来。"

"中国500最具价值品牌""2008世界品牌500强""2008年度中关村国家知识产权制度示范园区知识产权重点单位""第二十九届奥运会和第十三届残奥会突出贡献奖（电子票证系统）""中国电子信息百强""中国制造业企业500强""中国企业信用100强""中国电子商会最佳会员奖"等荣誉已经是过去，清华同方的未来依然会保持"自主可控技术＋资本式孵化器"的模式，走自己的创新进取之路。

（作者：邓舒馨、梁媛）

专家点评

文中介绍，"1997年6月，上海证券交易所敲响了清华同方上市的锣声"，比之更早的是，同年2月他们在"计算机""清洁制剂""空气净化制剂""机械和机器"等8个商品类别上，向国家工商行政管理总局商标局提交了"清华同方"的商标注册申请，并于1998年3月获得商标专用权。至今，同方股份有限公司已经拥有数百件涉及多类商品和服务项目的注册商标。由此可见，同方股份有限公司18年的发展历程，始终伴随的"打造自有品牌"的信仰，并以"同方只有一个，用心运营商标"来实践自己的品牌信念。试想，如果没有自己的商标专用权，"清华同方"在走上市场后如何保护市场，如何承担品牌责任？在市场出现大量近似或相同商标时，如何依法维权，如何提升自有品牌的综合竞争力？商标在市场竞争中具有不可替代的作用。同方股份有限公司为打造"中国名片"贡献了自己的经验。

1. 1997 年，清华同方股份有限公司成立，并在上海证券交易所挂牌上市，当日涨幅 309%。

2. 1998 年，清华同方股份有限公司被列为"国家火炬计划重点高新技术企业"。

3. 1999 年，"同方威视"车载移动式集装箱检查系统研制成功，标志着我国在集装箱检查系统技术领域已超过欧美，走在世界前列。

4. 2002 年，自主开发的"循环流化床常温半干法烟气脱硫"技术被列入科技部重点基础研究计划和教育部 211 计划重点支持项目。

5. 2002 年，同方电脑销量跃居国内前三，跻身亚太前八。

6. 2004 年，全球最大的中文知识门户网站——"中国知网"开通。发布具有完全自主知识产权的"ezONE"基础软件平台。

7. 2006 年，清华同方股份有限公司更名为"同方股份有限公司"。

8. 2008 年，完成北京奥运会信息、环保、节能、安全等领域 73 个项目的建设，并向奥组委捐赠全部 RFID 电子门票系统，这是百年奥运史上第一次全方位使用电子门票；清华同方品牌首度上榜世界品牌 500 强。

9. 2009 年，中关村物联网产业联盟成立，同方被推举为理事长单位。

10. 2009 年，世界品牌实验室发布的《中国最具价值品牌》，清华同方以 501.23 亿元的品牌价值高举榜单第 14 位。

11. 2010 年，同方威视与清华大学共同起草的 IEC62523 国际标准发布，成为我国核技术领域第一项正式发布的国际标准。

12. 2010 年，清华同方股份有限公司成为全球前三大智能卡商认定的唯一一家中国芯片供应商。

13. 2011 年，同方旗下科诺威德国际有限公司在香港联交所主板上市（现更名为同方泰德国际科技有限公司，港股代码：01206）。

14. 2012 年，下属唐山晶源裕丰电子股份有限公司与北京同方微电子有限公司重组，同方国芯（股票代码：002049）成立。

15. 2013 年，深圳国微电子有限公司成为同方国芯电子股份有限公司的全资子公司；收购北京壹人壹本信息科技有限公司。

16. 2013 年，荣获第六届北京影响力"最具影响力十大品牌奖"。

17. 2014 年，清华同方股份有限公司获得由工业和信息化部颁发的"国家安全可靠计算机信息系统集成重点企业"证书，被称为"集成能力最强、贡献最大、最有可能成为（系统集成）世界级的企业"。

18. 2014 年，再度获得"智能建筑行业十大品牌企业""工程量总额 60 强企业"荣誉，并连续第八次位列两个奖项之首；被授予"2014 年中国软件行业最具影响力企业奖"。

19. 2015 年，清华同方股份有限公司以排名第 14 位的成绩获得"中国电子信息行业创新能力五十强企业"荣誉称号。

20. 2016 年，清华同方股份有限公司荣获"2016 中国电子信息行业创新能力五十强企业""2015 年北京市诚信系统集成企业"等称号，位列"2016 年中国电子信息百强企业"第 21 位。

飞天诚信：一飞冲天，金诚筑信

飞天诚信

商标选择：彰显企业文化内涵

商标，就是企业的名字。1998 年，公司成立，四个年轻的创始人面对未知的未来，满怀一飞冲天的豪情和诚信处世的信念，随即一拍即合，为公司定名"飞天诚信"。飞天，取义"一飞冲天"，直接而张扬地宣告着企业创始人的凌云壮志和对公司的美好愿景；诚信，源自"金诚筑信"，是公司的发展理念和经营原则，也朴素而郑重地承诺着企业产品的功能和品质。商标选择也同样是"飞天诚信"，它们共同催生了"诚信、务实、坚持、创新"的企业文化。

诚信，诚携安全，信守天下。立足于软件保护、信息安全的业务领域，公司的创始人认为"诚信"是立业之本，是"用先进的技术和可靠的产品向用户负责"目标中的应有之意。谈到诚信，飞天人自豪地说："我们从未做过甲方。"近几年社会上流行着这么一句话："甲方虐我千百遍，我待甲方如初恋"，飞天诚信没有做过甲方，并不是说它从未做过产品的买受方，而是从未有过"虐供货方千百遍"的劣迹。具体来说，飞天诚信在深圳委托第三方加工生产产品，生产量巨大，但从不拖欠加工费用，这在深圳尤其在加工行业是很少见的，正是因为这样言出必行的原则，使得飞天诚信享有极好的口碑，与很多加工厂商形成并保持着良好的合作关系，不仅达到了生产高品质产品的目标，也使得很多加工厂商发展壮大，形成双赢的良性循环。

如果说"诚信"是做人的标准，那么"务实"就是

"飞天"，长久以来在人们心中已经固化成了一种形象，独一无二地代表着神秘莫测的敦煌、精美绝伦的壁画、引人入胜的丝绸之路。"诚信"，从古至今在社会生活中已经升华为一个信仰，凝聚着美好的品质、崇高的追求和社会行为的基本准则。当代表壁画艺术巅峰之作的"飞天"，遇到标榜传统美德根本内涵的"诚信"，会擦出怎样的火花呢？不是古老，不是传统，是一飞冲天的凌云豪情和金诚铸信的安全承诺。飞天诚信，一个立足于信息安全领域的高新技术企业，以它遥遥领先的技术优势和稳扎稳打的品牌价值，赋予了古老的文字"飞天"和"诚信"全新的内涵。我们来说说飞天诚信科技股份有限公司（以下简称飞天诚信）在知识产权助力下完美起飞的故事。

做事的要求。飞天诚信的企业文化不仅要求员工诚信做人，还要求员工在实际工作中始终保持一颗踏实的心，务实低调，不骄不躁，不懈怠于客户，不有愧于己心。

公司要实现可持续的发展，其内在要求便是坚持和创新。有人质疑，"坚持"和"创新"，难道不矛盾吗？在飞天诚信看来，坚持和创新，不仅不矛盾，而且相辅相成，因为这里的"坚持"，并非墨守陈规，而是坚定不移，久持梦想，做好当下之事；这里的"创新"，即指开拓思路，推陈出新，运筹未来之事。坚持，保证了客户的安全感；创新，提供了持久的新鲜感；坚持和创新，让飞天诚信在业绩上不断攀升，在态度上不断归零，真正实现了可持续发展。

意识唤醒：国际官司激发品牌战略

瞬息万变的社会和弱肉强食的市场并没有足够的耐心等着飞天诚信慢慢成长，2005 年突如其来的一场国际官司让 7 岁的飞天诚信刹那间长大。

通过 7 年的技术研发，当时的飞天诚信已经能够制造出满足客户需求的产品。在开拓海外市场的征程中，较高的质量和低廉的价格恰如其分地满足了客户的需求，飞天诚信很快赢得了市场的青睐。就在海外市场日益扩大，公司事业蒸蒸日上的时候，悬在飞天诚信头上的"达摩克里斯之剑"突然落下——当时的全球行业巨头阿拉丁公司一纸诉状将飞天诚信告上法庭，以阿拉丁公司已经就相关技术申请了专利为由禁止飞天诚信在北美地区销售相关产品。面对原告席上行业巨头的强大身影，刚刚起步的飞天诚信强压内心的恐惧，勇敢冷静应对，因为它知道，要想在信息产业领域打出一片天下，强大的对手是绕不开的坎儿。绕不开，就迈过去！在此信念的支撑下，飞天诚信披荆斩棘，愈战愈勇。2009 年，飞天诚信和阿拉丁公司达成和解协议，结束了近 5 年的漫长诉讼。庞大的诉讼支出和资源消耗让飞天诚信痛定思痛：如果企业及早安排知识产权布局，便不至于在国外企业手持知识产权利器的围追堵截中如此措手不及。

这个案子后来被称为"中国信息安全维权第一案"，其重大意义绝不仅仅在于带给飞天诚信与国际巨头和解结案的振奋和骄傲，更在于将企业的发展目光吸引到了被忽视已久的知识产权战略上，倒逼企业给日渐萎缩的"另一条腿"注入了血液和力量。以点带面，专利领域的深刻教训让吃一堑、长一智的飞天诚信在陷入诉讼当年便成立了知识产权部。知识产权部署在专利、商标、软件著作权等领域全面铺开。尤其在商标领域，飞天诚信开始了强有力的战略布局，因为它意识到，企业想要发展壮大，仅仅埋头苦干，拥有一流的技术产品是远远不够的，那样只能做隐身英雄，所以，飞天诚信立志打造自己的品牌，向世界发出自己的声音。从此，知识产权保护被提升到飞天诚信企业政策、任务的高度，与产品研发受到同等的重视。

经过长达五年的国际诉讼洗礼，涅槃的飞天诚信再不复当年的大意，血的教训催生了知识产权部，知识产权战略布局全面启动，除了专利领域的亡羊补牢，飞天诚信更致力于打造企业商标品牌。

● 亡羊补牢挽救专利危局

被动的诞生并没有影响主动的手段。应运而生的知识产权部一经成立便着手亡羊补牢，严密筛查公司已有技术，审核公司现有产品，选择其中需要保护的申请专利。得益于遥遥领先的技术优势，飞天诚信的许多技术即使问世已久，在当时也并未被超越或被抢先保护，致使"回头式"的专利保护依然取得了令人惊喜的成果。同时，飞天诚信的知识产权部还致力于新产品、新技术的专利部署，制订了详细的专利策略，并配以合理的制度保障落实。在飞天诚信，专利保护和产品技术研发并不是平行运行的两条线，而是在技术研发的源头就融入了专利部署，并贯穿始终。公司对每个新产品中保护多少个专利点作出了明确要求，将知识产权部署作为公司内部申请项目的审批条件之一，由公司总裁亲自审查，将高层的重视具体化为领导亲自把关、亲自批示，借助研发项目审批制度的力量推动知识产权战略的稳步推进。

● 沉痛教训唤醒商标意识

阿拉丁国际诉讼虽然是一起专利纠纷，但飞天诚信敏锐地意识到，它所受到的知识产权威胁以及由此而引发的商业风险远远超出了专利领域，一旦遭遇商标纠纷，那将是一场丝毫不亚于阿拉丁专利攻击的可怕噩梦。回头审视公司自成立以来的商标运营情况，飞天诚信惊骇地发现自己在商标战略领域几乎一片空白！唯一的痕迹就是远在 2001 年申请的"ePass"商标。然而遗憾的是，由于该商标当时已被上海的一家汽车公司注册，所以没有申请成功。商标申请首战告败，自此，飞天诚信火星般的商标保护意识似乎也沉寂下来。这种沉寂归咎于两个方面的原因：客观来说，飞天诚信立足于信息安全领域，所研发生产的产品往往涉及客户重要信息，所以客户在使用这些技术产品时往往希望避免"飞天诚信"公司的标识显露，导致飞天诚信商标品牌的发展有了先天性的阻力，同时也使飞天诚信自身淡化了商标运营意识；主观方面，与专利保护相比较，飞天诚信长期以来的商标意识不够清醒，从而导致其商标策略显得迟钝而滞后。庆幸的是，阿拉丁国际诉讼犹如一记警钟，让飞天诚信通过全面反思清醒地认识到，对于高新技术企业来说，产品技术是硬实力，商标品牌是软实力，唯有双管齐下，以领先的科研技术为动力，以先进的品牌战略为风帆，企业的航船才能长风破浪。

● **全局部署知识产权战略**

　　企业知识产权战略是个长期而浩大的工程，面对挑战和考验，飞天诚信的领导层坚定地认为"有投入就会有回报"，历劫涅槃的飞天诚信再也不愿为自己的疏忽和侥幸买单，他们对知识产权战略的投入可谓业内罕见。首先是人员配备，公司的知识产权部凝聚着一支强大的力量，他们以敬业的态度和娴熟的专业技能操作着公司庞大的知识产权事务。难能可贵的是，公司知识产权部的工作还得到了技术研发部门的鼎力支持，技术资源在知识产权战略中大显身手——飞天诚信为了提高公司知识产权运营的效率和质量，专门自主研发了一套知识产权管理系统，用高科技助力企业知识产权软实力的打造；其次是资金支持，作为信息安全领域的高科技产业，飞天诚信在产品技术研发上诚然花费不少，但即使技术研发已经消耗巨资，飞天诚信面对知识产权保护的巨额投入也是毫不含糊。公司高层认为，技术研发和知识产权保护相辅相成，只有不吝代价打造出知识产权的铜墙铁壁，公司集体智慧的科技结晶才能得到有效的保护，研发者的钻研热情才能得到充分的激发。知识产权战略投入的回报也许是缓慢的，也许是隐形的，却是举足轻重的，有了知识产权的保驾护航，企业方能走得更远、更稳。

根基扎稳：持续领先的技术产品

　　打铁还需自身硬，对于以创新科技为支撑的飞天诚信而言，先进的技术和领先的产品是企业发展的原动力。光感令牌、身份保护技术解决方案……在信息安全的移动支付、身份认证等广阔领域中，飞天诚信的产品长期独领着行业风骚。

● **国际首创光感令牌**

　　随着移动支付的浪潮汹涌袭来，飞天诚信的光感令牌便应运而生。它将交易数据通过光通信传至令牌，减免了用户的操作，提升了客户体验。此款产品不仅国内首创，也是国际首创，在 2011 年法国智能卡展会上引起轰动。飞天诚信适时地把握了移动支付市场的契机，并敢为同业者先地推出了专业、创新的移动支付安全认证工具，真正做到了业内表率。着眼未来，谋求发展，飞天诚信提供给用户随时随地都能使用的移动支付安全认证解决方案，其产品能够支持市场上所有的移动终端操作系统。

● 英特尔 IPT 身份保护技术解决方案

2012 年 4 月 11 日，作为英特尔全球安全战略合作伙伴、国内第一家英特尔公司 IPT 身份保护技术（Intel® Identify Protection Technology）的独立软件开发商，飞天诚信应邀参加英特尔信息技术峰会，并与英特尔、人人网共同举办安全合作媒体沟通会。本次沟通会上，飞天诚信与人人网正式签订了基于英特尔身份保护技术的战略合作协议，为英特尔 IPT 技术在中国生根发芽提供了双因素认证的解决方案。沟通会上，飞天诚信总裁表示："面对日益严峻的互联网安全风险，我们与英特尔的互联网身份保护行动还在继续，期待众多像人人网这样重视用户账户信息安全的互联网公司加入我们，成为我们的战略合作伙伴，共同为中国互联网用户的身份保护贡献力量！"

谈到产品，人们不禁要问，飞天诚信如何保持技术持续领先的行业地位？三个字总结：新、快、美。新，不断积极探寻适合安全认证设备的各种技术，谋求技术创新和产品类型创新；快，缩短研发周期，创造了从酝酿想法到推出产品用时不足两个月的国际罕见的产品推进速度；美，在常年持久的研发革新中，飞天诚信的产品已经摘掉了外形"傻、大、粗"的帽子，精美的外观设计正在越来越广泛、越来越深刻地影响着客户的选择，并最终印证着飞天诚信的市场地位。

华丽腾飞：打造全球信息安全领军品牌

经历了 2005 年的浴火洗礼，飞天诚信很快学会了"两条腿走路"，调整形成并坚持贯彻技术研发和品牌打造并重的发展战略。长期保持业内遥遥领先的技术优势，对飞天诚信来说自然不在话下，更可喜的是，飞天诚信让我们看到，它是如何从商标战略的后进局面一步步打造出全球信息安全领军品牌。

"飞天诚信"，承载了太多的内涵与厚望，而它也从未让创始人失望，自确立以来，公司便长期主打该品牌，经过 17 年的精心打造，"飞天诚信"已然成为一块闪亮的金字招牌。为了切实维护这块金字招牌的价值，全面保护飞天诚信人在打造品牌的过程中付出的艰辛努力，飞天诚信多年来全力推进以商标保护为重点的品牌战略，并取得了显著的成效。

● 商标注册巩固保护成果

飞天诚信实行多品牌战略，在主打品牌"飞天诚信"旗下，还运营有多个子品牌："ePass"USB Key 系列、"FTOTP"OTP 动态令牌系列、"ROCKEY"软件加密锁系列、"FTCOS"智能卡系列、"FEITIAN"智能卡读写器系列、"云信"认证平台等。每个子品牌都有注册商标，严密的商标布局大大提高了产品的知名度。2006 年，为了进军海外市场，飞天诚信在美国注册了"FEITIAN"商标及子品牌"ROCKEY"商标，用于国外展会的宣传及产品包装，为公司的各类产品畅销至全球 90 多个国家和地区做出了巨大的贡献；2012 年，作为公司标志的"飞天诚信"商标获准注册；2014 年，飞天诚信借公司上市的契机，将"飞天诚信"商标进行了扩展注册，在原本注册所涉第 9 类领域的基础上，扩展为全类别注册，有效预防了他人对"飞天诚信"商标的抢注；同时，公司还申请注册了以"飞天"命名的相关商标共 11 件，例如"飞天网上金融商城""飞天云""飞天易购"等，以适应电子商务及云计算的科技发展新形势。截至目前，飞天诚信科技股份有限公司已申请商标 108 件，其中获准注册的有 20 件，其中包含 2 件美国商标。

● 商标运营助力品牌打造

企业品牌的打造固然从根本上依赖于强大的产品支持，但精湛的商标运营也是如虎添翼的助力。在商标运营方面，飞天诚信的态度由最初的随遇而安转变为日后的积极部署。在具体的操作中，飞天诚信注重品牌与信息安全理念的紧密结合，在公司所有产品的市场宣传、广告推广、产品包装、品牌设计及商标申请中，都将"我们构筑安全"的理念融入"飞天诚信"品牌中，使客户能够通过品牌对飞天诚信"提供信息安全服务"的产品印象深刻。

除此之外，飞天诚信还积极参加各类展会，从而提高企业品牌知名度。美国信息安全大会（RSA Conference）是全球信息安全领域最具权威的年度峰会。2003 年，飞天诚信第一次参展 RSA 年会，是中国大陆唯一参展企业。从那一年开始，该会展上每年都会有飞天诚信活跃的身影，它携带自己的"FEITIAN"品牌产品，一次次地向行业、向世界展示着我国企业信息安全技术的日新月异。2014 年，作为全球知名的信息安全领域的领军企业，飞天诚信第 11 次参加 RSA 展会。其全系列自主知识产权的移动支付安全产品和方案在本届 RSA 展会上精彩亮相，取得了与会者高度关注，现场反响强烈。此外，飞天诚信还多次亮相亚洲智能卡展以及国内首届中国电子银行与互联网创新发展战略高峰年会等国内外会展，成功地将"飞天诚信"品牌推入了公众的视野。

至此，飞天诚信已经羽翼丰满，借着激动人心的知识产权政策之东风完美起飞，近年来已获多项殊荣，更加值得骄傲的是，2013 年荣膺北京（中关村）国家知识产权局专利局审查员实践基地，2014 年更是成为行业内首家"北京市院士专家工作站"建站企业。成绩虽辉煌，荣誉亦耀眼，但已展翅高飞的飞天诚信将目光专注地投向九万里长空，将成绩与荣誉远远留在了身后……

（作者：尹菲菲、刘瑛）

面对互联网安全风险，飞天诚信科技股份有限公司一方面凭着企业实力拓展市场，一方面凭借"专利""商标"保护市场，因为竞争中的市场问题最终还要靠企业自身解决，而"专利""商标"则是企业手中无可替代的武器。飞天诚信科技股份有限公司的经验告诉人们，如果没有充足的专利、商标储备，在竞争激烈的互联网安全市场，企业必定要为自身知识产权的短板买单。

有一点需要说明的是，飞天诚信科技股份有限公司在加强商标保护工作之前，之所以没有像专利保护一样，陷入长达五年的诉讼之中，是与专利和商标的不同作用有关。对于专利而言，持有专利，尤其是持有核心专利或者基础专利的企业，借助专利遏制竞争，或者通过专利取得付费是合情合理的收益。所以，科技企业在生存之初就会面临专利的压力。对于商标而言，它是区别商品来源，通过市场将商品或服务转化为有形附加值的品牌标志。企业只有在参与市场竞争时，才会面临商标排他性、专用性的压力。虽然飞天诚信科技股份有限公司提供的信息安全载体等产品，主要是通过客户的商品或服务行为进入市场，但是，就"客户"这个市场，同样面临与竞争者区别来源、保护商标专用权等问题。因此，飞天诚信科技股份有限公司在商标保护问题上，虽有一些幸运，但是，及时注册"飞天诚信"等一系列商标，也是他们认识到商标重要性的具体体现。

品牌大事记

1. 1998 年 6 月，飞天诚信科技股份有限公司成立。

2. 1999 年 11 月，飞天诚信科技股份有限公司推出自主知识产权的飞天 ROCKEY 系列软件防盗版产品。

3. 2000 年 11 月，ROCKEY 商标在国内注册成功。

4. 2004 年 3 月，ROCKEY 商标在美国注册成功。

5. 2006 年 1 月，"FEITIAN"商标在美国注册成功。

6. 2009 年 4 月，飞天诚信科技股份有限公司荣获"北京市专利示范单位"称号。

7. 2010 年 1 月，飞天诚信科技股份有限公司荣获"全国企事业知识产权试点单位"。

8. 2010 年 8 月，飞天诚信科技股份有限公司首批入选中关村"瞪羚计划"。

9. 2011 年 11 月，飞天诚信科技股份有限公司入选中关村"十百千工程"第二批重点培育企业。

10. 2012 年 7 月，"飞天诚信"商标在国内注册成功。

11. 2012 年 10 月，飞天诚信科技股份有限公司荣获中关村国家商标战略实施示范区"商标试点单位"称号。

12. 2013 年 8 月，飞天诚信科技股份有限公司荣获北京市首批"企业知识产权管理标准化单位"。

13. 2014 年 2 月，飞天诚信科技股份有限公司喜获"北京市企业技术中心"称号。

14. 2014 年 4 月，"通用串行总结数据传输方法"专利荣获第三届北京市发明专利奖三等奖。

15. 2014 年 6 月，飞天诚信科技股份有限公司正式挂牌上市。

16. 2014 年 8 月，飞天诚信科技股份有限公司成为行业内首家"北京市院士专家工作站"建站企业。

17. 2014 年 11 月，"一种外接存储的智能密钥装置及其使用方法"荣获第十六届中国专利优秀奖。

18. 2015 年 6 月，"ROCKEY"商标荣获"北京市著名商标"称号。

19. 2015 年 12 月，飞天诚信科技股份有限公司被评为"国家知识产权示范企业"。

20. 2016 年 6 月，"飞天诚信"商标荣获"北京市著名商标"称号。

福田汽车：
科技为先的新一代商用车王

前世今生：百家法人造福田

福田汽车的历史，是中国汽车工业史上一道独特的风景。20 年前福田汽车从零起步，如今已发展成拥有资产 690 多亿元，员工近 4 万人，产销量位居世界商用车行业第一的企业，是创新成就了福田汽车这一段辉煌的历史。

2016 年 8 月 28 日是福田汽车 20 周岁的生日，在这 20 年里，福田汽车做到了一个华丽的变身，从一个小小的机动车辆厂站到了世界商用车之巅。在这 20 年里，有不少人跟福田汽车一起成长发展着。

福田汽车诞生于社会主义市场经济改革的大潮中。1996 年 8 月 28 日，北汽福田车辆股份有限公司正式成立，注册资本 14412 万元。在 100 家法人构成中，有 55 家主机配套厂、45 家经销企业，遍布全国 13 个省、市、自治区，囊括了汽车产业链上下游的多个企业。后来，百家法人造福田成为一段佳话。他们给企业取了个很喜庆的名字：福田。福字，家家过年门上都贴有它，人人都认识这个字，都希望幸福；田是中国农村的根本。福田有造福百姓之意，中国佛学中就有广种福田、造福桑梓之说。而且，福田汽车没有外资成分，是百分之百的民族工业企业，其名字也寓意着通过学习福特、丰田等全球优秀企业国际先进的技术与管理，振兴民族工业。

随后，福田汽车持续华丽转身，1998 年正式进入汽车产业，1999 年获得中国轻型商用车全国第一，2004 年实现商用车全系列发展、2009 年商用车全球销量第一……

北汽福田汽车股份有限公司（以下简称福田汽车）创造了一个快速从无到有、从有到大、从大到强的商业奇迹。业界一直认为福田汽车的发展本身是一个奇迹。1996 年"百家法人造福田"，在福田汽车诞生之时，就已经奠定了现代企业的制度；到 1999 年，福田汽车夺得了中国轻卡市场份额第一，这种优势一直保持至今；2004 年，福田汽车跻身中国商用车领域销量第一；2009 年位居世界商用车销量第一；2015 年继续保持世界商用车第一位次。同时，福田汽车的品牌价值也跃升至 1005.65 亿元。

它是登上珠穆朗玛峰的中国商用车第一品牌，它是中国制造行业最具成长力的自主品牌企业，它是中国机械工业最具影响力的品牌，它创造了一个快速从无到有、从有到大、从大到强的商业奇迹。让我们一起走进福田汽车的故事。

今天的福田汽车已经是一家跨地区、跨行业、跨所有制的国有控股上市公司。目前，福田已拥有了商用车欧曼、欧辉、欧马可、奥铃、拓陆者、萨瓦纳、图雅诺等汽车产品品牌，生产车型涵盖轻型、中重型卡车和轻型、大中型客车等汽车产品。

20年来，福田汽车从零开始，以令业界瞩目的"福田速度"成为中国商用车的第一品牌，世界产销量最大商用车企业，堪称一代"商用车之王"。很难想象，一家只有短短20年发展历程的福田汽车，到了今天已成为全球新能源汽车商业化应用的典范。

科技引领：成就新一代商用车王

时光荏苒，短短十载，中国的现代汽车业已从懵懂到成熟，从效仿到创新，实现了全方位的跃升。福田汽车在全行业纷繁复杂、渐行渐进的发展中脱颖而出，成为中国汽车品牌国际化发展的见证者、亲历者和前行者。

● **转型创新，自主发展**

从"百家法人造福田"到成为中国商用车第一品牌，累计产销汽车超过700万辆，福田汽车用两次重大战略转型诠释着转型创新、自主发展的篇章。20年间，福田汽车经历了两次重大转型：第一次转型是1996—2010年，在起步时期实现了"四年三大步"的目标，并在随后的新世纪十年实现了"新三步战略"目标；第二次重大战略转型目前正在进行，目标是成为高科技、现代型的世界品牌。

"万事开头难"，福田汽车的起点面临了诸多的困难。20世纪90年代，能够做汽车的，一般都是大型国有企业集团，有国家支持，并且定点分配品种，生产方式也是计划经济式的。公司成立后，需要着手解决两个事关发展的重要问题，一个是资金问题，另一个是汽车生产的资质问题。对于前一个问题，福田汽车采用了上市的办法来解决，对于后一个问题，福田汽车选择了卡车领域的生产资质。

最初，福田汽车选择了市场空档的1.5吨的轻卡，避开了解放、东风这些老牌卡车制造商最擅长的中卡领域，也避开了技术含量很高的重卡领域，但它没有去竞争激烈的0.5吨轻卡市场搅局，当时福田汽车轻卡的广告语就是"不大不小，用着正好"。

事实证明，福田汽车的这个选择是非常正确的，福田汽车这样一个"草根"企业，在1999年取得资质进入轻卡领域起，就取得了销量6.4万辆的成绩，在轻卡领域拔得头筹。此时的福田汽车，已经成为业界公认的"黑马"，在正式进入汽车行业仅 3 年时间里，实现了产销汽车 10 万辆，稳居全国轻卡榜首。2000 年，福田汽车轻卡销量达 12 万辆，在国内轻卡市场继续保持市场份额第一的位置，轻卡销量第一的位置一直保持至今。

随后从 2001 年开始，福田汽车进入了商用车全系列发展阶段。通过实施商用车全系列发展战略，福田汽车从单一产品横向拓展到多产品经营，企业管理由简单的公司管理转型为集团化管理，行业地位从轻卡领头羊成长为中国商用车第一品牌。自此，"新三步战略"拉开了序幕。

在突破了商业价值最高、科技含量最大的商用车核心业务——中重卡领域后，2004 年，福田汽车产销汽车 34 万辆，首次实现商用车产销量中国第一，并保持至今。福田汽车产品的门类不断扩张，生产资源纵横延伸，实现了商用车横向拓展，正式形成了全系列发展的格局。

2007 年开始，福田汽车又将目光投向了海外市场。按照"内涵增长、结构调整、全球化"方针，福田汽车将业务全面集中到汽车关联产业，通过商用车全系列纵向升级，在保持中国第一的前提下，稳步拓展海外市场，海外销量连年上升，为全球化打下了坚实的基础。

当做到了中国商用车第一后，福田汽车并没有沿着"不断做大"的路子走下去，而是选择再一次转型，从本土化企业向着跨国商用车公司转变，不断对标先进的跨国公司。可以说，福田汽车不仅是中国汽车行业自主品牌的领军者，也是中国汽车企业国际化发展的先行者。

2009 年，福田汽车开始制定"福田汽车 2020"战略，并于 2010 年 8 月正式对外发布。根据规划，福田汽车计划用十年时间，完成从中国福田到世界福田的重大战略转型，实现全球化战略，把福田汽车打造成世界级品牌和商用车的领导者，成为高科技现代型汽车企业。到 2020 年，福田汽车要力争成为时尚科技与人文环保高度融合的综合性国际汽车企业，进入世界汽车企业十强，从而成为中国第一个世界级汽车品牌。

在战略布局上，福田汽车全面实施"2+3+N"战略——"2"个运营中心，中国是商用车运营中心，德国是乘用车运营中心。重点推进印度产业化，俄罗斯、巴西等国先采用 KD 方式进行投资，再逐步产业化，最终突破发达国家市场。

20 年，对于一个人来说，正是热情洋溢、青春懵懂的花季雨季；对于一家企业来说，正是蓬勃发展、一切皆有可能的奋斗序曲；对于福田来说，是节点，更是下一个崭新梦想的起点。没有创新，就没有福田。

● **携手全球顶级合作伙伴，突破汽车核心科技**

在中国汽车产业领域，以合资公司的方式，通过市场换技术，实现汽车科技突破，推进自主品牌成功发展的汽车企业鲜有成功者，唯一特例就是福田汽车。从 2008 年开始，福田汽车携手全球最大的发动机公司美国康明斯、全球著名汽车企业德国戴姆勒集团两大顶级合作伙伴，通过合资公司技术引进，创造性地构建了自己的汽车科技创新体系与研发能力，完成了汽车核心科技的创新和突破，并以此开始发力和布局全球高端汽车市场。

2009 年，福田康明斯 ISF 系列正式投产，该系列发动机具有结构紧凑、重量轻、噪声低和低排放等特点，能够满足欧 IV、欧 V 和欧 VI 排放标准，一经问世便引领中国汽车排放的标准与升级。

2014 年，福田汽车与康明斯共同研发、制造的具备国际先进技术水平的 ISG 系列动力产品批量下线并销往美国，意味着福田汽车实现了汽车核心科技的升级与突破。ISG 重型柴油机是福田康明斯，结合全球客户需求的输入与全球顶级研发能力和先进技术凝练而成，应用了多项最新专利技术。ISG 平台工业动力配装北美装备制造主机厂也是中国制造进入欧美高端市场的成功案例。不仅是对福田康明斯世界级生产和质量工艺的有力佐证，也为 ISG 重型平台高性能、低排放的特性作了注脚。为此，美国国务卿克里访华时特地前往福田康明斯工厂参观 ISG 系列发动机生产线，并支持满足最严苛的排放标准发动机的投产。

福田康明斯凭借其世界级质量和性能表现，以及节能环保优势，已成为国内外众多知名主机厂的首选轻型柴油发动机配套产品。俄罗斯 GAZ 公司、巴西大众—曼、巴西奔驰和福特、韩国大宇客车以及英国佩卡，国内江淮、重汽、奇瑞等主机厂配装 ISF 发动机的轻卡、中卡、轻客等旗舰产品。随着中国排放升级，国四标准实施，福田康明斯竞争力凸显，其业绩也在节节攀升，2013 年发动机销量突破 10 万台，同比增长 34.43%，实现销售收入 27.4 亿元。2014 年销量达到 132000 台，同比增长约 30%，2015 年计划销量同比增长 33%。

2012 年福田汽车与德国戴姆勒合资，成立福田戴姆勒汽车，开创了汽车企业合资的全新模式。这种模式不仅在中国的汽车史上史无前例，在全球汽车史上也并不多见。双方打破了自改革开放 30 年以来跨国汽车公司在中国仅设立组装工厂的旧有模式，开创了中外合作双方以中国为运营中心，发挥各自优势，共同打造中国汽车企业自主品牌的先河。

目前，纵观国内汽车行业的合资公司，先期都是以引入国外企业的产品为主，后期是以打造合资公司的新品牌，或合资双方的双品牌模式为主。而福田与戴姆勒的合资公司却并非如此。双方的合资公司是生产福田欧曼的中重卡产品以及戴姆勒的重卡发动机，合资企业生产的欧曼品牌产品可以通过戴姆勒的销售体系进行海外销售；同时，国产的戴姆勒奔驰重卡发动机将装备到欧曼重卡上，提升欧曼重卡在中国及新兴市场的竞争力，实现合资双方在国内国外两个市场的互补和利益分享。可以说戴姆勒与福田汽车的合资迈出了全新的一步。中国合资公司是双方全球合作业务的运营中心，即为双方全球合作业务的管理决策、研发、生产、供应链管理、营销管理等中心。

这是一个不同于以往传统合资模式的创举，颠覆了中国汽车行业的合资历史，改变了中国汽车行业合资以外方导入车型和品牌为主的模式，将给中国汽车行业在合资问题上起到一个抛砖引玉的作用。随着市场的发展和竞争的加剧，新一轮整车企业间的中外合资模式已经开始慢慢突破传统模式——即全部用外来品牌和车型主打单一的国内市场的桎梏，开始尝试中外两种品牌产品同时在国内外两种市场的分层拓展，在合作中达到互相依存和共赢。这是戴姆勒公司与福田汽车双方在世界汽车产业与市场不断发生演变的过程中应对新挑战的明智选择。福田汽车能够由此获得进一步发展并走向国际市场，从而确立中国自主品牌在全球市场中的地位；而戴姆勒公司也可以在中国以及其他新兴国家市场赢得更多的机遇。

福田戴姆勒汽车自运营以来，得到戴姆勒质量和研发工程技术的支持，在业务管理、运营能力、产品质量、赢利能力方面得到迅速提升。2014年，旗下欧曼品牌重卡销量9.97万辆；2015年，福田康明斯 ISG 重型发动机批量配装欧曼 GTL 超能版高端重卡，是中美德三方技术无缝对接、联合定制开发的完美融合，实现了欧曼品牌高端重卡在"节油、安全、可靠、舒适、低运营成本"方面的突破。2015年福田戴姆勒汽车完成销售6.8万辆，其中 GTL 超能版高端重卡3万辆，2016年福田戴姆勒汽车计划销售9万辆，其中 GTL 超能版高端重卡4.1万辆。

助力航空，牵手 APEC，登"峰"造"极"，挑战世界之巅

作为中国商用汽第一品牌，福田汽车积极响应国家战略，投身国家各项重大活动，在许多关乎我国发展的重大历史性时刻，总会出现福田汽车的身影。从助力奥运圣火登顶珠穆朗玛峰，到顺利完成神舟5号到神舟10号火箭运输；从助力

南极科考，到航天发射现场；从北京奥运，到新中国成立 60 周年大阅兵，再到 2014 年 APEC 会议用车，福田汽车经受住了严苛的国际标准和高端舞台的双重考验，充分展示了福田汽车的优越品质，展现了福田人的责任感，展现出中国汽车制造业自主品牌的强大实力。

2008 年助力圣火登珠穆朗玛峰，拉开了福田汽车积极参与国家重大事件，接受国家级高端平台检验的序幕。在 2008 年北京奥运会的圣火传递计划中，登上世界最高峰珠穆朗玛峰是最大的亮点之一。为了确保各种直播设备万无一失，经过综合考察和全面的评估，最后选定了福田汽车作为北京 2008 年奥运会圣火登珠穆朗玛峰 CCTV 特种工作用车。为了确保这次奥运火炬传递顺利的完成任务，福田汽车特别选择了旗下欧曼、蒙派克、欧马可等明星车队护航圣火登顶珠穆朗玛峰。

承担国庆 60 周年彩车任务，接受祖国和人民的检阅。2009 年，福田汽车承担了 60 周年国庆大典彩车游行的专项任务，在国庆大典上 60 辆亮丽的彩车展示了新中国成立 60 年来各行各业、各条战线所取得的辉煌成就的缩影，其中有 42 辆车是由福田汽车的欧曼和欧辉改装的，占据全部 60 辆彩车的 70%，这些车辆也成为 60 年来中国汽车工业大发展的缩影之一，率领国庆庆典群众游行彩车方队，庄严地接受祖国母亲的检阅。直到今天全体福田人仍然能为亲历祖国 60 岁生日的庆典而骄傲。

助力航天，品质证言，载誉航天专用车辆。福田汽车承担了从"神舟六号"到"神舟十号"航天器路面运输工作，福田汽车的产品也从此获得了航天品质的认可。载人航天器体积与重量大、转运困难，因此在运输过程中，对运输车辆的可靠性要求严格。早在"神舟六号"航天器运输前，福田汽车已制订专项运输方案；同时"专车"配"专人"，24 小时实时对车辆进行监测与维护。直至"神舟十号"成功返航，由福田汽车承担的航天器运输工作实现了零事故的完美表现。

助力国家科考，造访南极技术精湛。2014 年，福田汽车助力中国第 30 次南极科考，造访南极大陆，加速了福田汽车向世界级汽车品牌迈进的步伐。在这次科考行动中，作为专用的保障车辆，福田汽车欧曼重卡和拓陆者皮卡，圆满完成了南极长城站和中山站的科考保障任务。5 个多月的时间里，这两款车都经受住了南极严苛环境的考验，用事实证明了福田汽车产品可靠的品质。这次的南极科考，福田汽车提供了保障车辆的支持，还选派出一位专业的机械师来保障科考车辆的正常运行。这一次，南极首位汽车机械师楚建国随科考队奔赴了南极，历经五个月的艰苦努力，楚建国出色地完成了南极车辆保障工作，为福田汽车、为中国一线产业工人树立了踏实肯干、技术精湛的本色形象。

2014 年，作为 APEC 官方指定用车，福田品质获首肯。亚太经合组织 (APEC) 包括部长级会议、高官会、领导人会议三个会议体系。在 2014 年 8 月结束的 APEC 第三次高官会及相关会议的服务上，与会高官对东道主的服务留下印象深刻："北京市筹备本次 APEC 会议热情周到，从住宿到餐饮以及交通安排井然有序，乘坐的客车宽敞舒适。"其中，在交通服务上，作为 2014 年 APEC 会议官方指定用车，福田汽车重点承担第三次高管会及领导人会议周服务。APEC 与会高官的高度评价，也是对福田汽车品质与服务的首肯。福田汽车中的拳头产品蒙派克 S 级、欧辉客车顺利为高官会保驾护航，准确、高效提供车辆的服务工作，圆满完成会议的用车任务。福田汽车针对峰会的高要求，专门设立了专项小组，服务用车在质量控制上都有详尽的流程和标准。同时组建了数百名专业工程师、维修技师组成的服务保障团队，为峰会提供保障用车及车辆检修、维护等全方位服务。

远见卓识：新能源汽车的领军者

当被冠以"油老虎"称号的汽车，承载着越来越殷切的"绿色"期望时，新能源汽车的应运而生，也让我们看到了汽车社会发展的一丝曙光。

作为较早进入新能源领域的企业，福田汽车有着不错的绿色环保业绩。从迷迪纯电动出租车到欧辉新能源客车，在第 16 届中国北京国际科技产业博览会上，福田汽车用多个可进入商业运营的产品及应用，展示了其新能源研发的历程和成就。

● **低碳环保，感受绿色产品制造**

在川流不息的长安街上，有一道亮丽的风景线，那就是来自福田欧辉客车的"公交巨无霸"——18 米 LNG 铰接车。2012 年 9 月，素有"首都名片"之称的大 1 路换上了环保的"新装"。2013 年福田汽车陆续在北京投放了大批节能与新能源汽车。与柴油公交车相比，福田欧辉 LNG 公交车 PM2.5 排放物降低 97% 以上，更清洁、更环保。2012 年冬季以来，雾霾天气持续盘踞在中东部地区，各地的 PM2.5 持续"爆表"，大气污染的治理问题成为了全国上下关注的焦点。加快节能与新能源汽车的推广普及，也显得更为迫切了。"突破科技，引领未来"，这 8 个字不仅是福田汽车的品牌理念，也是福田新能源业务板块发展的精准点评。

在新能源领域，福田汽车的销量大、商业化运营程度高是众所周知的。2008

年 1 月，30 辆福田欧辉混合动力客车投入到了广州公交运营，拉开了福田新能源汽车商业化运营的序幕。截至 2012 年年底，福田新能源汽车在北京、广州、杭州等城市以及我国台湾等地运营数量已超过 6000 辆，其中纯电动汽车已经达到了 3908 辆。今天的福田，已成为了全球纯电动汽车示范规模最大的整车生产企业之一，同时助力北京成为首个实现"十城千辆"发展目标的城市。在北京，已经有 4500 辆福田节能与新能源汽车上路运营了。

2014 年 7 月 17 日，以"绿色客车，佛山制造"为主题的"福田欧辉客车日"活动在南海里水福田汽车欧辉客车事业部广东工厂举行。由 100 多位佛山市民组成的代表团参观了福田汽车集团系列产品及零部件产品展，进入福田欧辉广东工厂的生产车间，他们零距离体验了将在佛山投入使用的新能源公交车。

不仅如此，福田在新能源汽车电控技术、整车集成技术、动力电池成组等核心技术方面也实现了突破。目前，福田已成功开发了迷迪纯电动出租车、纯电动卡车、纯电动及混合动力客车等产品，形成了覆盖卡车、客车、多功能车等领域 7 个平台、15 个系列、40 余款车型完善的新能源产品体系。

● **新能源婚车，环保与爱同行**

对于福田人来说，那场新能源婚车集体婚礼让人记忆犹新。2013 年，福田汽车为企业的青年人举办了一场盛大的集体婚礼，这也是福田汽车集团举办的第一届青年集体婚礼。

在整场集体婚礼过程中，除了漂亮的新娘、浪漫的氛围，最引人注目的当属婚车了。因为，这场集体婚礼的婚车非常特别，它由北京昌平区运营的纯电动迷迪出租车组成，这在北京实属罕见。婚礼当天，装扮一新的 30 辆纯电动迷迪出租车载着 30 对新人，行驶在昌平的街道上，吸引了无数群众驻足围观，不少人感叹福田汽车的别出心裁和对于环保的以身作则，他们更羡慕福田汽车员工能拥有这么有意义的婚礼。一时间，平静的昌平城区也随着这场婚礼沸腾了起来。环保与爱同行，共同见证 30 对新人的幸福。

在雾霾肆虐的北京城，福田汽车举办的这场绿色、环保、温馨、特别的婚礼，为北京吹来了一股新鲜的绿色之风，它也成为 30 对新人最难忘的"绿色幸福记忆"。

作为婚车的福田迷迪纯电动出租车已经共计有 500 辆在北京郊区县运营了。投入运营的迷迪纯电动出租车，日常运营情况良好，单车日均运行里程为 160—180 公里，日均耗电量为 30 度，日均运营收入 150—200 元。按照北京市出租车年平均行驶里程 10 万公里来计算，对比燃油汽车而言，每辆纯电动出租车减少的二氧化碳就相当于每年种植 1100 多棵树，福田汽车做到了绿色环保，每年还节省了 3 万余元的运营成本。

今天，它是中国新能源汽车第一品牌，致力于新能源汽车的研发与推广。福田汽车是北京市新能源汽车应用最多的品牌，在北京市的公交、环卫、出租方面都有广泛的应用，福田新能源汽车在为解决城市污染做着贡献。

全方位管理：用心运营商标品牌

福田汽车曾被国家领导人高度称赞为"集诸多改革成果于一身的现代化企业"，业界称它为"中国汽车发展速度最快、成长性最好的企业"，是中国汽车工业重点骨干企业之一。20 年来，它先后荣获了"中国驰名商标""中国名牌产品""中国商用车第一品牌""中国制造行业内最具成长力的自主品牌企业""中国制造行业内最具成长力的自主品牌企业""中国机械工业最具影响力的品牌""企业文化影响力十强"等荣誉称号。

作为一家现代化企业，福田汽车一直非常重视品牌的建设。1996 年成立至今，福田汽车的品牌价值不断提升，在汽车行业已经名列前茅。商标作为品牌在法律上的重要体现，也一直受到高度重视。

目前，福田汽车已在国内注册了 800 多件商标，包括福田集团企业品牌和所有产品品牌，以及重要品牌的防御商标和联合商标；在海外 186 个国家和地区也注册了 4500 多枚商标，包括福田集团五大产业品牌和汽车重要子品牌。作为一家现代化企业，福田汽车一直非常重视品牌的建设，与之相应的品牌保护工作也不断拓展。

福田汽车从成立之初在国内注册燕子图形和福田商标开始，逐步发展到在全球注册母品牌和重要子品牌，注册范围覆盖了全球 188 个国家。商标管理工作已经从商标注册基础业务发展到涵盖查询、注册、预警、维权、运营全方位的商标管理。

除了商标注册及商标管理，福田汽车也非常重视品牌的维护，将母商标和重要子商标通过代理机构进行全球监控，及时发现并阻止侵权申请。在国内外，福田汽车会利用行政、诉讼等多种手段打击一切侵犯商标侵权行为。2011 年，福田汽车发现山东某公司在投放广告推广太阳能产品时，利用福田商标的知名度来做宣传，大量使用了"福田阳光太阳能"的字样，而且突出使用了"福田"两个字，这造成了消费者的误认。福田汽车向法院提起了诉讼，经过法院的调解，对方停止了侵权，并赔偿给福田汽车 6 万余元人民币的损失费。

福田汽车不仅在国内进行维权，在海外也从容应对了国际大公司的挑战。针对国外市场上存在的侵权现象，福田汽车选择了主动出击，成功撤销了在突尼斯、俄罗斯、土耳其、南非、厄瓜多尔、哥斯达黎加等多个国家注册的与自己商标"FOTON"相同或近似的商标申请，或企业字号登记。目前，"FOTON"及"钻徽标"两个母品牌以及 AUMAN、AUMARK 等 11 个子品牌在全球注册通过率均超过了 90%，实现了在商标注册全球市场的全方位覆盖。

（作者：卢秋羽、邓舒馨）

专家点评 北汽福田汽车股份有限公司从 1996 年"百家法人造福田"，到跻身具有社会影响力的自主品牌企业，到发布"福田汽车 2020"战略，努力打造世界级品牌、高科技、现代化汽车企业，仅仅用了 19 年时间。北汽福田汽车股份有限公司这19 年的发展进程，正好契合我国现代汽车行业从起步到成熟，从效仿到创新，从大量引进到国际化发展的调整时期，二者并行不悖，天时、地利、人和。

打造中国汽车自主品牌是我国汽车行业发展壮大的基础。可以说，现在的市场竞争已由产品竞争转向品牌竞争。如果没有自主品牌，企业只能在产业链中处于底端位置，很大程度上只能为国际高端品牌作"贡献"。北汽福田汽车股份有限公司重视自主品牌的培育，掌握市场竞争的砝码，开创以本土为运营中心的模式，是他们敢于参与国际市场竞争的价值所在。同时，加强商标的国内、国际注册，并且不断拓展商标品牌的保护工作，也为他们在激烈的市场竞争中掌握生存权利，走自主发展道路，提供了法律保障。

为了推动中国制造向中国创造转变、中国速度向中国质量转变、中国产品向中国品牌转变，我国政府加强了对品牌发展的统筹指导和综合协调。北汽福田汽车股份有限公司的"福田汽车 2020"战略恰逢其时，其树立民族汽车品牌的道路一定会越走越宽广。

品牌大事记

1. 1996 年 8 月 28 日，北汽福田车辆股份有限公司正式成立，建立现代企业制度。

2. 1998 年 6 月 2 日，北汽福田车辆股份有限公司股票在上海证券交易所挂牌上市，股票代码 600166。

3. 2003 年 5 月，北汽福田车辆股份有限公司品牌 BIS 战略全面启动。

4. 2005 年 4 月，北汽福田车辆股份有限公司荣获"2005CCTV 我最喜爱的中国品牌"。

5. 2006 年 5 月，北汽福田车辆股份有限公司被中宣部确定为全国自主创新企业典型。

6. 2007 年 9 月，北汽福田车辆股份有限公司荣获"中国名牌产品"。

7. 2008 年 5 月，北汽福田车辆股份有限公司助力奥运圣火成功登顶珠穆朗玛峰。

8. 2009 年 4 月，"福田"荣获"中国驰名商标"。

9. 2010 年 9 月，北汽福田车辆股份有限公司全球发布全新标识"辉钻"标。

10. 2011 年 4 月，北汽福田车辆股份有限公司荣获"第二届中国工业大奖"表彰奖。

11. 2012 年 1 月，"福田"荣获"中国机械工业最具影响力的品牌"。

12. 2012 年 2 月，北京福田戴姆勒汽车有限公司成立，开创了汽车行业中外合资的全新模式。

13. 2012 年 4 月，"FOTON"荣获"中国驰名商标"。

14. 2014 年 10 月，荣获"中关村知识产权领军企业"称号。

15. 2014 年北京市人民政府授予"北京市科学技术奖荣誉证书""第三届北京市发明专利奖特等奖"。

16. 2015 年北京市工商行政管理局授予"福田钻石标"北京市著名商标。

17. 2015 年 8 月，获得"中国人民抗日战争暨世界反法西斯战争胜利 70 周年纪念活动外事用车支持赞助单位"称号，福田图雅诺获得"中国人民抗日战争暨世界反法西斯战争胜利 70 周年纪念活动——全新一代元首国宾车"称号，欧辉客车、蒙派克 S 获得"中国人民抗日战争暨世界反法西斯战争胜利 70 周年纪念活动外事服务用车"称号。

18. 2015 年 11 月，获得中国企业文化促进会颁发的"企业文化创新优秀单位"称号。

19. 2015 年 11 月，获得中国文化管理协会颁发的"中国企业文化影响力十强"称号。

20. 2016 年 6 月发布的 2015 全年品牌价值达到 1005.65 亿元，位居汽车行业第四位，连续 12 年领跑商用车领域。

北新建材：
"龙"行天下,打造全球领先的中国品牌

北新建材的前身是北京新型建筑材料试验厂,在改革开放初期建厂并开始新型建材的研制生产,1997年改制后在深圳证券交易所上市,在传统行业里不断创新和超越,逐步发展成中国最大的新型建材产业集团。作为一家建材公司,北新建材把"品牌建设"和"技术创新"作为公司的两大战略引擎,截至2014年,公司石膏板业务规模已达到16.5亿平方米,拥有石膏板生产线54条,成为全球最大石膏板产业集团。在2013年"亚洲品牌500强"评选中,名列第177位,位居亚洲建材品牌第二位,是中国具有国际竞争力的自主品牌之一。

早在1980年,北新建材就确定主产品商标为"龙"牌和企业商标"北新",在30多年的发展历程中,北新建材从一条小龙,一步步脚踏实地,逐步发展成为中国建材行业的一条巨龙。

幼"龙"初诞生

如今,说起新型建筑材料,提起"龙"牌商标,大家都略知一二。但在我国20世纪70年代,新型建筑材料是个相当陌生的名称。当时的墙体材料主要是实心黏土砖,据专家介绍,每生产60万块实心黏土砖,就要毁坏1亩土地,消耗约70吨标准煤,排放二氧化硫、氮氧化物和大量粉煤灰污染物。我国城市建筑大多为中低层建筑,在北京、上海、广州这样的大城市,高层建筑特别是超高层建筑也是凤毛麟角。与国外发达国家相比,我国城市建筑的现代化水平非常低下。

北新集团建材股份有限公司(以下简称北新建材)是中国最大的新型建材产业集团、全球最大的石膏板产业集团,主要品牌"龙"牌是我国建材行业的知名品牌。北新建材连续六年入选世界品牌实验室发布的"中国500最具价值品牌"百强企业,品牌价值从2009年的76.33亿元提升到2016年的405.28亿元,位列第75位。

北新建材由国有企业改制成为上市公司,如何转变经营机制?如何在充分竞争的环境中生存和发展?如何在与国际跨国公司同台竞技的竞争中取胜?龙牌商标为何能够享誉中华大地?BNBM品牌为什么能够扬名海外市场?近距离走进北新建材,沿着历史的脉络,让我们看一看这条中国新型建材行业的领头"龙"是如何腾飞的。

1975 年，国家建材部提出在中国发展"新型建筑材料"的概念，明确提出我国新型建材的发展目标为：节省农田、节省能源、可工厂化大规模生产、利于建筑施工的机械化和装配化、提高建筑物的抗震性能、改善室内环境、有利于保护环境。1976 年唐山大地震造成高伤亡人数的原因之一，便是水泥、土坯、砖、瓦等建筑材料不具备抗震性能，房屋易倒塌且沉重，房屋倒塌导致的二次伤害甚至超过地震造成的直接伤害。开展新型建材的研制和生产被中央提上议事日程，国家建材部领导向邓小平同志汇报了日本、美国等国家使用的新型房屋以及新型建材减灾抗震的成果和数据对比，邓小平同志首肯了国产研发新型建材的设想，并责成建材部副部长牵头负责项目筹备。通过国际考察和国内调研，在北京市紫竹院公园附近一片空地上围了一个没有牌匾的小院，试验新型板材的研发工作在此悄然展开。不久就用新型建材建造了几栋住宅检验抗震抗灾能力，取得了良好效果。

1979 年 8 月，邓小平同志来到位于北京市紫竹院的新型建材实验房基地，在参观了用新型建材建造的框架轻板结构的楼房及平房后，表示非常满意。1979 年 11 月，"北京新型建筑材料试验厂"土建项目正式开工，全套设备和技术均从国外引进，是当时我国最具规模的现代化建筑材料工厂。1982 年，随着纸面石膏板、轻钢龙骨、岩棉保温材料等产品陆续投放市场，北京新型建筑材料试验厂正式更名为"北京新型建筑材料厂"，北新建材的故事逐渐拉开序幕。

在选择产品商标时，大家不约而同都想到商标要包含中国元素。北新建材是中国最具现代化水平的工厂，又是国家投资的企业，产品商标的名字一定要响亮、要能够体现出中国的特征。经过多轮磋商，北新人最终选定了"龙"牌。"龙"是中华民族的象征，中国人是"龙"的传人，龙的传人最爱"龙"图腾。1988 年 11 月，北新建材"龙"牌商标正式被核准注册，一条承载着我国新型建筑材料希望的幼"龙"从此诞生。"龙"牌从一开始就一直带着一种国家的使命，带着民族企业振兴民族的使命，不仅要成为中国新型建材行业的龙头企业，更要成为在世界上排名靠前的拥有自主知识产权的民族品牌，力争为中国争光。

此后的 30 多年，"龙"牌这条东方之龙，在我国新型建材工业的发展过程中，在实现我国城市建设现代化的过程中，在与国际跨国公司激烈的市场竞争中，在实施国家环保节能资源综合利用的国策中，做出了重大的贡献。"龙"牌这个带有浓郁中国特色的产品商标，为捍卫中国的民族工业发挥了巨大的作用，龙的传人用"龙"牌，"龙"牌的质量、"龙"牌的信誉、"龙"牌的服务成为北新建材在品牌传播中最亮丽的诉求。

挺起"龙"的脊梁

幼"龙"出世,经历过怎样的历练才能练就"上天揽月,下海捉鳖"的本领呢?有这样几个小故事。

1982 年,中国第一个五星级饭店北京长城饭店工程招标,他们认为中国没有满足他们要求的产品,想从国外进口石膏板,北新建材销售科长磨破嘴皮介绍龙牌石膏板。经过对产品质量和技术的多次考察、检验和试验,酒店筹建处最终同意试用北新建材的龙牌石膏板。第一批龙牌石膏板运抵工地试用后,产品质量和销售服务都得到了对方的高度评价,龙牌在涉外五星级饭店中一炮打响——对方很快就与北新建材签订了 26 万多平方米的龙牌石膏板、轻钢龙骨、岩棉保温材料等合同。继北京长城饭店使用"龙"牌产品之后,几乎所有的北京星级饭店都纷纷采用了龙牌产品。

20 世纪 90 年代初期,由香港嘉里集团投资的长春香格里拉酒店慕名选用了龙牌石膏板做轻质隔墙,并提出设计要求,即隔墙隔声量不能低于 50 分贝。尽管北新建材出具了技术方案和专业的检测报告,但对方仍然对北新建材提供的测试数据持怀疑态度。施工进行到一半时,对方提出要按英国标准对施工好的房间进行隔声量的现场测试,以鉴别产品质量的可靠性。为证实数据的真实性,测试由双方各自进行,最后由双方共同确认测试的最终结果。面对真枪真刀的挑战,为体现龙牌产品的质量和信誉,北新建材特意聘请了中国科学院声学所的技术人员携带检测设备按中国国家标准进行了现场测试。最终,两种测试方法获得的测试结果均达到了隔声量不低于 50 分贝的要求。事实证明北新建材提供的检测报告真实有效,龙牌产品的质量放心可靠,外方也转变了对龙牌产品不信任的态度。长春香格里拉饭店的案例为我国后续五星级饭店选用龙牌建材产品打开了绿灯。2011 年龙牌获得"中国五星级饭店装饰材料首选品牌"(中国饭店协会),成为行业内有史以来唯一获此殊荣的企业。

2007 年封顶的上海环球金融中心,在设计时为世界第一高楼,全部由日本财团投资,建造方也是日本著名施工单位,最初并未确定选择北新建材的龙牌产品,在投标过程中,投资方甚至想直接"内定"某外资品牌。但在项目刚刚启动、制作样板间时,内定的外资品牌就在产品供货时间和产品质量上先后出现瑕疵,发包方抱着试试看的心理,希望北新建材能够针对已经出现的问题提供可行的解决方案。北新建材抓住这个展示品牌实力的大好时机，迅速成立了项目攻关小组，对环球金融中心整体内装环节进行了详细的深化研究，提出了相应的材料组合及产品应用技术解决方案，其反应之快、解决方案之有效，让施工方为之惊叹。技术方案从轻钢龙骨的排布到贴面墙的技术处理，从普通石膏板的应用到耐水石膏板粘贴瓷砖做法……北新建材的产品和技术服务全面赢得了工程项目技术负责人的认可，最终不仅是石膏板，北新建材的轻钢龙骨、岩棉等产品也顺利中标，赢得了上海环球金融中心项目各方的认可。在环球金融中心竣工的表彰大会上，一面鲜艳的锦旗就是对北新建材产品及服务的肯定。

20 世纪 90 年代开始，龙牌石膏板逐渐成为市场抢手货，很多客户发自内心地说："有龙牌产品就能保证工程质量、有北新建材的服务就能保证工程进度。"由于产能有限，北新建材的产品常常供不应求，有的客户千里迢迢来到北京，就为了能够签订龙牌产品的供货合同。过硬的产品质量和优质的服务创建了良好的市场口碑，"龙"牌系列产品的足迹遍布国内大大小小的城市。在经历了 1990 年北京亚运会、2008 年北京奥运会、2010 年上海世博会等场馆建设以及大大小小的城市地标性建筑的供货及服务后，这条中国的幼"龙"经过市场的锤炼和风浪的捶打，逐渐成长为代表中国新兴建材业水准和能量的领军代表，北新建材的龙牌品牌已经能够挺起中国"龙"的脊梁。

"龙"鳞闪闪耀中华

早在 20 世纪 90 年代初，北新建材就将"质量与信誉——BNBM 永远的追求"作为企业的质量方针，为客户提供稳定、高质量的产品，建立客户对北新建材的信心，以获得客户对北新建材的信任和忠诚。让客户知道龙牌，试用龙牌，喜欢龙牌，成为龙牌的忠实客户。

石膏板在建筑工程中的优势逐渐被客户认知。1985 年深圳京鹏大厦失火，大厦内很多房间的物品被付之一炬，采用龙牌石膏板做隔墙的房间内物品安然无恙，当时深圳特区报发表题为"京鹏大厦失火　唯有龙牌建材安然无恙"的消息。石膏板隔墙及吊顶系统防火性能卓越的消息在珠三角地区得到迅速推广和传播，北新建材的龙牌产品成为建筑工程的抢手货。而浙江宁波流传着这样一个故事：某商场大厅吊顶需要重新装修，但仅仅购买了龙牌石膏板产品，销售商以为对方改用了其他品牌的轻钢龙骨，连忙赶到现场查看，结果发现商场并未更换龙骨部分，原来的轻钢龙骨就是龙牌产品，虽然光泽度不好了，但产品基本完好，不需要重新更换，龙牌销售商非常高兴，将此案例反复在业界宣传。良好的产品质量和品牌口碑赢得了客户对龙牌的高度信任，龙牌产品在宁波的销售势头一直非常好，曾经获得过北新建材内部评选的地级市销售冠军。

当历史的车轮行进到 1996 年时，北新建材石膏板销售遍及全中国，石膏板已经达到最大设计产能，大有供不应求的趋势，辛勤的劳动换来了产品市场丰厚的业绩。时任北新建材董事长的宋志平将发展的目光从产品市场投向资本市场，北新建材在产品市场上取得的辉煌业绩为企业进入资本市场奠定了基础。

1997 年北新建材 A 股在深圳证券交易所成功挂牌上市，股票代码 000786，简称"北新建材"的股票首次公开发行，标志着北新建材从此进入了"产品与资本市场双轮驱动"的崭新时代。

上市成功后，北新建材参与了国家重点工程人民大会堂、国家大剧院、上海环球金融中心、北京国贸三期、天津津塔中心、澳门威尼斯人酒店等地标性建筑的建设。

在 2008 年奥运建设项目中，北新建材使用到包括国家体育场"鸟巢"、国家游泳中心"水立方"、奥运交通指挥中心、国家奥林匹克兴奋剂检测中心、北京奥林匹克公园国家会议中心、国奥村运动员公寓、北京奥体中心、国家体育总局运动员训练中心、北京朝阳网球场、北京广安体育馆、老山自行车馆、丰台垒球馆、工人体育场、北京体育大学体育馆、北京科技大学体育馆、北京航空航天大学体育馆等在内的几乎所有奥运比赛场馆，在奥运建设这个赛场上取得了全面胜利。

除北京地区外，北新建材的产品纷纷中标各地地标性建筑。一个个带有"龙"牌标志的地标性建筑，凝结了北新人的心血和智慧。

随着市场的迅速扩大，北新建材不但在全国铺设生产线，而且在 2005 年 5 月增资控股山东泰和集团，成为具备年产 3.6 亿平方米产能、排名"中国第一，亚洲第二"的石膏板生产企业。2012 年 9 月，随着北新建材淮南生产线完成建设并点火试产，北新建材石膏板产能达到 16.5 亿平方米，打破了发达国家在石膏板建材领域第一的垄断地位，跃居为全球最大的石膏板产业集团。相变蓄能纸面石膏板、防电磁辐射板材、防霉纸面石膏板、防辐射隔声板材、分解甲醛石膏板等特殊功能性板材相继进入市场，受到了消费者的青睐。

北新建材一直高度重视质量与品牌建设，也是业内第一家把品牌提升到公司战略高度的企业，打造了"龙"牌、"北新""泰山"三个中国驰名商标。北新建材产品按照不同的产品系列分别注册了"筑根""万瑞""金邦"等品牌。每个品牌、每个产品系列都凝结着北新人的智慧。

一个个产品系列、一个个地标性建筑、一个个精心打造注册的商标犹如一片片闪闪发亮的"龙"鳞，金光闪闪的巨"龙"迈着大步展翅欲飞。

"龙"爪如剑斩泥螺

经过多年的市场洗礼，"龙"牌石膏板在 2008 年 3 月 22 日被国家工商行政管理总局认定为"中国驰名商标"。由于"龙"牌知名度的不断提升，市场上出现"傍龙牌"的侵权行为，各种与龙相似的商标被恶意抢注。

2005 年 1 月，河北周某恶意傍名牌，借"龙"牌的行业知名度，申请注册"精品龙"商标。北新建材发现周某的商标注册信息后，积极维权。在经历商标异议、异议复审仍未撤销"精品龙"商标后，北新建材提起一审诉讼、二审诉讼，最终胜诉。北京市第一中级人民法院、北京市高级人民法院依法判决"精品龙"商标与"龙"牌商标构成近似，按法律程序由商标评审委员会撤销周某"精品龙"商标，挫败了其搭乘北新建材"龙"牌便车的计划。

"精品龙"商标被他人恶意抢注的教训，使北新建材意识到要做好近似商标注册保护的工作。2007 年北新建材申请注册了"精品龙"牌商标，商标评审委员会最初驳回了该商标的注册申请。根据《商标法》规定，北新建材品牌部门领导详细介绍了"精品龙"牌的案件背景，最终商标评审委员会对"精品龙"牌商标予以核准注册。

2004 年，北京尹某申请注册"泰山龙"商标，对北新建材旗下泰山石膏股份有限公司的"泰山"形成了"傍驰名商标"的不正当竞争行为。北新建材经过商标异议、异议复审、一审诉讼、二审诉讼的不懈努力，终于在二审诉讼阶段取得胜利，有力地保护了重大国有无形资产不被侵害。

"北新"商标使用在第 6 类龙骨产品上，但当时北新建材并没有提出商标注册申请。2008 年，龙骨经销商周某抢注了"北新"商标，给北新建材在第 6 类申请注册"北新""北新房屋"等系列商标的审核造成阻碍。经过与周某本人多次协商、沟通，最终周某同意将该商标转让给北新建材，与此同时北新建材积极与商标局、商标评审委员会沟通，使在龙骨产品上申请注册的"北新"商标也被核准注册。

风风雨雨 30 多年，商标维权硝烟弥漫，北新建材维权的脚步没有半刻停歇。

如果任凭市场的假货出现而不去打假，售假就会在该地泛滥。所以尽管成本高，困难大，北新建材还是积极配合公安部门、工商部门打假。违法多在暗处，企业自己维权，没有执法权，想打击违法假货或仿冒产品还得斗智斗勇。由于建材使用的主力是建筑项目，有些工程是知假买假，从施工方入手挖出假货生产商是非常难的。有时候为了查出一百多张假冒石膏板要花 1 万—2 万元差旅费，看着很不划算，但还必须得去。北新人坚信，随着我国法律的不断完善，打假维权的法治环境越来越好，相信想傍北新名牌获得不法之利的个人和组织早晚会落入恢恢法网。

技术创新，画"龙"点睛

一个搞建材的传统企业跟高科技怎么挨上了边？不了解北新建材的人听到北新建材是科技型企业都露出疑惑的表情，甚至以为是乱套宣传语，殊不知，北新建材是科技部等部委联合认定的国家级创新型企业、国家火炬计划重点高新技术企业（首批北京 50 家之一）、国家知识产权试点单位（全国建材行业唯一）、北京市专利示范单位（首批北京市 20 家之一）等，并作为唯一一个"传统行业"企业被北京市市委市政府授予"中关村 20 周年突出贡献奖"。

早在 1985 年，"龙"牌石膏板就获得了行业最高奖——国家质量银质奖章，并连续多年在国家质量抽样检测中名列行业第一；2006 年、2007 年，"龙"牌石膏板、矿棉吸声板分别被国家质量监督检验检疫总局授予"中国名牌产品"称号，被评为中国建材行业石膏板第一品牌、中国建筑设计师最喜爱的品牌；2008 年，"龙"牌石膏板成为行业内唯一被国家工商行政管理总局和司法机构双认定为"中国驰名商标"的产品。"龙"牌之所以能成为驰名品牌，北新建材之所以能实现跨越式发展，科学技术是其背后最坚定的保障。

"科技是保障，人才是根本"。北新建材极为重视技术人员的引进和研发中心的构建，先后与清华大学、同济大学、北京科技大学、中国地质大学等多所国内知名高校及研究院合作成立硕士工作站，积累了多年的科研人才队伍建设经验，通过管理和技术的创新，拥有一批高学历、高素质的专业研究人员，建立了完善、合理的科研梯队。北新建材充分利用现有基础，依托国家级企业技术中心、企业博士后工作站、硕士工作站、新型建材专业实验室以及"未来科技城"三新产业研发基地（技术创新研发基地与高级人才引进基地），建立了完整的技术创新体系。从 2000 年以来，北新建材更是先后承担和参与了四项国家级"十一五"项目和两项北京市项目、四项国家"十二五"科技支撑计划课题、一项国家 863 计划课题、一项北京市科技计划课题、一项中国博士后科学基金面上资助课题、六项北京市中关村海淀园区博士后科研项目及多项企业重大研发项目，并作为牵头单位承担"十三五"重点研发计划项目。

2002 年，清华大学建筑学院承接了深圳大亚湾核电站扩建的设计任务，其中核电站设备间隔墙的隔声量要达到 66 分贝，此项要求非常高（注：五星级酒店的要求仅为 50 分贝）。虽然加厚隔墙厚度能够提高隔墙的隔声量，但仅仅能解决中高频段的隔声，低频噪声仍然很难消除。从理论上可以找到解决方案，但需要断面复杂的 Z 型减震龙骨。清华大学建筑学院声学教研室是北新建材的长期合作单位，当清华方提出要求后，北新建材的技术人员二话没说，紧锣密鼓地开始进行新产品试制，并在最短的时间内加工出客户所需的产品，实验结果表明，采用 Z 型减震龙骨后，低频段的噪声得到有效衰减，满足了客户需求。

全国各地的重点工程、地标性建筑选择"龙"牌，除了产品质量和服务的原因外，北新建材的产品应用系统及技术支持更是关键。北新建材拥有多年积累的生产、应用研发优势，其专利申请量和保有量保持全国建材行业第一，是建材行业唯一作为主持单位承担国家"十一五"科技攻关项目的企业。不仅在建材行业大放异彩，在代表着中国科技创新最高水平的中关村，北新建材的表现也毫不逊色。

从北新建材进驻中关村第一天起，创新就成为了北新建材的一张名片。在中关村科技园刚刚兴起不久，中关村科技园区北新建材材料园就在西三旗北新建材的厂区里正式建园。在遍布互联网、生物制药、IT、航天航空等行业的中关村，被视为传统行业的建材行业中出现了一家被冠以"高新"名头的企业，北新建材可谓异军突起。

北新建材作为创新型企业，自 1997 年上市以来，一直保持良好的经济效益，近 10 年实现利润增长 20 倍，近年来保持每年 30% 的利润增幅和现金分红，实现了科技与效益的双丰收。

"龙"翔九天，昂首世界

北新建材成立 30 多年来，从当时的两条石膏板生产线、4500 万平方米业务规模、中国排名第三，到 2014 年年底已遍布全国的 70 余条石膏板生产线、产能规模达 20 亿平方米、全球最大的石膏板产业集团，这其中的故事三天三夜也讲不完。

以"品牌建设"和"技术创新"作为推动企业快速发展的两大战略引擎，全面实施"制高点战略"，北新建材开创了一条科学化战略管理引领的特色发展之路，"龙"牌擎起中国新型建材的大旗。近年来，"龙"牌陆续囊括包括"中国名牌""中国驰名商标""全国建筑工程装饰奖选材之最""中国五星级饭店首选品牌""中国建材行业引领绿色消费十大品牌"等多项国家及行业顶级荣誉。据中国建筑装饰协会统计，全国获得国家级建筑工程奖的建筑 90% 都采用了北新建材的"龙"牌系列节能环保新型建材。"龙"牌漆以其超低含量有害挥发物、没有气味的环保配方，采用汽车漆级别的超豪华生产技术装备，生产用水全部采用纯净水，提供全套涂装解决方案四大独特领先优势，成功入围 2008 年北京奥运城市环境建设工程建筑外墙涂料生产企业名录；"龙"牌漆保证了北京儿童医院内外墙零甲醛，且在国家大剧院工程中表现卓越，一举荣获中国"十佳建筑涂料品牌"称号。

北新建材凭借几代领导人和全体职工的共同努力，经历 30 多年的风雨与日月更替，铸造出了北新建材的钢筋铁骨。30 多年的风云变幻，展示出了北新建材的雄心壮志；30 多年的岁月如梭，谱写出了北新建材的创业凯歌。北新建材和龙牌的品牌力量还体现在它的社会责任上，倡导循环经济、低碳经济、住宅产业化，是北新建材一直坚持的战略。北新建材在业内率先总结提出"绿色建筑六要素"——节能、环保、安全、低碳、舒适、生态，并倡导全生命周期的绿色建筑，即"以绿色的生产方式生产绿色建材"：原材料采用工业副产品，减少天然矿产资源消耗；生产过程大幅度节能减排；通过建材轻质化减少运输过程能耗碳排放；安装环节实现工业化和干法施工，减少建筑垃圾；应用环节替代高耗能产品，实现建筑运行节能减排；建筑拆除时可以回收利用实现循环经济。北新建材不仅自己践行"绿色建筑未来"的发展理念，并且鼓励其他企业也使用绿色建材，从而使整个产业逐渐走向绿色建材的道路。30 多年来，北新建材引领着我国新型建材行业的升级和发展，普及了轻质节能环保建材的规模化生产和应用，成就了中国建筑史上一个又一个不朽的经典杰作。

"龙"牌是中国为数不多的在高端品牌市场与多家世界 500 强在内的外资品牌竞争并取得领先优势的中国品牌，不仅在规模方面超过老牌外资世界 500 强品牌，而且在技术、质量、价格、效益等方面全面超越外资品牌。为了表彰北新建材对世界石膏板工业的巨大贡献，世界石膏板中心从欧洲、美国转移到了中国，全球石膏协会授予北新建材"全球石膏行业突出贡献奖"。北新建材的成功与发展，向世人展开了一幅由"中国制造"奔向"中国创造"的美丽画卷。

（作者：梁媛、刘嘉丽）

专家点评

以"品牌建设"和"技术创新"作为推动企业快速发展的两大战略引擎，北新集团建材股份有限公司开创了一条特色发展之路。北新集团建材股份有限公司早在20世纪80年代，就在第6类、第19类等金属建材和家居建材商品上注册了"龙牌"商标。随着新型建材等研发生产，北新集团建材股份有限公司所拥有的注册商标已达数百件，形成了具有市场影响力的品牌效应。

但是，消费者青睐越多，产品销量越大，侵权假冒的风险就越大。侵权行为的多样性、隐蔽性，也是商标拥有者、使用者面临的破解难题。我们常说：机遇与挑战并存，越是具有品牌影响力的企业，越要加强商标的注册和保护工作，越要提高品牌保护意识。企业实施商标战略，关键就是对商标的注册、使用、管理和保护。其中商标权的保护就包括对于涉嫌商标仿冒和商标侵权的行为的检测和依法维权机制。在商标专用权保护方面，北新集团建材股份有限公司做到：无论多高成本，也要维护品牌声誉，打击侵权假冒。

《2015年国务院政府工作报告》强调要深入实施知识产权战略行动计划，坚决打击侵权行为。国家工商行政管理总局召开全系统电视电话会议，强调加强品牌建设，为大众创业、万众创新加油助力，开创打击侵权假冒工作新局面。新《商标法》在损害赔偿责任方面加大了对商标权的保护力度，一方面将赔偿最高限额提高到300万元，一方面通过举证妨碍和惩罚性赔偿的引入，解决了权利人举证难，侵权责任威慑力不高等问题。这些都为企业实施品牌战略和我国实现品牌建设新跨越提供了保障。北新集团建材股份有限公司努力实现全球领先的中国品牌的追求，有国家战略的引领，有市场环境的优化，也必将迎来更多的机遇。

1. 1979 年 8 月 29 日，邓小平同志视察北京市紫竹院新型建材试验房屋，指示"要尽快把新型轻质建筑材料工厂办起来，要大批生产"，北京新型建筑材料试验厂由此诞生。

2. 1980 年 11 月，北京新型建筑材料试验厂确定商标为"龙"牌。

3. 1981 年，大连造船厂在出口船舶建造中，首次用"龙"牌岩棉替代进口产品保温材料，"龙"牌商标获得外国船东的认可，首次走出国门。

4. 1982 年 6 月，"北京新型建筑材料试验厂"更名为"北京新型建筑材料厂"。

5. 1983 年，中国科学研究院承担的国家"六五"攻关课题"蒸汽热管道保温技术"试采用龙牌岩棉为保温材料，保温节能效果显著，开创了我国工业设备采用高效保温材料的先河，推动了岩棉制品在我国工业保温中的广泛应用。

6. 1984 年，石膏板轻质隔墙及吊顶应用图集"QST 建筑设计图集"正式出版，免费向业内发行，拉开了我国新型墙体及吊顶应用技术全面普及的序幕。

7. 1985 年 4 月，"北京新型建筑材料厂"正式更名为"北京新型建筑材料总厂"。

8. 1990 年，"龙"牌耐火石膏板、石膏吸音板、轻钢龙骨荣获"国家质量银质奖章"（行业最高奖）。

9. 1995 年，"北京新型建筑材料总厂"改制更名为"北新建材（集团）有限公司"，成为中国新型建筑材料集团公司出资的国有独资公司。

10. 1997 年 6 月，由北新建材（集团）有限公司独家发起设立的北新集团建材股份有限公司在深圳证券交易所上市，股票简称"北新建材"，代码 000786，是国内最早上市的新型建材企业之一。

11. 2002 年 12 月，经国家建设部批准，北新集团建材股份有限公司所属北京西三旗基地正式命名为"北新国家住宅产业化基地"。

12. 2005 年 3 月，北新集团建材股份有限公司成功增资控股山东泰和集团，北新建材石膏板规模达到 3.6 亿平方米，成为中国最大的石膏板产业集团。

13. 2008 年 1 月，北新集团建材股份有限公司成为首批 20 家北京市专利示范单位，是建材行业唯一一家获此殊荣的企业。

14. 2008 年 3 月，北新集团建材股份有限公司"龙"牌石膏板通过商标局商标评审委员会认定，荣获"中国驰名商标"称号。

15. 2008 年 10 月，北新集团建材股份有限公司荣获"建材行业冠军品牌"及"2008 北京奥运品牌贡献奖"。

16. 2009 年 6 月，全球权威品牌评估机构"世界品牌实验室"组织发布了 2009 年"中国 500 最具价值品牌"排行榜，"北新建材"名列第 95 位，首次进入百强之列，品牌价值达 76.33 亿元，在综合性建材行业中名列首位。

17. 2010 年 4 月，北新集团建材股份有限公司在全国拥有已建成投产和在建的大型石膏板生产线达 43 条，产能合计达 10.39 亿平方米，成为亚洲最大的石膏板产业集团。

18. 2012 年 9 月，北新集团建材股份有限公司淮南年产 5000 万平方米石膏板生产线试产，石膏板产业规模合计达到 16.5 亿平方米，跃居成为全球最大的石膏板产业集团。

19. 2013 年 10 月，在世界石膏工业协会主办召开的"2013 年第十三届全球石膏大会"（加拿大多伦多）上，北新集团建材股份有限公司被授予"全球石膏行业杰出贡献奖"。这是中国制造业在全球工业界第一次获得的行业性大奖。

20. 2015 年 12 月，北新建材、中国国航、北汽集团、华为技术、长虹电器等企业旗下的 30 个行业领军品牌当选为"中国品牌年度大奖 NO.1"。其中，北新集团建材股份有限公司"龙"牌作为新型建材行业唯一代表获得 2014 年"中国品牌年度大奖 NO.1"；2016 年 6 月，北新集团建材股份有限公司以 405.28 亿元的品牌价值名列 75 位，继中国建材、金属之后稳居建材行业三强，北新集团建材股份有限公司第七次登上该榜单。

利亚德：创新呈现光彩视界

利亚德光电股份有限公司（以下简称利亚德）成立于1995年，是一家集设计、生产、销售及服务为一体的 LED 显示屏和 LED 发光产品应用的高新科技型专业公司。自成立以来，连续多年 LED 显示屏销售额位居全国首位，并在同行业创造了多项第一：承建国内第一块国产全彩色 LED 显示屏及第一块移动全彩 LED 显示屏，首创室内表贴双色屏，创新并领航 LED 小间距产品……2012年3月15日，利亚德（300296）在深圳证券交易所上市，目前已发展成为 LED 显示领域领军企业。

利亚于德——战略丰富品牌内涵

"利亚德"（LEYARD）取义于"利亚于德"，即德行至上。在以德为先的基调之上，利亚德文化也慢慢积淀而成：理解、尊重、信任、合作、发展、共赢。理解和尊重为基石，信任和合作为实质，发展和共赢为理想，六个简单的词语，体现出的是利亚德从数十人的小公司成长为上市企业的发展历程和发展战略。

不忘初衷。LED 行业在国内外的发展有着 20 多年的差距，因此"贴牌"成为很多国内企业发展的"捷径"。在开拓市场特别是海外市场的过程中，也有一些同事和国际合作伙伴劝董事长李军："我们也贴个牌吧，这样会走得快一些。"而李军的态度斩钉截铁："放弃这个念头吧！利亚德今天不贴别人的牌子，将来更不会这样做！利亚德从不靠贴牌图一时之利，也不靠降价去拼市场。做企业不光是赚钱，更要赢得别人的尊重、信任与合作。我们要打造 LED 世界高端品牌！"这段话后来成为了整个企业的信念。利亚德人深知，贴牌固然会带来一时之利、一时之快，但公司也会沦为低端、廉价的打工仔。在所有利亚德人心中，"利亚德"是自己的"孩子"，需要健康成长，而不是畸形育肥。

单一品牌战略。在很多科技领域，国产技术普遍落后于世界先进水平。就是在这种大环境下，在 LED 显示这种细分行业，利亚德的技术却是全球领先的。客观来说，LED 产业是朝阳产业，国外的研发能力略有欠缺；同时，全球的 LED 显示屏大多数都是中国生产制造的。

遗憾的是，中国很多做出口的企业只是代工，没有自己的品牌。而利亚德不愿意只看到铺天盖地的"Made in China"，更希望看到的是"Made by China"。利亚德认为，品牌是企业永续发展的源泉，所以公司一直强调自己的品牌，实行"单一品牌"战略，即公司所有产品皆使用"利亚德"同一品牌。值得强调的是，2009 年，公司的"LEYARD"商标在美国成功核准注册，是公司品牌战略进程中进军美国市场，打造国际影响力的又一次突破。

"四轮"驱动"四化"战略。2014 年，利亚德制定了以"四轮"驱动"四化"发展战略，借助这一战略，公司未来两年有望进入黄金成长期。

"四轮"，指发展产品（LED 小间距电视）、培育产品（LED 文化传媒）、成熟产品（LED 显示）及战略产品（LED 智能照明）。每只车轮都将产生强大的推动力，促进公司在 LED 应用产业的全面发展；同时，智能集成将实现四轮和谐、高速运转，带动公司规模和业绩的大幅提升。"四化"，即一体化（产业链整合）、智能化（智能控制）、平台化（系统集成）和国际化（国际资源整合）。

公司凭借在 LED 显示屏领域的深厚技术积累及对渠道、产业链、资本等要素的有效整合，有望持续引领 LED 应用市场新趋势，未来两年步入高速发展区间。

"利亚德"的品牌内涵在"利亚于德"的基础上，通过实行"单一品牌"战略和"四轮"驱动"四化"发展战略，其内涵更加丰富，成为企业永续发展的源泉。

专注研发，技术奠定品牌基础

利亚德成立之初，LED 尚属于新兴行业，同期创建的第一批 LED 企业，经过 20 年的风雨沉浮，大部分都已人去楼空，幸存的为数不多，而利亚德却在残酷的市场角逐中杀出一条血路，成为世界 LED 企业的领航者，让很多新近成立的公司望尘莫及。目前为止，利亚德已有 4 个全资子公司，即深圳利亚德光电有限公司、利亚德电视技术有限公司、深圳市金达照明股份有限公司和北京市利亚德视频技术有限公司，还有 21 个分公司分布于沈阳、长沙、上海等 21 个全国大中城市，利亚德业务网络已全面形成。此外，利亚德成功开辟了海外市场，在海外开拓了利亚德"六大国际营销中心"，国际战略布局基本完成。

不积跬步，无以至千里，利亚德从一个新兴公司发展成行业领军企业，并非一夕之功，而是靠专注研发新技术整整走了 20 年。

2003 年，利亚德开始与行业领先的比利时巴可公司合作，当"国外先进技术"

遇到"国内广阔市场",便催生出双赢的战略合作格局。2003 年 3 月,全合资公司巴可利亚德宣告成立,致力于优质室内外全彩 LED,比利时总部 LED 产品生产线从此转到了中国。

2008 年,利亚德中标奥运合作项目,亮相国际舞台。"绿色奥运、科技奥运、人文奥运"是北京奥运会提出的三大理念,而 LED 照明与 LED 大屏幕的特点和优势恰好与之契合:LED 固体光源节能环保,符合"绿色奥运"的要求,利亚德采用的高端视频 LED 全彩显示系统科技含量高,完全体现了"科技奥运",LED 大屏幕正是向公众传播奥运人文精神的最好媒体。利亚德把参与奥运项目当作光荣扬国威的政治任务,同时也视为公司树立世界性民族品牌的战略机遇,倾力投入,攻克了一个又一个难关。

第一个就是视觉效果的难关。为了便于拍摄,摄制组要求画面虚幻、写意,这是利亚德从未面对过的要求。实验了许多次,重新选材了许多次,利亚德最终呈现给导演其所要求的水墨渲染的效果。第二个难关,就是承压,利亚德提供的显示屏需要承载众多舞蹈演员的重量。第三个难关,季节特点给显示屏防水性也提出了更高的要求。时间紧,任务重,科研力量不够,研发经验不足,利亚德不畏艰难,投入百万,历时近三年,终于为奥运贡献出了稳定的全方位防水显示屏。

2008 年 8 月 8 日奥运开幕式,画轴、地屏升降 LED 视频屏幕、梦幻五环……这些都是利亚德的产品。这一天,成为利亚德人终生难忘的节日。

2009 年,新中国成立"60 周年大庆",利亚德承建天安门广场大型 LED 显示屏。这是天安门广场中心区首次设置大型 LED 显示屏用于庆典活动和节日期间播放视频宣传片。这一举措为广场注入了现代科技元素,增加了喜庆气氛。该显示屏横向像素达到迄今为止世界上广场 LED 显示屏之最。

此后,上海世博会、广州亚运会,几乎国内所有的国家性项目中都能看到利亚德的影子,它不断专注研发新技术、新产品,每一次都展现给世界一个全新的利亚德。

2013 年,利亚德于深圳证券交易所成功上市,凭借不俗的市场表现,获"2013 中关村十大卓越品牌"和"2013 中关村十大创新成果"两项荣誉,成为中关村优秀企业代表。

同年 9 月 30 日,中共中央政治局以实施"创新驱动发展战略"为题举行了第九次集体学习,"课堂"设在了中关村。利亚德董事长李军作为行业专家和创新企业代表向习近平主席、李克强总理汇报了中国 LED 行业发展现状和前景,展示了利亚德具有国际领先水平的小间距 LED 电视新产品，得到了中央首长的认可和鼓励。

创新不止，产品支撑品牌发展

技术领先。2013 年 7 月，利亚德在北京高调举行 LED 大尺寸电视发布会，主角即轰动业界的小间距 LED 电视。北京市科委组织的专家评价称"利亚德研发成功的高清高分辨 LED 大尺寸电视为国际首创，具有多项重大技术创新，拥有自主知识产权，得到了国内外用户良好的市场评价，应用前景十分广阔"。与方兴未艾的液晶、等离子电视相比，利亚德 LED 电视具有明显优势，其尺寸更大、能耗更低、亮度更高、价格更低、无缝拼接、多形状、可组装……因此，有业界人士预言，利亚德 LED 大尺寸电视将掀起电视产业的革命，成为电视机历史上的新一代主流显示技术。

协同创新。LED 大尺寸电视是利亚德与中国台湾亿光、美国 TI 及小米手机强强联合、协同创新的结晶。利亚德深知"在全球经济、科技日益交融的当下，需要竞争也需要合作，关起门来搞创新没有前途"。LED 大尺寸电视涉及电子电路、软件、光学、热力学、机械结构、材料学、化工等众多技术领域，利亚德不可能包打天下，必须协同创新、共克难关、共享成果。正是强强联手、协同创新，使大尺寸 LED 电视在 LED 灯的微小体积、画质高亮度、画质的稳定性、强劲芯片的运算速率，以及内容的娱乐体验、便捷的操作方式等方面取得了整体突破，在产业竞争中一马当先。

颠覆传统。2014 年 4 月，利亚德推出全球首款 110 英寸裸眼 3D LED 电视，掀起颠覆户外广告传统的全新解决方案浪潮。该产品通过实现 2D 转 3D，展现了至极尽美的裸眼 3D 效果，为企业带来户外广告的新商机；同时，它能够呈现更加逼真的立体世界，为家庭电影院的应用带来生机，颠覆了家用电视的传统，令客户在家里也能享受 IMAX 的 3D 世界。

此外，利亚德还拥有 TV1S9 & TV1S6 超清小间距 LED 显示屏、110 英寸体感 LED 电视、LED 海报电视等领先技术产品。它向客户提供大数据综合显示解决方案、集于互联网的 LED 大屏幕集播集控综合解决方案，以原创技术和产品、自主知识产权和自主品牌，占领了世界 LED 高清显示的高端市场，产品已应用到美国纳斯达克股票交易所、美国 NBC 和彭博电视台、德国议会、宝马公司总部、奔驰公司总部、日本索尼、CCTV 演播室等重要市场，受到客户高度评价和资本市场的热捧，为中国产品赢得了荣誉。

服务与责任，理念助力品牌腾飞

服务是产品的最高保障。每周一的清晨，利亚德总会有一场郑重的仪式，伴着初升的太阳，利亚德人的呐喊响彻中关村上空："高品质、优服务、重诚信、尽职责！服务，一切让顾客满意！"利亚德看重服务，因为它深知一家拥有良好信誉的公司，一向以最优良的服务赢得客户的信任。特别对于高可用性和高可靠性的重要客户，服务更是至关重要。利亚德认为，服务是对客户的承诺和支持的保障，除了提供先进的技术外，同样重要的是要拥有充足的人力资源和完善的服务体系。为此，利亚德优质服务任务遍布全国 20 多个分支机构。

作为国内最大的 LED 显示屏生产企业，为保证售后服务的质量和效率，利亚德设置了专门的客户服务中心，统一监督管理各地区的售后服务机构的人员和工作，并接受客户的投诉和意见，在第一时间内予以答复。售后服务工作由公司客户服务中心统一管理。

饮水思源，承担社会责任。利亚德作为国内 LED 行业的领创者，在高速发展的同时积极支持国家教育事业的发展，为国家人才的培养尽绵薄之力。1995年成立之初，利亚德便在湖南芷江县楠木坪乡建立"利亚德希望学校"，并设立利亚德奖学金，用于奖励优秀教师和优秀学生以及资助贫困学生，还会不定期邀请学校师生们来京参观学习，19 年来从未间断；除此之外，在汶川地震、玉树地震等重大灾难发生之时，利亚德也积极向受灾地区捐款救助，承担起一个企业的社会责任。2014 年 9 月 25 日，利亚德携手中华思源工程扶贫基金会，以"大成思源，亮耀繁星"为题宣布共同设立"思源·繁星教育基金"，这是利亚德自创立以来对其公益、慈善行为的首次专业化运作，标志着利亚德要把公益事业作为公司的一种企业文化和社会责任长期发展下去。利亚德针对中小学贫困学生上学难问题，向"思源·繁星教育基金"捐赠款物价值 1110 万元，帮助因家庭贫困或遭遇重大不幸而面临辍学的中小学贫困学生重圆上学梦。

利亚德是一个 LED 显示产品品牌，是一个传播爱心的社会品牌，更是一个民族企业的精神品牌。利亚于德，仁德为商，利亚德用低调做事、潜心经营的态度，将价值多元化之路越拓越宽。创业板上市后，利亚德把自身价值提升至"携手共赢，利均天下"的新高度，从产品研发、生产制造、慈善回馈多个角度向社会传递"利亚于德，仁德为商"的品牌态度，也正式开启了价值多元化经营模式。

2015 年，利亚德公司成立 20 周年，无论是技术的遥遥领先，还是业绩的持续辉煌，或是品牌的深入人心，都让我们坚信，未来的利亚德作为中国创造的一个典范，将会做得更好，走得更远。

（作者：朱江、刘瑛、尹菲菲）

专家点评　利亚德光电股份有限公司是一家集设计、生产、销售、服务为一体的 LED 显示屏和 LED 发光产品应用的高新科技公司。本着拒绝贴牌、打造 LED 高端品牌的创业初衷，利亚德光电股份有限公司成立不久，就向商标局申请注册了使用在"电子显示屏"等商品上的"利亚德"商标。据文中介绍，之所以选取"利亚德"作为商标，源于公司"利益亚于品德，仁德为商"的经营理念。态度决定一切，这件商标不仅体现了利亚德光电股份有限公司的企业文化，也体现了他们依靠信念、技术和品质，创立 LED 民族品牌的社会责任。

社会主义市场经济的建立和完善，使我国累计商标注册量和每年商标申请量连续 13 年位居世界第一。特别是我国商事制度改革全面实施以来，新登记注册的企业从过去的日均 6900 多户增加到现在超过 10000 户，进一步带动了商标注册申请量的大幅度提升。但是，我国是世界商标大国，却不是世界商标强国，是世界制造大国，却不是世界品牌大国。原因之一就是缺乏商标附加值、缺少自主品牌的龙头企业。来料加工、贴牌生产，也使我们的制造业处在国际分工的低端，在市场竞争中流失了大量利益。

商标作为创新成果转化为商品，成为企业走向世界的重要载体，其作用日益凸显。走自主创新之路，是我们由"中国制造"升级为"优质制造"的根本出路。利亚德光电股份有限公司努力提升品牌价值，创新铸就"中国屏"的故事很有社会意义。

品牌大事记

1. 1995 年 8 月，北京利亚德电子科技有限公司成立。

2. 1998 年 5 月，北京利亚德电子科技有限公司主导产品 LED 显示屏获"北京市高新技术开发区百强产品"奖，成为北京市 LED 显示屏生产企业中唯一获此殊荣的制造商。

3. 1998 年 12 月，"利亚德"商标获准注册。

4. 1999 年 7 月，北京利亚德电子科技有限公司通过 ISO9001 国际质量体系认证。

5. 2001 年 4 月，北京市工商行政管理局授予北京利亚德电子科技有限公司"重合同、守信用单位"称号。

6. 2003 年 3 月，北京利亚德电子科技有限公司与全球著名跨国公司 BARCO 公司合资，成立了北京巴可利亚德科技有限公司。

7. 2008 年，北京利亚德电子科技有限公司在第 29 届北京奥运会上成就 LED 地屏画卷和梦幻五环经典。

8. 2009 年 10 月，LEYARD 商标在美国获准注册。

9. 2011 年 6 月，"利亚德"荣获"2010 年度北京市著名商标"。

10. 2012 年 3 月，北京利亚德电子科技有限公司（300296）在深圳创业板成功上市。

11. 2012 年 12 月 28 日，北京利亚德光电股份有限公司获"中关村十百千工程第三批重点培育企业"资格。

12. 2013 年，北京利亚德光电股份有限公司国际商标布局启动。

13. 2013 年 7 月，北京利亚德光电股份有限公司 4K 超高清 LED 电视全球发布会成功举办。

14. 2013 年 9 月，中共中央政治局前往中关村展示中心集体学习，位于中关村展示中心的数十块高清 LED 显示屏均出自北京利亚德光电股份有限公司。公司董事长李军作为行业专家和创新企业代表向中央政治局汇报了当前中国 LED 行业发展现状和前景。

15. 2014 年 11 月 10 日晚，鸟巢挂上北京利亚德光电股份有限公司打造的巨型 LED"网幕"演绎"APEC 之夜"，举世共享 APEC 饕餮盛宴；APEC 会议期间利亚德系列高清 LED 屏为 APEC 国际会议安监安保工作保驾护航，公司 110 英寸 LED 主发光电视入选国家会议中心。

16. 2015 年 8 月 13 日，北京利亚德光电股份有限公司（300296）与美国 NASDAQ 上市公司 PLANAR 公司共同签署《合并协议》，收购 PLANAR 公司 100% 股权，收购完成后 PLANAR 公司退市，成为利亚德美国公司的全资子公司，开创了中国创业板上市公司收购美国纳斯达克上市公司的先河。

17. 2015 年 9 月 3 日，北京利亚德光电股份有限公司"阅兵屏"亮相"9·3"胜利日阅兵盛典——两面巨型 LED"阅兵屏"总面积高达 720 ㎡，它们作为本次阅兵重要的信息显示窗口，获得阅兵联合指挥部颁发的"阅兵保障贡献突出"奖。

18. 2016 年 4 月，全球最大电视台 NBC 携手北京利亚德光电股份有限公司，记录奥运盛会，见证体坛风云！北京利亚德光电股份有限公司作为 NBC 方面的 LED 显示战略合作伙伴，在 2016 年 8 月 5 日到 8 月 21 日期间，为 NBC 方面提供 LED 高清显示视效方案，全程记录 2016 年里约热内卢奥运会的精彩赛事，面向全球观众放送第一手的精彩奥运赛况！

19. 2016 年 8 月 20 日，北京利亚德光电股份有限公司揽获"第二届中国上市公司创业领袖人物""创业板上市公司十佳管理团队""上市公司资本运作创新杰出董秘""创业板上市公司优秀董秘"全部奖项。

20. 2016 年 9 月，北京利亚德光电股份有限公司献礼 G20 峰会杭州夜景照明和指挥监控系统。

中国普天：
在传承中不断创新的品牌

百年普天，一脉相承

中国普天是国务院国资委直接管理的中央企业和国家创新型高新技术企业，主营业务覆盖通信网络与信息安全、智慧城市、低碳绿色能源、工业自动化重大装备与金融电子等领域。

传承百年，中国普天在跨越时空的发展中继承了百年老店的历史和精髓，并在 21 世纪的今天不断开拓，将优质的产品和服务推广到了全球 100 多个国家和地区，中国普天的品牌也同步走向了世界。

中国普天的前身是清政府 1906 年设立的铜匠处。这个负责为皇宫修理电话的小小机构拉开了中国通信制造业发展的序幕。中国普天的另一个前身——中天机电厂，在 1932 年研制出了第一部完全由中国人自己制造的电话机，给中国通信制造业带来一丝曙光。革命年代，井冈山、延安革命根据地开始的"红色通讯"实现了通信设备、通信器材的自制。新中国成立前夕，延安军委通信材料厂的革命前辈们从延安一路走到北京，接管邮电工厂，创造了中国邮电通信工业历史的多项第一。伴随着改革开放的脚步，中国邮电工业总公司（PTIC）成立，它接转了邮电部工业局及其子企业，支撑了当时国家通信网络的建设，对推进我国信息技术进步和通信业大发展发挥了重要作用。1999 年，中国邮电工业总公司与邮电部脱钩，成为中央企业，同时更名为"中国普天信息产业集团公司"。2003 年 7 月 23 日，中国普天信息产业股份有限公司在北京成立，股份制改造推动中国普天驶入高

历经百年发展，中国普天从邮电工业起步，在不同历史阶段为中国通信事业和信息产业的发展壮大做出了重大贡献。

企业的发展也带动了品牌的不断创新。2005 年，中国普天信息产业股份有限公司（以下简称中国普天）推出了全球统一的自主品牌 Potevio。中国普天的品牌与企业文化传承了延安时期的红色通信精神，展现了中国通信产业发展的脉络，顺应了市场化与国际化发展的进程，已经从传统的通信制造行业逐步拓展覆盖到通信网络与信息安全、智慧城市、低碳绿色能源、工业自动化重大装备等领域。

"品牌的背后是产品和服务的承诺"，在这一理念的引导下，中国普天 Potevio 品牌的价值逐年攀升，产品和服务遍及全球 120 多个国家和地区。

速发展的快车道。近年来，中国普天坚持自主创新，持续拓展产业空间，提升产业可持续发展能力，不断推进企业由传统的通信设备制造商向整体解决方案提供商和综合运营服务商转型。同时，中国普天充分利用国际、国内两个市场，进一步加快了国际化步伐，自主知识产权产品的 50% 以上参与了国际市场的竞争。

● **鸿雁扶摇起，佳讯普天来**

中国普天在中国邮电工业总公司时期没有公司商号，但第一次拥有了自己统一的商标（见图 1）。"鸿雁"商标用徽章的形式呈现，中间一只鸿雁，表明邮电通信业特有的鸿雁传书理念。商标的下面是 PTIC 四个字母，即中国邮电工业总公司的缩写：P 是 Post，邮政；T 是 Telecom，电信；I 是 Industry，工业；C 是 Company，公司。

1995 年，随着公司发展和产业市场化需求，中国邮电工业总公司决定换标，聘请专业商标设计公司，设计新商标（见图 2）并进行注册。新商标对 PTIC 四个字母进行了设计，引入若干线条，同时在第一个字母 P 上，做隐含抽象的标记——一只仰头、展翅飞翔的大雁形象。中国邮电工业总公司还首次全面引入了 CIS 系统，成为当时国内最早一批引入 CIS 系统的企业。目前，中国普天所属杭州鸿雁电器有限公司仍然在使用"鸿雁"商标，"鸿雁"商标也已经成为了全国的知名品牌。

图 1　PTIC "鸿雁" 商标

图 2　PTIC 商标

1999 年，为适应企业发展的新阶段，公司发起新商号的征集工作。最终公司采用了"中国普天"商号，中文"普天"和英文"PUTIAN"两类，注册商标也应时而生（见图 3）。

A-104-01 商标［a］

A-104-02 商标［b］

图3 中国普天注册商标

对于中国普天来说，品牌和商标的变化是伴随着企业发展而不断演进的。在某种意义上，中国普天商标的不同发展阶段也展现了中国邮电工业发展的脉络。

在"鸿雁阶段"，公司还具有邮电部行政性司局和国有企业的双重属性。到了"PTIC"以及"中国普天"的阶段，中国的通信行业发展迅猛，公司也逐渐在向市场靠拢。当时，中国的通信业发展主要靠合资合作及技术引进来支撑，中国邮电工业总公司成立以后，在坚持自主研发的同时，代表国家与当时世界知名企业摩托罗拉、诺基亚、阿尔卡特、北电、爱立信以及朗讯的前身 AT&T 等都建立了合资企业，通过引进新的通信技术生产通信设备，满足了当时通信网络大发展对先进通信技术和设备的需要，促进了中国整个通信行业的快速发展。

在 20 世纪末改革开放的环境下，国内通信业的通信技术及设备产业的自主创新也渐成气候。也就是在"普天"品牌推出的前后，国内相继涌现了较大的通信设备制造企业，这些企业被称为"巨大中华普天下"，指巨龙（后被中国普天控股）、大唐电信、中兴、华为和中国普天，反映当时中国通信业蓬勃发展，充满活力。

亮剑国际，布局全球

进入 21 世纪后，中国普天开始走国际化道路，推出了国际化品牌"Potevio"。2005 年，为配合公司全面市场化改革和国际化进程，中国普天着手打造全新的产业发展平台"中国普天信息产业股份有限公司"，并推出国际化品牌 Potevio。Potevio 品牌的推出是中国普天实施品牌战略、与市场接轨、走向国际化的一个重要标志，体现了中国普天对市场和客户的郑重承诺。

Potevio，应发展而生

2005 年 12 月 8 日，中国普天正式对外发布全球统一的品牌标识"Potevio"

和新的企业标识（见图 4），以全面支撑产业发展和技术创新体系。

图 4　中国普天企业标识

"Potevio"中的"po"从"Potent"（力量）而来，表示中国普天根基深厚，实力强大；"te"从"Telecom"（通信）和"Technology"（科技）而来，寓意中国普天提供高科技的通信产品和服务；"vio"从"Vitality"（活力）而来，蕴含中国普天充满创新与活力。"力量""通信""科技""活力"紧密联系，代表了"Potevio"的品牌特性；同时"Potevio"的发音与"普天"相近，体现了中国普天对中国邮电通信工业的传承。"力量、通信、科技、活力"四重含义，代表了中国普天产品与服务的卓越品质以及对市场和客户的郑重承诺，揭示着中国普天将以拥有先进信息技术，兼备雄厚实力与活力的新形象向国际一流企业集团目标迈进。

此后，中国普天实施国际化的品牌推广战略，在包括国际、国内的媒体平台、展览展会、市场营销等重要活动中推广使用"Potevio"品牌。截至目前，"Potevio"品牌已在全球 82 个国家和地区成功完成商标注册（见图 5）。

图 5　Potevio 注册商标

与国际化品牌相呼应的是，中国普天始终积极支持和响应国家"走出去"的战略号召，从 TD-SCDMA 自主 3G 标准的出口欧洲，到自主智能卡产业海外建厂规避贸易壁垒，再到自主无线地面数字电视标准（DTMB）在东南亚国家成功落地，中国普天的国际化战略实施一直在稳步迈进并硕果累累。

卓越品质，支撑品牌

中国普天作为中国通信业的领头羊，在品牌商标建设和管理方面也独具超前意识。对品牌的关注和重视始终是中国普天高管团队的共识，对此中国普天一方面构建品牌全面管理保护的体系与专门机构，另一方面非常注重品牌背后的内涵。中国普天始终强调："品牌的背后是产品和服务的承诺。"对企业品牌声誉的爱护，要表现在对"Potevio"品牌产品的技术质量、售后服务的严格管理和控制上。

● 国内最早引入 CIS 系统

在品牌管理体系中的 CIS 系统是指企业有意识、有计划地将自己企业的各种特征向社会公众主动地展示与传播，使公众在市场环境中对企业有一个标准化、差别化的印象和认识，以便更好地被识别并留下良好的印象。

在 20 世纪 90 年代初期，中国邮电工业总公司已开始逐渐面向市场，意识到了企业形象的重要性。公司代表国家与国外先进通信企业进行合资合作，其在品牌建设方面的理念也受到了这些先进的外资通信企业的启发和影响。于是在 1994 年，中国邮电工业总公司开始着手建立 CIS 系统，邀请专业的公司给出了品牌状况诊断、建议以及企业标识设计方案。整个过程历时大约一年，到 1995 年，中国邮电工业总公司推出了首个 CIS 系统，并设立了相应的品牌领导及管理机构——CIS 管理委员会，明确了品牌管理的职能，从公司内部开始了系统化、专业化的品牌建设工作。中国普天也成为国内第一批引入 CIS 系统的企业。

● 国际化的品牌保护意识

自 2005 年中国普天推出"Potevio"品牌后，在国内，对"Potevio"商标进行了 45 类全注册，实施全方位保护。在海外，配合业务拓展，中国普天同步开展"Potevio"商标海外注册。目前已在全球 82 个国家和地区成功完成商标注册，并继续根据公司市场发展战略，开拓新的商标注册地。

在不同国家的品牌申请过程中，公司也曾遇到过各种各样的困难和挑战，每个国家法律不同，申请程序也各异，为此中国普天采取了不同的方法积极应对，并聘请国内外一流商标代理机构协助申请注册。

"Potevio"商标在智利申请第 9 类，即电子产品通信类商标时，由于中国和智利产品类别划分不同，商标注册过程可谓曲折多变。自动售货机、"安全系统"等在中国属于电子产品，但在智利属于第 7 类不属于第 9 类。针对分类问题，中国普天积极配合修改。在安全系统后加一个前缀，改成非软件或者机动车用的安全系统，并在将申请的电子通信类产品中删除了自动售货机。经过几轮修改后，终于得到对方管理机构的认可。

● 质量体系保障品牌信誉

"品牌的背后是产品和服务的承诺"，中国普天完备的质量保障体系为品牌的健康发展保驾护航。

中国普天拥有完整的产品策划、研发、生产、服务等系列质量管理制度，并于 2005 年通过 ISO9000 质量管理体系认证，2007 年全面推行《卓越绩效评价准则》国家标准。中国普天质量管理体系针对集团公司的特点，由总部和出资企业的质量管理体系共同构成。总部作为控制层，侧重"管理控制"，制定质量总目标并分解到企业；出资企业作为执行层，遵循质量总目标的分解值，制定并完成本企业的质量目标，侧重"产品实现"。总部还通过定期的滚动内审和不定期的产品审核，强化对出资企业的内部质量监督。

中国普天深知高质量的研发设计是源头保证。中国普天始终坚持以市场为导向，深化研发体系改革，建立了由普天中央研究院和各出资企业的研发机构组成的两级研发体系，包括四个国家级企业技术中心（包括分中心）、多个省级企业技术中心、两个国家认可实验室和四个由国家人事部授予的博士后工作站，极大地提升了中国普天的产品研发能力和质量保障能力。

不懈的努力换来了丰硕的成果，2008 年，中国普天获得北京市政府质量管理先进奖；2010 年，2011 年中国普天获得了中国质量协会颁发的"全国实施卓越绩效管理模式先进企业"称号；2012 年获得"全国实施卓越绩效管理模式特别奖"；2013 年获得"全国质量满意工程企业"称号；2014 年再次获得"全国实施卓越绩效管理模式先进企业"称号。

● 不断丰富品牌内涵

今天，Potevio 品牌已经成为中国普天产品高质量的信誉保障，而用户的青睐与赞赏也使 Potevio 成为中国信息产业界最具价值的品牌之一。伴随着中国普天产业从信息通信领域向绿色新能源领域的不断拓展以及国际化进程的推进，Potevio 品牌也正在不断被赋予新的内涵，兑现着中国普天"为客户创造价值"的不变承诺。

2011 年，中国普天发挥在信息通信领域的优势，成为在深圳举办的第 26 届世界大学生运动会指定的新能源汽车充换电设施网络建设及综合运营服务商，帮助深圳建设并运营国内城市最大规模的新能源汽车智能管理充换电网络（见图 6），成功为 2011 辆新能源汽车提供充换电服务。该网络参照通信网络"全程全网"的管理理念，实施全程全网的智能化管理，对入网电动车动力系统运行状况、车辆在途信息、充电设施工作情况等实时监控，自动采集信息并分析各类异动数据，确保电动车充电和运营的安全性，提高车辆的运营服务质量。中国普天新能源汽车运营服务提供商的形象至此深入人心，Potevio 品牌"科技""活力"的内涵得以拓展，并赋予了品牌"绿色"节能的新内涵。

图 6　普天新能源汽车智能管理充换电网络

● **品牌理念与企业文化深度融合**

　　中国普天始终重视品牌与企业文化建设的深度融合，强调二者的融合发展。2005 年"Potevio"品牌标识发布后，中国普天将品牌理念融入企业文化，强调：品牌的背后是产品与服务的承诺，要像爱护眼睛一样爱护 Potevio 品牌；客户从中国普天的产品及服务获得的感受，中国普天的形象、声誉，Potevio 品牌的价值，都与中国普天所奉行的"沟通、执行、业绩"企业文化密不可分。在此背景下，"珍爱品牌、尊重质量、注重服务"的理念在中国普天深入人心，Potevio 价值不断提升，并连续多年成为信息通信领域最具价值品牌之一。

　　中国普天有着百年历史，却一直走在时代前沿，因为"发展创造力"是中国普天血液中无法剥离的文化基因。革命先辈在资源极度匮乏的环境中克服千难万险，实现通讯材料自制的"红色通讯"精神被一代又一代的普天人传承下去，成为了中国普天持续发展壮大的动力之源。随着时代的发展，"以优质的信息通信技术、产品与服务，推动人类文明和社会进步""成为具有自主知识产权、知名品牌和较强国际竞争力的一流企业"成为中国普天的使命和愿景，"沟通、执行、业绩"成为中国普天企业文化的核心。

　　同时，中国普天建设了各种品牌和文化融合的传播和展示平台，包括报纸、期刊、网站、微信，以及展厅、展览等市场活动，宣传和展示中国普天的企业文化，也借助企业文化宣传中国普天的品牌。

正是在创新品牌文化的推动下，中国普天积极响应市场与客户的需求，不断改革创新，成功把产业从传统的通信制造产业拓展到通信网络与信息安全、绿色能源与节能和工业自动化装备与金融电子等领域，企业发展质量和竞争能力不断提升。

今天，传承企业百年悠久历史的中国普天，正以"发展创造力"的红色通信工业精神，以优秀的企业文化为品牌背书，提升品牌价值，增添发展活力，推动企业转型、升级，一步步走向世界，并被国际市场接纳和认可，用普天人的努力，改变着这个世界。正如中国普天的使命所宣示和追求的——用"信息点亮生活"。

（作者：博晶华、刘嘉丽）

专家点评　中国普天信息产业股份有限公司——这个从清政府时期就是官办身份的机构，在继承百年老店历史的同时，在我国市场经济逐步深入，通信事业高速发展，政府对它的支持作用越来越少的新形势下，不断进行市场化更新和调整。公司的"鸿雁""PTIC""Potevio"等商标的注册、变更、使用和管理，记录了他们从计划经济到市场经济的重塑历程，展示了他们打造中国普天信息产业品牌的战略布局和发展策略。82个国家和地区的国际注册商标，更是中国普天信息产业股份有限公司积蓄内功，大步走进海内外市场的"金钟罩"。

可能出于整体布局的考虑，中国普天信息产业股份有限公司对数十件2012年到2014年商标专用期陆续到期的"PTIC"等注册商标，未进行续展注册。我国采用商标注册制度，注册商标的有效期为十年，自核准注册之日起计算。注册商标的有效期满，需要继续使用的，可以在法定期限内，通过向商标局办理续展注册手续，缴纳有关费用，使商标有效期限得以再延长十年，并且可以无限次续展。

总之，中国普天信息产业股份有限公司的商标发展过程，一定程度上反映了这家传统又现代的企业，在经济全球化、现代科技迅猛发展的背景下，塑造品牌，勇闯市场的企业发展历程，也反映了商标与市场经济之间的密切关系，注册商标已成为中国普天信息产业股份有限公司强有力的竞争武器。

1. 1940 年 7 月，在中国普天信息产业集团公司的红色前身——延安军委三局通信材料厂成立两周年之际，毛泽东主席亲笔题词"发展创造力，任何困难可以克服，通讯材料的自制，就是证明"。这段题词以及普天不断改革和发展的实践成为中国普天信息产业集团公司创新精神的源泉。

2. 1980 年 3 月，中国邮电工业总公司（PTIC）成立。

3. 1993 年 3 月，中国邮电工业总公司成功注册"PTIC"商标。

4. 1995 年，中国邮电工业总公司时期引入 CIS 系统，并设计发布企业识别系统手册。

5. 1999 年 3 月，中国邮电工业总公司更名为"中国普天信息产业集团公司"。

6. 2002 年，中国普天信息产业集团公司成功注册"普天""PUTIAN"商标。

7. 2003 年 7 月，中国普天信息产业股份有限公司成立。

8. 2005 年 12 月，中国普天信息产业股份有限公司推出了全球品牌标识"PoteviO"。

9. 2008 年 1 月，中国普天信息产业股份有限公司荣获北京市质量技术监督局、北京质量协会颁发的"北京市质量管理先进奖"。

10. 2008 年 2 月，中国普天信息产业股份有限公司 Potevio 商标在国家商标局注册成功，并陆续在全球 82 个国家和地区注册成功。

11. 2008 年 7 月，中国普天信息产业集团公司推动 TD-SCDMA 标准走出国门，在欧洲首个实现建网运营。

12. 2009 年，中国普天信息产业集团公司进军新能源电动车运营产业，创新商业模式，并在深圳建成并运营国内城市最大规模的新能源汽车智能管理充换电网络，推动中国新能源电动车产业的发展。

13. 2011 年 7 月，经中国国际商会、中国优秀自主品牌国际联盟评选，中国普天信息产业股份有限公司"Potevio"品牌荣获"2010 年度全球消费者信赖的中国通信产业十佳优秀自主品牌"称号；"Potevio"成为国家商务部在信息通信行业领域重点支持的出口品牌之一。

14. 2011 年 9 月，中国普天信息产业股份有限公司荣获由国务院国资委、科学技术部、中华全国总工会等三部门联合颁发的"创新型企业"证书。

15. 2012 年 1 月，中国普天信息产业股份有限公司 Potevio 品牌当选"2011 年中关村十大卓越品牌"称号。

16. 2012 年 11 月，中国普天信息产业股份有限公司荣获中国质量协会颁发的"2012年度全国实施卓越绩效模式先进企业特别奖"。

17. 2014 年 1 月，中国普天信息产业股份有限公司荣获由北京安防行业协会与中国市场学会信用工作委员会评定的"AAA 诚信优秀企业"。

18. 2014 年 9 月，经亚洲品牌协会评定，中国普天信息产业股份有限公司 PoteviO 品牌当选"亚洲品牌 500 强"。

19. 2015 年 9 月，中国普天信息产业集团公司 TD-LTE 集群通信系统保障"抗战胜利 70 大阅兵"期间通信畅通，获得国家抗战胜利 70 周年阅兵现场指挥调度和通信安全保障奖。

20. 2015 年，中国普天信息产业集团公司搭建普天创新创业管理服务平台，运营管理遍布全国的十余家创新基地和孵化器，发挥自身技术和产业优势，盘活冗余资源，推动"大众创业、万众创新"，支持培育新产业、新业态。

双鹭药业：
以质量求生存，以创新求发展

双鹭药业的前身为 1994 年由现任总经理徐明波博士自主创业成立的"北京白鹭园生物技术有限公司"，当时由两大股东投资入股，一方是争取到的国有投资，另一方是新乡白鹭化纤集团有限责任公司。1998 年公司更名为"北京双鹭药业有限责任公司"，2000 年，公司整体改制成立股份有限公司，并将公司名称变更为"北京双鹭药业股份有限公司"。2004 年"双鹭药业"股票（代码 002038）在深圳证券交易所隆重上市。自成立以来，始终秉承"以质量求生存，以创新求发展"的企业经营理念，遵循"为人类制造质优价廉的医药产品，为股东创造不断增长的投资回报"的理念，经过多年的努力，已经发展成为国内领先的生物医药企业。

商标储备，系列衍生

商标对于企业发展有举足轻重的意义，商标是企业字号 1998 年变更为"双鹭药业"之时设计而成的，由两只活泼充满动感的白鹭相交而成，又似双螺旋造型。商标蕴含着双鹭药业的企业文化，即团结合作、创新发展的精神。

医药行业的药品命名有其特殊性，因此，双鹭药业会根据新药报批的数量，去做商标储备。考虑到商标注册程序需要花费的时间，公司往往在还没确定某个商品名要用在某个具体的药品之前，就要去申请大量商标作为备用，以免申报新药品时耽误时间。

双鹭药业除了" 双鹭药业 SL PHARM"这个主商标外，还有

北京双鹭药业股份有限公司（以下简称双鹭药业）成立于 1994 年，是一家专注于基因工程及相关药物研究开发和生产经营的高新技术企业，系北京市首家登陆中小企业板的上市公司，是国家认定的企业技术中心。

"以质量求生存，以创新求发展"是双鹭药业的企业宗旨，目前公司净资产逾 27 亿元，已获得与企业发展密切相关的国内发明专利 32 件、PCT 专利 13 件，获权的 PCT 专利占专利总数的 29%，形成了以知识产权为先导的新药研发体系，对经济成效贡献度逐年增加。双鹭药业正以雄厚的研发实力、丰富的商标储备、过硬的产品质量和良好的发展前景，迅速提升并已成为国内生物制药的骨干企业。

四个最早注册使用，并且早期开始就非常著名的商标——立生素、欣吉尔、迈格尔、扶济复。其中扶济复是国家一类新药，其他三个是国家二类新药。这四类药品代表了双鹭药业的科技水平。之后，从这四类药品名中，双鹭药业衍生出了新的商标，例如，"立生"系列、"欣"系列等。目前双鹭药业的产品已有70余种，已经用在药品上的商标和注册待用的商标已达百个。

在品牌竞争、知识产权竞争激烈的时代，双鹭药业根据药品行业的特殊性，适时提出了以扩增注册商标总量、做大做强企业品牌、提升产业和产品核心竞争力为目标，储存商标、正确使用商标，解决商标纠纷。双鹭药业积极围绕"以质量求生存，以创新求发展"的理念，积极适应医药行业未来发展趋势和政策环境的变化，加大研发投入和新产品开发力度，全面加强公司技术中心的软硬件建设、生产质量体系的硬件更新、软件升级，有序推进新版 GMP 的实施和美国 FDA 认证的软硬件建设；同时，大力推进与国内外优势研发机构和企业的合作，前瞻性地布局未来前沿领域和潜力品种，多渠道为公司未来储备优势高端品种，增加产品种类；进一步加大商标注册与保护的力度，加大争创驰名、著名商标的力度，提高公司商标的知名度和市场占有率。双鹭药业在不断强化自身优势、加大自主研发、稳步推进国内市场的基础上，秉承公司经营理念，持续打造双鹭药业的创新品牌，在海外市场拓展取得显著成绩，成功实现从单纯产品出口到合资建厂、参股或技术合作等多方式合作的转变，极大地提升公司的技术水平、资源整合能力和综合实力，继续努力实现公司经营宗旨，努力成为国内生物制药的领头企业。

商标维权，品牌创新

2005 年，双鹭药业遇到了第一个商标维权事件，杭州某药业公司提出双鹭药业所有的"欣某某"商标与其公司的两件商标属近似商标，并认为双鹭药业存在主观恶意。双鹭药业通过分析对方药品的特点和销售方式，提出合理充分的证据，通过向国家工商行政管理总局商标局异议答辩，最终胜诉。

双鹭药业首先声明了企业性质和状况，以及"欣某某"的注册情况。"欣某某"商标于 2003 年申请注册，同时申请注册的有"欣"系列的 17 件商标，申请"欣某某"商标完全是出于对公司产品系列化的考虑，系公司早期已授权"欣"系列商标的衍生商标，杭州某药业公司所称的双鹭药业刻意模仿、主观恶意等错误结论与事实严重不符。

双鹭药业又指出，公司申请的"欣某某"商标与杭州某药业公司的两件商标不构成指定在相同商品上的近似商标。杭州某药业公司的商标系一种治疗维生素、微量元素缺乏症以及人体营养补充的普通的维生素和微量元素类药物，市场上该类商品有数十种之多，只是名称和商标不同而已，并且该杭州某药业公司的产品凭借强势广告效应确立了该产品在维生素类产品领域的品牌效应，但这并不代表该产品的高科技含量。而双鹭药业产品主要为治疗肿瘤和肝炎的处方药品种，产品中没有对方公司标有相类似的商标的维生素和微量元素类产品。双鹭药业申请的"欣某某"商标拟用于自主研发的注射用重组人长效新型复合 a 干扰素，并且其中的一个组成文字代表维持血液浓度，喻意长效的含义，双鹭药业该"欣某某"商标的构思和创造性成果不应被错误理解，不应被他人无理干扰，对方公司得不到正当的注册权利。

双鹭药业还指出，对方商标是凭借强势广告效应树立品牌效应的，但其品牌效应仅仅树立于维生素营养剂领域，其品牌效应不应无限扩大、无限联想，否则有失公允与公平，有可能侵犯他人的知识产权，有失商标法的严肃性。

最终，双鹭药业在维权过程中获得胜利，国家工商行政管理局商标局判定双鹭药业不具有主观恶意，"欣某某"商标核准注册。双鹭药业以商标维权为抓手，有力地维护了自身商标的合法性，为企业品牌创新奠定了基础。

学术推广，品牌提升

由于双鹭药业研发和生产的是处方类药品，所以双鹭药业的宣传集中放在一些相关的学术宣传上，面向医生来宣传双鹭药业商标品牌，经过多年不懈努力，双鹭药业走出了一条从产品营销到品牌推广的发展之路，在行业内已经颇具知名度。

在产品营销方面，双鹭药业积极应对行业政策变化和医保目录调整的契机，抓住时机加强薄弱区域的市场开发和产品推广，进一步加强学术推广和品牌建设，努力打造以学术推广为主的专业销售队伍，提升营销人员的专业素质和职业素质，建设独具特色的市场营销模式；同时，加强市场调研、市场预测、决策管理和营销信息系统建设；根据双鹭药业的产品特点继续加强产品组合管理、产品定位及新产品市场开发的科学规划管理。此外，双鹭药业根据公司战略和国际化发展的需要，创新营销模式，积极推进公司与优势跨国药企的合作，稳步提升公司产品在海内外的市场份额。

随着时间的推移，双鹭药业也意识到了品牌和口碑的重要性，于是积极改进品牌战略布局，2013年，双鹭药业成功获得北京市著名商标认定，目前正在努力申请驰名商标。同时，根据形势变化调整营销策略和机制，双鹭药业继续加强品牌推广网络建设，通过建设微信平台等手段向普通消费者宣传双鹭药业的品牌以及产品。利用媒体、自媒体、网站等形式进行推广和宣传，让普通消费者也认识和熟悉双鹭药业，从多个角度确保公司主要产品的市场份额逐年稳步攀升。

蓝海战略，技术创新

双鹭药业重视技术创新，采取自主研发和合作研发的方式，以实现公司内生与外延同步增长，依靠内力和外力，共同增强企业的竞争力。双鹭药业在研发方面持续加大投入，更新硬件设施、引进技术骨干，不断强化自身技术优势和技术力量。充分发挥地域优势，进一步加大以高端基因工程药物和疫苗为重点的高端优势品种的开发力度。根据国内外形势及公司实际，逐步实施公司的国际化战略规划，充分利用国内外的优势研发资源，通过技术受让、合作研究以及股权投资等方式进一步强化公司在肿瘤、肝病、心脑血管等领域的优势，并不断拓展研究领域，逐步进入糖尿病、肾病、预防性疫苗等新的治疗领域。

双鹭药业设立的北京双鹭医药生物技术中心作为公司的药物研究和中试基地，为公司不断开发国内外领先的生物及化学药品提供了强有力的技术保障。该中心下设分子生物学生化研究室、化学药品室、中试研究室和新药评价室。共近200名专兼职研究开发人员，其中60%具有博士、硕士学位或中高级专业技术职称，中心学术带头人徐明波博士为国家有突出贡献的专家并享受政府特殊津贴。中心研究开发投入逐年增加，占公司销售收入15%以上。产品开发成本低、周期短、速度快、效率高，使其在同行业中脱颖而出。近几年中心成功地研制了数十种新药并陆续推向市场。

双鹭药业在海外的研发和生产工厂成为企业吸收国际先进技术和产品的高端平台、前沿产品研发中心，为双鹭药业保持领先提供了动力。近年来，双鹭药业研发投入平均超过年营业收入的10%，近三年研发投入近3亿元。在技术创新上的投入也带来了丰厚的回报，双鹭药业技术性收入与高新技术产品销售收入总和占当年总收入的比例不低于75%。

双鹭药业的产品均为科技含量较高的高端产品，如用于组织损伤修复的基因工程产品"扶济复"系国家一类新药；用于肿瘤放化疗后的升白药"立生素"系北京市名牌产品，并且是我国惟一一个打入国际市场的基因工程药重组人粒细胞激落刺激因子；用于肿瘤放化疗及白血病的升血小板药物"迈格尔"，是国内第一个上市的升血小板药物；治疗肿瘤和肝炎的"欣复金"（重组人新型复合 α 干扰素），系双鹭药业自主研发的国家创新药物，并已申请国家发明专利。

双鹭药业的产品不仅科技含量高、质量好，并且在价格上也非常具有优势。这其中最具代表性的就是被列为国家重点新产品，先后获得北京市政府授予的"科技之光"优秀产品奖、"北京市名牌产品"等殊荣的立生素重组人粒细胞刺激因子注射液（rh G-CSF）。它是双鹭药业采用基因工程重组技术自主研发并投放市场的国家二类新药。立生素是国际上第一个上市的 N 端不含甲硫氨酸的 G-CSF 产品，免疫原性减小，其纯度和活性与进口制剂相当，生白的治疗效果完全可以达到进口同类产品水平。在用量上，立生素与国内其他厂家相比要更少。在价格上，同一规格，立生素的价格仅为进口制剂的一半，但在产品质量上完全不输进口产品，而且有一些技术指标还超过了进口产品。立生素的推出，使国内该类药品的水平和国际保持一致。同时由于较低的价格，让国家医保支出有了大幅下降，这都是双鹭药业的功劳。

质量为本，品牌保障

"以质量求生存、以创新求发展"也是对双鹭药业企业文化高度凝练的概括。双鹭药业做任何事情以这个为出发点，以这个为理念。药品关乎生命健康，对于制药企业来说，药品质量就是最重要的。如果没有质量，那么什么都失去了。除了质量，药品行业的竞争也非常激烈，所以双鹭药业力求创新，突出技术。

除了具体的药品质量优良，双鹭药业也在不断推进新版 GMP 认证，从更高的层面上来保证其药品的质量。为了全面推进新版 GMP，双鹭药业按照新版 GMP 的要求逐步完成了北京昌平生产基地、八大处生产基地部分车间的建设、改造和升级，加快了新乡原料药基地、基本药物生产基地、美国 FDA 认证车间的建设进程，通过聘请专业咨询公司指导公司生产质量体系的软硬件建设及员工培训，完成了公司生产质量体系的升级，全面提升员工的专业素质和职业素质。在坚持自主研发、巩固公司在基因工程药物研究领域传统优势的基础上，加快中、高级技术人才的引进和内部技术人才培养，尽快提升公司在单抗、高端疫苗等领域的技术力量和人才队伍建设。同时，继续加强技术中心的软硬件建设，完善项目考核和激励机制，推进研发项目管理责任制的实施，加快对引进技术的消化、吸收和掌握，进一步提升技术中心的技术实力。

目前双鹭药业针剂和固体制剂车间 90% 已完成新版 GMP 改造，新乡原料药基地拟提交新版 GMP 认证申请，大兴基地工程在按计划建设。这些举措都将更加有利地保障双鹭药业产品的优良品质。

内生外延，同步发展

双鹭药业注重文化建设和制度建设，还认真履行公司的社会责任和义务，通过定期向弱势群体患者免费赠送治疗药物和为大型公共突发事故捐助救治药品的慈善行动，坚持善待社会各类投资者，努力提升公司的透明度和社会形象，公司形象和双鹭品牌均得到民众的认可和有力提升。

双鹭药业不仅重视商标品牌对于中国大陆市场的巨大作用，在更加广阔的海外市场方面，双鹭药业采用以点带面的方式慢慢打开国际市场。例如面向发达国家，双鹭药业主推高端产品。而针对一些发展中国家，如巴基斯坦、印度、菲律宾、俄罗斯等，双鹭药业主推立生素、欣吉尔、迈格尔、扶济复这四个最重要的基因工程产品。截至目前，双鹭药业已经在十几个国家和地区注册了商标并输出药品，也曾因此得到商务部 100 万元的奖励。

但是，国外推广过程并非一帆风顺，双鹭药业也得到了一些教训。例如在印度，立生素一开始销量非常好。但是印度的另一家药企有类似的药品。于是在立生素售价 9 美元一支的情况下，该企业的类似药只出售 1 美元。对于印度这个贫穷的国家来说，价格是一个很重要的因素，即使药效差一些，绝大多数的人还是放弃了立生素而选择了便宜的替代品。这对于双鹭药业来说是个很大的打击，这也让双鹭药业意识到要进入更多发达国家，这类的国家民众更注重品牌以及药效，从而更可能选择药效好的双鹭药业的品牌产品。这次经历让双鹭药业在品牌产品拓展海外市场之时，更加关注竞争对手的情况。

2011 年，双鹭药业出资 2000 万加元在加拿大安大略省设立 PnuVax SL，与疫苗领域国际知名专家唐纳德 F. 格森博士（DONALD F. GERSON）合作，从事疫苗及抗体的研发、生产和销售。Pnu Vax SL 是国内企业在境外投资最多的疫苗生产工厂，也是加拿大迄今为止得到最多投资的中国医药企业。合作的教授是2014年3月刚刚入选美国医学工程院医学部的院士，在国外排名前50名的医学科学家。目前正在基于一个重磅产品做研究。这个重磅产品就是基于对血管的保护。对于糖尿病患者来说，糖尿病并不可怕，可怕的是它的并发症，可能造成对心脏、肝脏、肾脏等重要器官的损害。在动物实验中，研究人员发现这个新产品有保护血管作用，这是非常有意义的。基于这个重磅产品，研究人员目前已经进入大规模的药理毒理实验阶段。预计在2015年能完成药理毒理实验以及安全性评价，然后申报临床，目标是成为世界上真正的一类原创药，从而证明双鹭药业的创新能力。

另外，双鹭药业出资200万美元，与拥有独家许可开发权的Diapin项目（极具市场潜力的新型抗糖尿病化合物）拥有人CHAI合作，在美国设立了DIAPIN THERAPEUTICS, LLC.，共同开发新型抗糖尿病化合物Diapin，并获得该项目中国市场80%权益，海外市场20%权益。

正是通过不断的内生与外延发展，双鹭药业逐步从一个小的生物技术公司逐步成长为一个以基因工程和生化药物的研究开发、生产经营为主业的高科技骨干企业和上市公司。展望未来，双鹭人将继续坚持创新发展之路，脚踏实地，实现中国企业的百年企业之梦。

（作者：刘瑛、刘嘉丽）

目前药品的名称主要由通用名、商品名和商标 3 种组成。中国药品的通用名称（简称 CADN）是由药典委员会按照《药品通用名称命名原则》组织制定并报卫生部备案的药品法定名称，是同一种成分或相同配方组成药品在中国境内的通用名称，具有强制性和约束性。因此，凡上市流通的药品，其标签、说明书或包装上必须要用通用名称。其命名应当符合《药品通用名称命名原则》的规定，并且不可将其作为商标注册。商品名是药品生产厂商自己确定，经药品监督管理部门核准的产品名称，具有专有性质，不得仿用。在一个通用名下，由于生产厂家的不同，可有多个商品名称。一般而言，通用名相同的药物主要有效成分就相同，而商品名则是各商家所取。

我国《商标法》自 1983 年颁布以来，一直实行商标注册自愿原则，但同时规定"国家规定必须使用注册商标的商品，必须申请商标注册，未经核准注册的，不得在市场销售"。与《商标法》同年颁布的《商标法实施细则》明确了"药品必须使用注册商标"的规定。1985 年施行的《药品管理法》规定："除中药材、中药饮片外，药品必须使用注册商标；未经核准注册的，不得在市场销售。注册商标必须在药品包装和标签上注明。"然而，在 2001 年《药品管理法》修订之后，这一规定已经从《药品管理法》中消失了。1988年第一次修改《商标法实施细则》时，将"烟草制品"也纳入强制注册商标的商品范围。2002 年第三次修改《商标法实施细则》时，将必须使用注册商标的有关规定修改为，"国家规定必须使用注册商标的商品，是指法律、行政法规规定的必须使用注册商标的商品"。可见，《商标法》对药品等特殊商品"必须使用注册商标"的规定，是与国家相关法律或者行政法规规定相呼应而制定或修改的。对药品实行强制注册商标的制度始于《商标法》实施之日，终于 2002 年第三次修改《商标法实施细则》之时。但是，这条被取消的规定，却对相关药品企业在使用注册商标方面产生了积极的影响。

国家药品监管部门对药品商品名称的批准，仅代表国家药品监管部门对该药品商品名称的行政许可，并不代表着授予申请人使用该药品商品名称的民事权利。如果药品商品名称经过国家工商行政管理总局商标局核准成为指定使用在药品上的注册商标，那么商标注册人就享有对该药品商品名称在指定使用药品上的专用使用权。

北京双鹭药业股份有限公司通过自身发展历程，展示了在品牌建设中"商标储备"与"研发实力"和"产品质量"的平衡关系。我们认为这三点是北京双鹭药业股份有限公司迅速成为国内生物制药骨干企业的重要原因。其中"商标储备"就是源于人用药"必须使用注册商标"的历史，只是这种历史传统的坚守，已经从强制注册的政府行为，转变为企业根据发展需要自觉注册的市场行为。但是，实施商标战略关乎企业的切身利益。

1. 1994 年，北京白鹭园生物技术有限责任公司成立，并开展新药研究。

2. 1997 年，北京白鹭园生物技术有限责任公司获得药品生产许可证。

3. 1998 年，北京白鹭园生物技术有限责任公司更名为北京双鹭药业有限责任公司，"立生素"获得新药证书和批准文号。

4. 1999 年，"欣吉尔"获得新药证书并正式投产。

5. 2000 年，北京双鹭药业有限责任公司顺利通过"双高认定"并完成整体改制，更名为北京双鹭药业股份有限公司。

6. 2001 年，北京双鹭药业股份有限公司技术中心被北京市认定为市级企业技术中心；一类新药"扶济复"获得生产批文；徐明波董事长获得北京市有突出贡献的中青年专家并享受国务院特殊津贴；公司设立企业博士后工作站。

7. 2003 年，二类新药"迈格尔"国内首家获得新药证书和生产批文。

8. 2004 年，北京双鹭药业股份有限公司在深圳证券交易所成功上市；"扶济复"研发项目获得国家科技进步二等奖。

9. 2005 年，北京双鹭药业股份有限公司昌平基地通过 GMP 认证投产；公司完成股权分置改革实现全流通。

10. 2006 年，北京双鹭药业股份有限公司在沪深两市首家公布并成功实施股票期权激励计划；徐明波董事长荣获北京市第三届优秀青年企业家（金奖）称号。

11. 2007 年，北京双鹭药业股份有限公司入选北京市中关村科技园区百家创新型试点企业；净利润首次突破亿元。

12. 2008 年，徐明波董事长荣获首都"劳动奖章"；公司净利润首次突破两亿元。

13. 2009 年，北京双鹭药业股份有限公司及徐明波总经理双双荣获"中关村科技园区 20 周年突出贡献奖"；公司入选首批中关村国家自主创新示范区创新型企业。

14. 2010 年，北京双鹭药业股份有限公司入选中关村国家自主创新示范区"十百千工程"首批企业和北京生物医药产业跨越发展工程（G20 工程）。

15. 2011 年，北京双鹭药业股份有限公司被认定为国家级企业技术中心、国家火炬计划重点高新技术企业；公司净利润突破 5 亿元；公司投资 1.3 亿元在加拿大设立控股子公司 PnuVax SL、设立美国（特拉华）子公司（DIAPIN THERAPEUTICS,LLC）；双鹭图形商标被认定为"北京市著名商标"（2010 — 2013）。

16. 2012 年，北京双鹭药业股份有限公司昌平基地生产车间通过新版 GMP 认证；成功挑战国外专利研发品种来那度胺、达沙替尼获得临床试验批文；公司销售收入突破 10

亿元。

17. 2013 年，徐明波董事长入选科技北京百名领军人才（生物医药）；新乡原料药基地、加拿大控股子公司 PnuVax SL 获得生产许可证；昌平基地引进的意大利依玛全自动灌装及冻干生产线完成安装调试拟认证投产。

18. 2014 年，徐明波董事长入选推动北京创造的科技人物；北京双鹭药业股份有限公司被评为北京市首批"G20"优秀企业并入选"G20"二期工程；公司被认定为国家技术创新示范企业。

19. 2015 年，徐明波董事长等四人入选海淀区"海英人才"计划；双鹭图形商标再次被认定为"北京市著名商标"；公司荣获第 17 届中国上市公司金牛奖金牛基业长青公司、金牛最高效率公司、金牛最佳企业领袖、金牛最佳董秘四项大奖。2016 年，公司成功挑战国际专利产品来那度胺纳入新药优先审评通道；公司复合辅酶等系列生化药的生产关键技术创新与产业化实施荣获北京市科学技术三等奖。

附件

中关村商标工作大事记

2008 年 6 月 5 日，国务院印发了《国家知识产权战略纲要》。国家知识产权战略是中国运用知识产权制度促进经济社会全面发展的重要国家战略，《国家知识产权战略纲要》是这一战略的纲领性文件，也是指导中国知识产权事业发展的纲领性文件。

2009 年 3 月 13 日，国务院发布《国务院关于同意支持中关村科技园区建设国家自主创新示范区的批复》，同意中关村科技园区建设国家自主创新示范区。要求中关村以科学发展观为指导，发挥创新资源优势，加快改革与发展，努力培养和聚集优秀创新人才特别是产业领军人才，着力研发和转化国际领先的科技成果，做强做大一批具有全球影响力的创新型企业，培育一批国际知名品牌，全面提高中关村科技园区自主创新和辐射带动能力，推动中关村科技园区的科技发展和创新，在 21 世纪前 20 年再上一个新台阶，使中关村科技园区成为具有全球影响力的科技创新中心。

2009 年 10 月，国家工商总局发布了《国家工商总局关于支持中关村科技园区建设国家自主创新示范区的意见》，出台了 43 项政策支持中关村的发展。

2009 年 11 月，国家工商总局商标局驻中关村国家自主创新示范区办事处和北京市工商行政管理局中关村国家自主创新示范区分局在中关村地区成立。

2010 年 6 月，中关村成为国家工商总局首批认定的国家商标战略实施示范区。

截至 2010 年 12 月 31 日，中关村企业累计注册商标 43008 件。

截至 2011 年 12 月 31 日，中关村企业当年新增注册商标 8536 件，累计注册商标 51264 件。

2012 年 3 月，北京市工商局与中关村管委会联合印发了《中关村国家商标战略实施示范区建设工作指导意见》(中科园发〔2012〕20 号。

2012 年 5 月 3 日，北京市工商局和中关村管委会联合印发了《关于成立中关村商标服务中心的通知》(中科园发〔2012〕14 号)，2012 年 10 月，中关村商标服务中心揭牌。

2012 年 5 月 22 日，中关村管委会制定了《中关村国家自主创新示范区商标促进专项资金管理办法》(中科园发〔2012〕23 号)，加大对国内外商标注册和驰名、著名商标的资助。

2012 年 10 月 16 日，中关村国家商标战略实施示范区商标推进大会在中关村举行。

2012 年 10 月，北京市工商局和中关村管委会联合发布了第一批中关村商标试点和示范企业名单，包括 5 家商标示范单位和 50 家试点单位。

2012 年 12 月 25 日，北京市人民政府发布关于贯彻落实《国务院关于同意调整中关村国家自主创新示范区空间规模和布局的批复》的实施意见，提出到2015 年，中关村企业形成一批能够推动行业重大变革的创新成果和一批对市场有影响力、有话语权的品牌企业的工作目标。

截至 2012 年 12 月 31 日，中关村企业当年新增注册商标 8382 件，累计注册商标 59800 件。

2013 年 1 月 18 日，全国打击侵犯知识产权和制售假冒伪劣商品工作领导小组第五次全体会议在北京召开，研究部署 2013 年一季度打击侵权假冒和推进软件正版化工作。国家工商总局副局长甘霖出席会议，商标局副局长陈文彤陪同出席。

2013 年 3 月 29 日，北京市政府出台《关于深入实施商标战略推动首都品牌经济发展的意见》(京政发〔2013〕11 号)，着力打造"品牌北京"，市、区县各级政府加强对商标战略实施的财政支持，设立专项资金，完善奖励和资助制度，为深入实施商标战略提供有力保障。

2013 年 11 月 21 日，中关村科技园区管理委员会发布《中关村国家自主创新示范区技术创新能力建设专项资金管理办法》(中科园发〔2013〕43 号)，进一步优化专利、商标促进支持政策。

截至 2013 年 12 月 31 日，中关村企业当年新增注册商标 8656 件，累计注册商标 68456 件。

2014 年 4 月，中关村管委会和北京市工商局签订《实施商标战略合作机制框架协议》，合力推动中关村商标战略实施。

2014 年 4 月，中关村管委会启动中关村商标示范和试点单位商标战略项目工作，确定对 34 个项目给予支持。

截至 2014 年 12 月 31 日，中关村企业当年新增注册商标 12615 件，累计注册商标 81057 件。

商标基础知识介绍

1. 什么是商标

商标是能够将一家企业的商品或服务与其他企业的商品或服务区别开的标志。商标是受保护的知识产权。

2. 什么是注册商标

依据《商标法》第3条，经商标局核准注册的商标为注册商标，包括商品商标、服务商标和集体商标、证明商标；商标注册人享有商标专用权，受法律保护。

3. 为什么要注册商标

商标是能够将一家企业的商品或服务与其他企业的商品或服务区别开的标志，是受保护的知识产权。原则上，商标注册授予对注册商标的专用权。这是指商标只能由其所有人专用，或者收取费用许可另一方使用。注册带来法律上的确定性，加强了权利人在诉讼等情况中的立场。

4. 什么是商标专用权及如何保护

4.1 商标注册人的权利和义务

商标注册人的权利主要是指对注册商标所享有的专用权。我国《商标法》规定：经商标局核准注册的商标为注册商标，商标注册人对该注册商标享有商标专用权，受法律保护。

商标专用权应当包括：

（1）使用权：商标注册人有权在其注册商标核准使用的商品和服务上使用该

商标，在相关的商业活动中使用该商标。

（2）独占权：商标注册人对其注册商标享有排他性的独占权利，其他任何人不得在相同或类似商品或服务上擅自使用与注册商标相同或近似的商标。

（3）许可使用权：商标注册人有权依照法律规定，通过签订商标使用许可合同的形式，许可他人使用其注册商标。

（4）禁止权：对他人在相同或者类似的商品或者服务上擅自使用与其注册商标相同或者近似的商标的行为，商标注册人有权予以制止。

（5）设立抵押权：商标注册人有权在经营活动中以其注册商标设立抵押。

（6）投资权：商标注册人有权根据法律规定，依照法定程序将其注册商标作为无形资产进行投资。

（7）转让权：商标注册人有权通过法定程序将其注册商标有偿或者无偿转让给他人。

（8）继承权：商标作为无形财产，可以依照财产继承顺序由其合法继承人继承。

商标注册人的义务包括：

（1）商标注册人应当对其使用注册商标的商品或服务的质量负责。许可他人使用其注册商标时，应当监督被许可人使用其注册商标的商品或者服务的质量。

（2）商标注册人应当严格按照商标法律的有关规定正确使用其注册商标。

4.2 商标使用中应注意的问题

（1）注册商标应严格按照《商标注册证》上核准注册的商标和核定使用的商品或服务使用。

（2）商标注册人不得自行改变注册商标的文字、图形或者其组合；不得自行改变注册商标的注册人名义、地址或者其他注册事项。

（3）商标注册人超过《商标注册证》核定使用的商品或服务范围使用其注册商标，并标明注册标志的，是冒充注册商标的违法行为。

（4）转让注册商标的，转让人和受让人应当签订转让协议，并共同向商标局提出申请。受让人应当保证使用该注册商标的商品质量。

（5）商标注册人有使用注册商标的义务。如果注册商标自核准之日起没有正当理由连续三年不使用，该商标将可能被依法撤销。

（6）商标注册人应注意防止其注册商标成为通用名称。注册商标成为其核定使用的商品通用名称，任何单位或者个人可以向商标局申请撤销该注册商标。

（7）商标注册人可以通过签订商标使用许可合同，许可他人使用其注册商标。

许可人应当在许可合同有效期内向商标局备案并报送备案材料，由商标局公告。商标使用许可未经备案不得对抗善意第三人。

（8）被许可人应当保证使用该注册商标的商品质量，必须在使用该注册商标的商品上标明被许可人的名称和商品产地。

（9）以注册商标权出质的，出质人和质权人应签订书面质权合同，并共同向商标局提出质权登记申请，由商标局公告。

4.3 商标专用权的保护途径

（1）行政途径。

对侵犯注册商标专用权的行为，当事人可以协商解决，不愿协商或者协商不成的，商标注册人或者利害关系人可以向县级以上工商行政管理机关投诉，请求工商行政管理机关对侵权案件进行查处。工商行政管理机关对尚未构成犯罪的侵权案件作出行政处理，对涉嫌构成犯罪的侵权案件移送司法机关追究侵权人的刑事责任。

（2）司法途径。

对侵犯注册商标专用权的行为，商标注册人或者利害关系人可以也可以直接向人民法院起诉。人民法院通过审判程序，维护商标专用权人的合法权益。

4.4 商标侵权的行政投诉

对侵犯注册商标专用权的，任何人可以向县级以上工商行政管理机关投诉或举报。工商所是县级工商行政管理机关的派出机构，可以接受投诉人投诉。投诉一般应采取书面形式，写明有关情况并提供相关证据，如侵权嫌疑人名称、地址，涉嫌侵权行为的发生地，涉嫌侵权的商标标识或者物品（照片、影印资料）等，同时附送商标权利人有效的权利证明。在查处商标侵权案件过程中，工商行政管理部门可以要求权利人对涉案商品是否为权利人生产或者其许可生产的产品进行辨认。

5. 注册商标有哪些作用

注册商标具有以下三个方面的作用：

（1）商标权是私权，只能由其所有人专用。商标注册人享有商标专用权，受法律保护。

（2）注册商标能够将一家企业的商品或服务与其他企业的商品或服务区别开。

（3）对于法律、行政法规规定必须使用注册商标的商品，注册商标为该商品在市场销售提供了相应的法律保障。

6. 如何注册商标

6.1 申请注册

依据《商标法》第4条、第22条，自然人、法人或者其他组织在生产经营活动中，对其商品或者服务需要取得商标专用权的，应当向商标局申请商标注册。商标注册申请人应当按规定的商品分类表填报使用商标的商品类别和商品名称，提出注册申请。商标注册申请人可以通过一份申请就多个类别的商品申请注册同一商标。商标注册申请等有关文件，可以以书面方式或者数据电文方式提出。

《商标法》第17条、第18条规定，外国人或者外国企业在中国申请商标注册的，应当按其所属国和中华人民共和国签订的协议或者共同参加的国际条约办理，或者按对等原则办理。申请商标注册或者办理其他商标事宜，可以自行办理，也可以委托依法设立的商标代理机构办理。外国人或者外国企业在中国申请商标注册和办理其他商标事宜的，应当委托依法设立的商标代理机构办理。

申请注册商标应当依据《商标法》《商标法实施条例》的相关规定。法律法规没有规定的环节，依照商标局公布的规定。如遇到其他问题，可以咨询商标局。

6.2 领取商标注册证

（1）领取途径。

直接办理的，当事人须到商标注册大厅领取商标注册证。

委托代理机构办理的，商标局将商标注册证发给代理机构，当事人到代理机构领取。

（2）办公地址及时间

北京市西城区茶马南街1号 邮编：100055

办公时间：8:30—11:30　13:30—16:30

咨询电话：86-10-63219616 86-10-68027820

86-10-63219612

（3）直接到商标注册大厅领取需要以下材料。

注册人为法人或者其他组织的，须提交以下材料。

《领取商标注册证通知书》；未收到《领取商标注册证通知书》的，应提供商标注册号及商标注册公告期号。

注册人盖章确认的身份证明文件（营业执照副本、事业单位法人证书等）复印件。

注册人出具的介绍信或委托书。

领取人的身份证及其复印件（原件经比对后退还）。

注册人名称已变更的，须提交登记机关出具的名称变更证明原件。

商标已办理转让的，应提交商标局出具的核准商标转让证明。

注册人为自然人的，须提交以下材料。

《领取商标注册证通知书》；未收到《领取商标注册证通知书》的，应提供商标注册号及商标注册公告期号。

注册人自己领取的，须提交身份证及复印件（原件经比对后退还）；委托他人代为领取的，须提交经注册人签字确认的身份证复印件、委托书以及领取人的身份证及其复印件（原件经比对后退还）。

注册人名称已变更的，须提交登记机关出具的名称变更证明原件。

商标已办理转让的，应提交商标局出具的核准商标转让证明。

（4）特别说明。

依据《商标法》第40条及《商标法实施条例》第33条，注册商标的有效期为十年。注册商标有效期满，需要继续使用的，应当在期满前十二个月内按照规定办理续展手续。在此期间未能办理的，可在期满后的六个月宽展期内提出续展，但须缴纳续展注册延迟费。宽展期满后仍未提出续展申请的，商标局将注销该注册商标。

7. 注册商标的有效期是多少年

依据《商标法》第33条、第36条第2款、第39条，商标注册申请人取得商标专用权的时间自初步审定公告三个月期满之日起计算。公告期满无异议的商标，予以核准注册，发给商标注册证，有效期为十年，自核准注册之日起计算。

8. 商标和字号有什么区别

商标是能够将一家企业的商品或服务与其他企业的商品或服务区别开的标志。商标可以由以下元素构成：文字，图形，符号，商品的形状和包装等立体特征，声音或香味等不可视标志，或者作为区别特征使用的颜色等。

《企业名称登记管理规定》（2012年修正）第10条规定："企业可以选择字号。字号应当由两个以上的字组成。企业有正当理由可以使用本地或者异地地名作字号，但不得使用县以上行政区划名称作字号。私营企业可以使用投资人姓名作字号。"前述的"两个以上的字"是指两个以上的汉字。《工商总局关于促进中关村国家自主创新示范区创新发展的若干意见》第1条第5款规定："探索在企业名称中使用阿拉伯数字。允许企业将阿拉伯数字作为名称字号或名称字号的一部分。对申请在企业名称中使用阿拉伯数字的,实行名称预先核准登记制度。"

主要区别如下:

一是构成要素不同。商标可以由图形,符号,商品的形状和包装等立体特征,声音或香味等不可视标志,或者作为区别特征使用的颜色等元素构成;字号不能由前述元素构成。

二是法律依据不同。商标是《商标法》《商标法实施条例》等法律体系下形成的法律概念。字号由《企业法人登记管理条例》《企业名称登记管理规定》《企业名称登记管理实施办法》等法律法规做出规定。

三是功能不同。商标是市场上商品或服务的名称,具有完整性。字号是经营体独一无二的名字,需与"行业或者经营特点、组织形式"的文字共同组成经营体名称,不具有完整性。

9. 不能作为商标注册和使用的内容有哪些

依据《商标法》第10条,下列标志不能作为商标使用:

(1)同中华人民共和国的国家名称、国旗、国徽、国歌、军旗、军徽、军歌、勋章等相同或者近似的,以及同中央国家机关的名称、标志、所在地特定地点的名称或者标志性建筑物的名称、图形相同的;

(2)同外国的国家名称、国旗、国徽、军旗等相同或者近似的,但经该国政府同意的除外;

(3)同政府间国际组织的名称、旗帜、徽记等相同或者近似的,但经该组织同意或者不易误导公众的除外;

(4)与表明实施控制、予以保证的官方标志、检验印记相同或者近似的,但经授权的除外;

(5)同"红十字""红新月"的名称、标志相同或者近似的;

(6)带有民族歧视性的;

(7)带有欺骗性,容易使公众对商品的质量等特点或者产地产生误认的;

(8)有害于社会主义道德风尚或者有其他不良影响的。

县级以上行政区划的地名或者公众知晓的外国地名,不得作为商标。但是,地名具有其他含义或者作为集体商标、证明商标组成部分的除外；已经注册的使用地名的商标继续有效。

依据《商标法》第 11 条和第 12 条，以下标志不得作为商标注册：

（1）仅有本商品的通用名称、图形、型号的；

（2）仅直接表示商品的质量、主要原料、功能、用途、重量、数量及其他特点的；

（3）其他缺乏显著特征的。

但《商标法》第 11 条所列标志经过使用取得显著特征，并便于识别的，可以作为商标注册。

（4）以三维标志申请注册商标的，仅由商品自身的性质产生的形状、为获得技术效果而需有的商品形状或者使商品具有实质性价值的形状，不得注册。

10. 商标恶意抢注是什么

商标恶意抢注是一种违反诚实信用原则的行为，破坏了公平公正的市场秩序，2013 年修正的《商标法》增加了在注册和使用环节制止各种不正当竞争行为的相关规定，以保护合法经营者的信誉投资和创新汇报，营造公平有序、和谐诚信的市场秩序。

《商标法》第 7 条规定："申请注册和使用商标，应当遵循诚实信用原则。"

针对实践中存在的一些虽然不具有销售代理关系但存在其他商业合作关系的当事人抢注另一方当事人商标的问题，《商标法》第 15 条第 2 款规定："就同一种商品或者类似商品申请注册的商标与他人在先使用的未注册商标相同或者近似，申请人与该他人具有前款规定以外的合同、业务往来关系或者其他关系而明知该他人商标存在，该他人提出异议的，不予注册。"

商标代理是商标代理机构基于相关法律专业知识和经验为当事人提供的一种服务，代理机构、代理人的服务水准和职业道德水平既关系到委托人的切身利益，也影响到商标注册和评审机构的工作质量与效率。为了规范商标代理机构业务，维护诚实信用原则，《商标法》第 19 条对商标代理机构业务进行了规范。

此外，《商标法》第 58 条规定："将他人注册商标、未注册的驰名商标作为企业名称中的字号使用，误导公众，构成不正当竞争行为的，依照《中华人民共和国反不正当竞争法》处理。"

11. 什么是假冒商标

假冒商标是指未经注册商标所有人的同意，而故意在相同或类似商品上使用他人注册商标的行为。假冒商标与伪劣商品有着严格的区别，伪劣商品是商品质量问题，假冒商标是侵犯知识产权问题，是侵犯了受商标法保护的商标专用权利。

对构成假冒他人注册商标的，任何人可以向工商行政管理机关或者检察机关控告检举。向工商行政管理机关控告检举的，工商行政管理机关依照《商标法》相关规定处理后，对构成犯罪的直接责任人员移送人民检察机关追究刑事责任。

依据 2006 年 6 月 29 日第十届全国人民代表大会常务委员会第二十二次会议通过修正的《中华人民共和国刑法》第 213 条、第 214 条、第 215 条，未经注册商标所有人许可在同一种商品上使用与其注册商标相同的商标，销售明知是假冒注册商标的商品，伪造、擅自制造他人注册商标标识或者销售伪造、擅自制造的注册商标标识，视情节严重程度，判处有期徒刑并处以罚款。

12. 什么情况下可以撤销他人的注册商标

依据《商标法》第 49 条、第 50 条、第 54 条、第 55 条规定，商标局有权依法撤销注册商标。商标权利人对商标局决定不服的，可以申诉。商标局撤销的理由有：

（1）商标注册人在使用注册商标的过程中，自行改变注册商标、注册人名义、地址或者其他注册事项，在地方工商行政管理部门责令改正后，至期满仍不改正的。

（2）注册商标成为其核定使用的商品的通用名称或者没有正当理由连续三年不使用的，任何单位或者个人可以向商标局申请撤销该注册商标。

13. 注册商标专用权能继承吗

依据《商标法》第 4 条、《商标法实施条例》第 32 条的规定，自然人在我国可以成为商标专用权的权利主体，商标专用权因转让以外的继承等其他事由发生移转的，接受该注册商标专用权的当事人应当凭有关证明文件或者法律文书到商标局办理注册商标专用权移转手续。

驰名商标、北京市著名商标介绍

1. 驰名商标

（1）概念。依据《驰名商标认定和保护规定》描述的，驰名商标是指在中国为相关公众广为知晓并享有较高声誉的商标。相关公众包括与使用商标所标示的某类商品或者服务有关的消费者，生产前述商品或者提供服务的其他经营者以及经销渠道中所涉及的销售者和相关人员等。

（2）申请原则。为相关公众所熟知的商标，持有人认为其权利受到侵害时，可以依照《商标法》规定请求驰名商标保护。驰名商标认定遵循个案认定、被动保护的原则。当事人请求驰名商标保护应当遵循诚实信用原则，并对事实及所提交的证据材料的真实性负责。

（3）申请路径。商标局通过商标异议案件认定。商标局依据审查、处理案件的需要以及当事人提交的证据材料，对商标驰名情况作出认定。对初步审定公告的商标提出异议的，商标局应当听取异议人和被异议人陈述事实和理由，经调查核实后，自公告期满之日起十二个月内做出是否准予注册的决定，并书面通知异议人和被异议人。有特殊情况需要延长的，经国务院工商行政管理部门批准，可以延长六个月。

商标局做出准予注册决定的，发给商标注册证，并予公告。异议人不服的，可以依照《商标法》第44条、第45条的规定向商标评审委员会请求宣告该注册商标无效。商标局做出不予注册决定，被异议人不服的，可以自收到通知之日起十五日内向商标评审委员会申请复审。

商标评审委员会通过商标不予注册复审案件和请求无效宣告案件认定。商标评审委员会依据处理案件的需要以及当事人提交的证据材料，对商标驰名情况做出认定。商标评审委员会应当自收到申请之日起十二个月内做出复审决定，并书面通知异议人和被异议人。有特殊情况需要延长的，经国务院工商行政管理部门批准，可以延长六个月。被异议人对商标评审委员会的决定不服的，可以自收到通知之日起三十日内向人民法院起诉。人民法院应当通知异议人作为第三人参加诉讼。

工商行政管理部门通过查处商标违法行为案件认定。商标权利人可以向违法行为发生地的市（地、州）级以上工商行政管理部门进行投诉，请求工商行政管理部门立案，并提出驰名商标保护的书面请求，提交证明其商标构成驰名商标的证据材料。

工商行政管理部门应当对投诉材料予以核查，依照《工商行政管理机关行政处罚程序规定》的有关规定决定立案的，应当对当事人提交的驰名商标保护请求及相关证据材料是否符合《商标法》第13条、第14条，《商标法实施条例》第3条和《驰名商标认定和保护规定》第9条进行初步核实和审查。经初步核查符合规定的，应当自立案之日起三十日内将驰名商标认定请示、案件材料副本一并报送上级工商行政管理部门。经审查不符合规定的，应当依照《工商行政管理机关行政处罚程序规定》的规定及时作出处理。

省（自治区、直辖市）工商行政管理部门应当对本辖区内市（地、州）级工商行政管理部门报送的驰名商标认定相关材料是否符合《商标法》第13条、第14条，《商标法实施条例》第3条和《驰名商标认定和保护规定》第9条规定进行核实和审查。经核查符合规定的，应当自收到驰名商标认定相关材料之日起三十日内，将驰名商标认定请示、案件材料副本一并报送商标局。经审查不符合规定的，应当将有关材料退回原立案机关，由其依照《工商行政管理机关行政处罚程序规定》的规定及时作出处理。

商标局经对省（自治区、直辖市）工商行政管理部门报送的驰名商标认定相关材料进行审查，认定构成驰名商标的，应当向报送请示的省（自治区、直辖市）工商行政管理部门作出批复。立案的工商行政管理部门应当自商标局作出认定批复后六十日内依法予以处理，并将行政处罚决定书抄报所在省（自治区、直辖市）工商行政管理部门。省（自治区、直辖市）工商行政管理部门应当自收到抄报的行政处罚决定书之日起三十日内将案件处理情况及行政处罚决定书副本报送商标局。

2. 北京市著名商标

（1）概念。北京市著名商标是指在市场上享有较高声誉，为相关公众所熟知，并依照《北京市著名商标认定和保护办法》予以认定的注册商标。此处所指注册商标包括商品商标、服务商标和集体商标、证明商标。

（2）申请原则。符合首都城市战略定位，能够代表首都产业和区域优势、北京企业形象和竞争力。

（3）申请流程。商标注册人认为其商标符合《北京市著名商标认定和保护办法》第5条规定的，可以向所在地区县工商分局提出北京市著名商标的认定申请。各区县工商分局对符合认定条件的商标，在每年12月30日前向北京市工商行政管理局推荐。北京市工商局依据实际情况组织专家及相关部门按照工作程序开展认定工作，并于次年6月30日前完成认定及公告工作。

商标国际注册

1. 马德里国际注册

1.1 什么是商标马德里国际注册

商标马德里国际注册是指依据《商标国际注册马德里协定》（以下简称马德里协定）或《商标国际注册马德里协定有关议定书》（以下简称马德里议定书），在马德里联盟成员国间所进行的商标注册。

1.2 商标马德里国际注册的三大优点

一是省力：申请人只需向商标局递交一份申请，使用一种语言（英语或法语），交纳一次费用（目前只有日本和加纳的收费分为申请费和注册费两次收取），就可以向所有加入马德里联盟的其他 80 多个国家或地区提出商标注册申请，从而免去了分别使用不同语言、递交不同申请书、交纳不同币种的费用向这些国家或地区的商标注册机关提出商标注册申请的烦琐程序。

二是省钱：通过马德里体系申请商标国际注册要比通过逐一国家方式进行注册更为便宜，申请的国家越多，所节省的费用越多。此外，省力和省钱还体现在变更、转让、续展等后续程序中，申请人也只需提交一份申请、交纳一次费用。

三是省时：马德里协定和马德里议定书对各国商标局在收到申请通知后有审查上的时间限制，马德里协定要求为十二个月，马德里议定书要求为十八个月。此规定使得申请人能在更为确定的时间内得知自己商标的注册情况。

1.3 申请人资格及申请条件

申请人必须具有一定的主体资格。申请人应在我国设有真实有效的工商营业场所；或在我国境内有住所；或拥有我国国籍。另外，中国台湾的法人或自然人均可通过商标局提出国际注册申请。而香港和澳门特别行政区的法人或自然人目前还不能通过商标局提出国际注册申请。

申请国际注册的商标必须已经在我国启动一定的商标注册申请程序。申请人指定保护的国家是纯"马德里协定"缔约方，申请国际注册的商标必须是在我国已经获得注册的商标；申请人指定保护的国家是纯"马德里议定书"缔约方，或是同属"马德里协定"和"马德里议定书"缔约方，申请国际注册的商标可以是已在我国提出注册申请并被受理的商标，也可以是已经注册的商标。

1.4 申请程序及要求

（1）通过商标局申请马德里商标国际注册有两条途径：

委托国家认可的商标代理机构办理；

申请人自行向商标局提交申请。

（2）申请步骤：

准备申请书件；

向商标局国际注册处提交申请书件；

根据《收费通知书》的规定缴纳注册费用；

领取国际注册证。

（3）受理机构：

国家工商总局商标局国际注册处

地址：北京市西城区茶马南街 1 号

邮编：100055

（4）所需材料清单：

马德里商标国际注册申请书；

外文申请书（MM 表格）；

申请人资格证明一份，如营业执照复印件、身份证复印件等；

国内《商标注册证》复印件，或《受理通知书》复印件；

如基础注册或申请的商标在国内进行过变更、转让或续展等后续业务，一并提交核准证明复印件；

申请人使用英文名称的，必须提供使用该英文名称的证明文件；

委托商标代理机构办理的，还应提交商标代理委托书；

指定美国的，一并提交 MM18 表格。

（5）外文申请书的选择：

仅指定纯马德里协定缔约方，选用 MM1 表格；

指定的缔约方如不包含纯"马德里协定"缔约方，选用 MM2 表格；

指定的缔约方如包含纯"马德里协定"缔约方，选用 MM3 表格。

（6）如何填写申请书及具体要求，可以登录商标局网站查询或电话咨询。

1.5 马德里商标国际注册体系目前的缔约方

国家	加入马德里协定时间	加入马德里议定书时间	国家	加入马德里协定时间	加入马德里议定书时间
阿尔巴尼亚	1995.10.4	2003.7.30	利比里亚	1995.12.25	2009.12.11
阿尔及利亚	1972.7.5	—	列支敦士登	1933.7.14	1998.3.17
安提瓜和巴布达	—	2000.3.17	立陶宛	—	1997.11.15
亚美尼亚	1991.12.25	2000.10.19	卢森堡	1924.9.1	1998.4.1
澳大利亚	—	2001.7.11	摩纳哥	1956.4.29	1996.9.27
奥地利	1909.1.1	1999.4.13	蒙古	1985.4.21	2001.6.16
阿塞拜疆	1995.12.25	2007.4.15	摩洛哥	1917.7.30	1999.10.8
巴林	—	2005.12.5	马达加斯加	—	2008.4.28
白俄罗斯	1991.12.25	2002.1.18	莫桑比克	1998.10.7	1998.10.7
比利时	1892.7.15	1998.4.1	荷兰	1893.3.1	1998.4.1
不丹	2000.8.4	2000.8.4	挪威	—	1996.3.29
波斯尼亚 — 黑塞哥维那	1992.3.1	2009.1.27	波兰	1991.3.18	1997.3.4
博茨瓦纳	—	2006.12.5	黑山	2006.6.3	2006.6.3
保加利亚	1985.8.1	2001.10.2	葡萄牙	1893.10.31	1997.3.20
中国	1989.10.4	1995.12.1	韩国	—	2003.4.10
克罗地亚	1991.10.8	2004.1.23	摩尔多瓦	1991.12.25	1997.12.1
古巴	1989.12.6	1995.12.26	罗马尼亚	1920.10.6	1998.7.28
塞浦路斯	2003.11.4	2003.11.4	俄罗斯	1976.7.1	1997.6.10
捷克	1993.1.1	1996.9.25	圣马力诺	1960.9.25	2007.9.12
朝鲜	1980.6.10	1996.10.3	塞尔维亚	1992.4.27	1998.2.17
丹麦	—	1996.2.13	塞拉利昂	1997.6.17	1999.12.28
埃及	1952.7.1	2009.9.3	新加坡	—	2000.10.31
爱沙尼亚	—	1998.11.18	斯洛伐克	1993.1.1	1997.9.13
芬兰	—	1996.4.1	斯洛文尼亚	1991.6.25	1998.3.12
法国	1892.7.15	1997.11.7	西班牙	1892.7.15	1995.12.1
格鲁吉亚	—	1998.8.20	苏丹	1984.5.16	2010.2.16

国家	加入马德里协定时间	加入马德里议定书时间	国家	加入马德里协定时间	加入马德里议定书时间
德国	1922.12.1	1996.3.20	斯威士兰	1998.12.14	1998.12.14
希腊	—	2000.8.10	瑞典	—	1995.12.1
加纳	—	2008.9.16	叙利亚	2004.8.5	2004.8.5
匈牙利	1909.1.1	1997.10.3	瑞士	1892.7.15	1997.5.1
冰岛	—	1997.4.15	塔吉克斯坦	1991.12.25	2011.6.30
伊朗	2003.12.25	2003.12.25	马其顿	1991.9.8	2002.8.30
爱尔兰	—	2001.10.19	土耳其	—	1999.1.1
意大利	1894.10.15	2000.4.17	土库曼斯坦	—	1999.9.28
日本	—	2000.3.14	乌克兰	1991.12.25	2000.12.29
哈萨克斯坦	1991.12.25	2010.12.8	英国	—	1995.12.1
肯尼亚	1998.6.26	1998.6.26	美国	—	2003.11.2
吉尔吉斯斯坦	1991.12.25	2004.6.17	乌兹别克斯坦	—	2006.12.27
拉脱维亚	1995.1.1	2000.1.5	越南	1949.3.8	2006.7.11
莱索托	1999.2.12	1999.2.12	赞比亚	—	2001.11.15
纳米比亚	2004.6.30	2004.6.30	阿曼	—	2007.10.16
欧盟	—	2004.10.1	圣多美和普林西比	—	2008.12.8
以色列	—	2010.9.1	菲律宾	—	2012.7.25
新西兰	—	2012.12.10	哥伦比亚	—	2012.8. 29
墨西哥	—	2013.2.19	印度	—	2013.7.8
卢旺达	—	2013.8.17	突尼斯	—	2013.10.16
非洲知识产权组织	—	2015.3.5	津巴布韦	—	2015.3.11
柬埔寨	—	2015.6.5	—	—	—

注：（1）"比荷卢"为比利时、荷兰、卢森堡三国联盟的简称，实际是三个"马德里联盟"成员国，但申请人指定这三个国家保护时，仍按一个国家对待，并按一个国家缴纳有关规费。

（2）目前，纯"马德里协定"缔约方（仅加入马德里协定缔约方）为1个，即阿尔及利亚。

（3）目前，纯"马德里议定书"缔约方（仅加入马德里议定书缔约方）为 39 个，分别是：安提瓜和巴布达、澳大利亚、巴林、博茨瓦纳、丹麦、爱沙尼亚、欧盟、芬兰、格鲁吉亚、希腊、冰岛、爱尔兰、日本、立陶宛、马达加斯加、挪威、阿曼、韩国、新加坡、瑞典、土耳其、土库曼斯坦、英国、美国、乌兹别克斯坦、赞比亚、加纳、圣多美和普林西比、以色列、菲律宾、哥伦比亚、新西兰、墨西哥、印度、卢旺达、叙利亚、突尼斯、非洲知识产权组织、津巴布韦、柬埔寨。

中关村商标品牌故事

2. 马德里国际注册注意事项

马德里协定和马德里议定书的不同：

（1）国家基础注册不同。

商标申请国际注册，指定保护的国家是马德里协定成员国的，该商标必须是在原属国已经注册的商标或是经初步审定后的商标，方可提出国际注册申请。如果指定保护的国家是纯"马德里议定书"成员国时，该商标可以是在原属国已经注册的商标，也可以是被原属国商标局受理但未经初步审定的注册申请。

（2）工作语言不同。

马德里协定所使用的工作语言仅为法语，马德里议定书所使用的工作语言可选法语或英语。

（3）缴费不同。

如果申请国际注册的商标所指定保护的国家是马德里协定成员国，该申请只要按照马德里协定所规定的统一规费交费即可。如果该商标指定保护的国家是纯马德里议定书成员国，该申请除需缴纳马德里协定规定的统一规费外，还需依照各国规定缴纳单独规费。

（4）审查期限。

马德里协定成员国的审查期限为十二个月，而马德里议定书成员国的审查期限可以是十二个月，也可以是十八个月。

3. 逐一国家注册

（1）申请人。

逐一国家注册是指申请人一般通过委托代理人直接到国外一个国家或一个地区办理商标注册申请。逐一国家注册需要按照各国的具体法律程序办理，并按照不同国家的收费标准缴纳相应费用。直接向各国提出申请是最普遍的申请方法。

（2）优点。

一是逐一国家注册形式最为快捷便利，注册周期视各国法律和惯例而定。

二是如在申请过程中出现一些问题，可以随时地与国外合作方律师事务所联系，对申请国注册的进展情况可以及时了解。

（3）申请人资格。

在中国设有真实有效的工商营业场所；

或在中国有住所；

或拥有中国国籍。

（4）申请所需材料。

身份证明文件；

授权委托书；

商标图样；

申明要求优先权，应提交第一次提出的商标注册申请文件的副本。

（5）特殊事项。

在选择商标时一定要注意商标注册国或使用国的法律规定及其风俗习惯，例如：

一些国家商标法规定不准用数字作商标，如巴基斯坦、肯尼亚等国；

瑞典、德国忌讳蓝色，禁用蓝色作商标；

英国人忌讳人像作商品的装潢；

法国人忌用菊花。

商标职能部门介绍

1. 国家工商行政管理总局商标局

依据 2013 年修正实施的《商标法》《国务院办公厅关于印发国家工商行政管理总局主要职责内设机构和人员编制规定的通知》、国家工商行政管理总局《关于印发各司（厅、局、室）主要职责内设机构和人员编制规定的通知》等法律法规，商标局隶属于国家工商行政管理总局，承担商标注册与管理等行政职能，具体负责全国商标注册和管理工作，依法保护商标专用权和查处商标侵权行为，处理商标争议事宜，加强驰名商标的认定和保护工作，负责特殊标志、官方标志的登记、备案和保护，研究分析并依法发布商标注册信息，为政府决策和社会公众提供信息服务，实施商标战略等工作。

2. 国家工商行政管理总局商标局驻中关村办事处

国家工商行政管理总局商标局驻中关村国家自主创新示范区办事处，是国家工商行政管理总局商标局的内设机构，专门服务中关村国家自主创新示范区商标战略实施工作。

办事处主要职责包括：

（1）开展商标法律、政策宣传，落实商标战略任务，负责促进中关村国家自主创新示范区商标战略实施协调工作。

（2）依法受理中关村国家自主创新示范区自然人、法人和其他组织的商标注册申请，承担对中关村国家自主创新示范区内市场主体的商标注册、变更、转让、续展、补正、注销及特殊标志登记、官方标志备案等申请文件进行形式审查和受理工作。

（3）提供商标法律咨询服务，承担中关村国家自主创新示范区内市场主体的商标事宜咨询工作。

3．北京市工商局商标处

北京市工商局商标处是北京市工商行政管理局的内设处室，主要职能包括拟订本市商标监督管理的规章制度草案及具体措施、办法；负责对商标印制单位的监督管理；负责商标代理组织的核转管理工作；负责对企业使用商标行为的指导和监督管理；负责驰名商标的核转和著名商标的认定及保护工作；组织、指导查处商标侵权及假冒案件，保护商标专用权；组织查处侵害特殊标志的案件；研究分析并依法发布商标注册信息，为政府决策和社会公众提供信息服务。

4．中关村商标服务中心

中关村商标服务中心是北京市工商行政管理局和中关村科技园区管理委员会联合设立，推进中关村国家自主创新示范区商标战略实施工作的商标综合服务机构。商标服务中心由中国技术交易所受托运营，为中关村国家自主创新示范区提供商标战略研究，落实商标促进政策、中关村商标品牌保护、驰著名商标培育、开展商标培训等服务。